DANIEL MEMMERT, BERND STRAUSS, DANIEL THEWELEIT

DER FUSSBALL
DIE WAHRHEIT

Süddeutsche Zeitung Edition

© Süddeutsche Zeitung GmbH, München
für die Süddeutsche Zeitung Edition 2013

Projektleitung: Sabine Sternagel
Lektorat: Daniela Wilhelm-Bernstein
Art Director: Stefan Dimitrov
Grafik, Satz und Litho: Sibylle Schug
Infografik: Hanna Eiden
Herstellung: Herbert Schiffers, Hermann Weixler
Druck und Bindearbeiten: freiburger graphische betriebe, 79108 Freiburg
Printed in Germany

ISBN: 978-3-86497-143-3

DANIEL MEMMERT, BERND STRAUSS, DANIEL THEWELEIT

DER FUSSBALL DIE WAHRHEIT

Süddeutsche Zeitung Edition

Inhalt

Glauben und Wissen 9
Heimatgefühle 10 | Die breite Brust 13 | Hinspiel auswärts?
Ganz egal! 19 | Voodoo, Hexer, blaue Pullover 21 | Interview
mit Hans-Dieter Hermann 24

Kunst und Intelligenz 29
Das Spiel lesen 30 | Macher und Denker 33 | Ist die Nationalmann-
schaft zu brav? 36 | Die ahnungslosen Experten 40 | Computer,
die das Spiel entschlüsseln 42 | Interview mit Stefan Reinartz 46

Freunde und Feinde 49
Elf Freunde müsst ihr sein 50 | Bandenspiele 53 | Die dunkle Seite 58
Wenn normale Bürger ausrasten 62 | Interview mit Max Eberl 66

Macht und Ohnmacht 69
Vom Turnvater-Jahn-Prinzip zur flachen Hierarchie 70
Der Trainer, das Multitalent 74 | Wer schießt den Elfer? 78
Herr über die Zeit 79 | Interviews mit Ralf Rangnick und
Ottmar Hitzfeld 82

Schein und Sein 87
Darf der Gefoulte selber schießen? 88 | Der Lauf, den es nicht
gibt 90 | Zufall, Schicksal, Glück und Pech 94 | Neuer Trainer,
neues Glück? 97 | Sich im Ruhme anderer sonnen 102 | Gewinnen ist
nicht alles 107 | Erklärungsnöte, Ausflüchte, Selbsttäuschung 110
Interview mit Fredi Bobic 114

Rotlicht und Gelbfieber 117
Das Publikum zeigt Gelb 118 | Wenn der Schiedsrichter Gelb
gibt 122 | Trainingseinheit Sex 123 | Der Sieger trägt Rot 127
Interview mit Eugen Strigel 132

Wahrnehmung und Täuschung 135
Wie wird der Torwart zum Elfmeter-Killer? 136 | Der blinde
Fleck 140 | Schiedsrichter im Abseits 142 | Der große Nachteil 145

Schönheit und Reichtum 149
Vom Straßenfußball zur Kreativität 150 | Spielen attraktive
Spieler schlechter? 153 | Tore mit Handschrift 155 | Schießt Geld
die Tore? 158 | Interview mit Ernst Tanner 162

Druck und Versagen 165
Elfmeterschießen ist kein Lotteriespiel 166 | Die Angst des
Engländers beim Elfmeter 168 | Das Rätsel Zinedine Zidane 171
Flucht vor der Unsterblichkeit 173 | Wenn die Nerven versagen 175
Soziales Faulenzen 179 | Müde Körper, müde Köpfe 182
Das eigene Team zur Niederlage klatschen 185 | Interview
mit Geir Jordet 190

Harmonie und Drama 193
Die Lust am Konflikt 194 | Die Magie der Welle 197
You'll Never Walk Alone 200 | Gefangen in der Geschichte
des Spiels 204

Risiko und Nebenwirkungen 209
Steinbock und Wassermann setzen sich durch 210
Erst spielen, dann üben 213 | Treu, treuer, Die Hard 216
Herzrasen 220 | Interviews mit Andreas Rettig und
Christian Streich 224

Anhang 228
Literaturverzeichnis 228 | Quellenverzeichnis Infografiken 234
Bildnachweis 236 | Die Autoren 237

Vorwort

Es ist zur Normalität geworden, dass internationale Fußballturniere zu gesellschaftlich höchst relevanten und politisch aufgeladenen Großveranstaltungen stilisiert werden. Die Weltmeisterschaft 2006 hat großen Eindruck auf dem ganzen Planeten hinterlassen und ein neues Image der Deutschen geprägt, vier Jahre später in Südafrika wurde das Selbstwertgefühl eines ganzen Kontinents gestärkt, in Polen und der Ukraine gerieten Regierungen unter Druck, weil sie nicht den Ansprüchen mitteleuropäischer Demokraten gerecht werden, und als dieses Vorwort formuliert wurde, war gerade der Confederations-Cup in Brasilien zu Ende gegangen.

Ein Jahr vor der WM 2014 war die Seleção um den jungen Superstar Neymar aufgeblüht, während auf den Straßen vor den Arenen wütende Proteste der Mittelschicht gegen zahllose Ungerechtigkeiten tobten. Doch den Spielern gelang das Kunststück, den Aufstand, die Unruhe, die gigantische Erwartungshaltung und die überschwängliche Liebe Brasiliens zu ihrem Team und zum Fußball überhaupt in positive Energie umzuwandeln. Es sind kaum vorstellbare Einflüsse, mit denen Fußballspieler häufig klarkommen müssen, wenn ihre Missionen politisch überhöht werden, wenn Nationen mitleiden, wenn Lebensträume zu platzen drohen und die Hälfte der Erdbevölkerung dabei zuschaut.

Für die deutsche Nationalmannschaft geht es bei der WM 2014 darum, die wunderbare fußballerische Entwicklung des vergangenen Jahrzehnts endlich mit einem Titel zu krönen – oder fehlt dem Team unter Joachim Löw, wie manche meinen, die erforderliche Siegermentalität? Das Potenzial ist sicher da, am Ende ist so ein Großturnier meist Kopfsache, heißt es oft. Doch die Vorstellungen davon, was genau mit dieser Aussage gemeint sein könnte, bleiben für die meisten Menschen, die sich mit dem Spiel befassen, eher vage. Begriffe wie „Doppelsechs", „Gegenpressing" oder „Umschaltspiel" gehören mittlerweile zum Standardrepertoire der Stadionsprache, Fußball ist ein Spiel geworden, das mehr und mehr in seinen taktisch-strategischen Dimensionen verstanden wird und damit eine intellektuelle Komponente hinzugewonnen hat. Aber warum gewinnt Deutschland fast all seine Elfmeterschießen, während England immer wieder jämmerlich versagt?

Beim Thema Fußballpsychologie werden spontan meist Burnout-Fälle aus der Bundesliga assoziiert oder die traurige Geschichte von Robert Enke, der von seinen Depressionen in den Suizid getrieben wurde. Diese Episoden spielen in diesem Buch aber keine Rolle, denn sie haben allenfalls am Rande mit dem Sport zu tun. Vielmehr soll es hier um Wahrheiten aus der Wissenschaft gehen, wobei diese nie unanfechtbar und unumstößlich sind. „Wenn es nur eine einzige Wahrheit gäbe, könnte man nicht hundert Bilder über dasselbe Thema malen", hat Pablo Picasso einmal gesagt, und auch wissenschaftliche Wahrheiten lassen Raum für Diskussionen. Als Autorenteam haben wir tatsächlich viele Debatten über Studienergebnisse geführt, oft, ohne uns einigen zu können. Und einige seiner Geheimnisse wird der Fußball ohnehin niemals preisgeben.

Dennoch liefern die folgenden elf Kapitel viele Antworten auf die Frage, welche kognitiven Prozesse den kleinen Unterschied ausmachen, der über Sieg und Niederlage entscheidet. Und dabei stehen keineswegs nur die Spieler im Mittelpunkt, von großer Bedeutung sind natürlich auch Schiedsrichter, Trainer, Manager und Zuschauer. Am Ende können psychologische Fußballkenntnisse ähnlich wie das Wissen über Taktik und Strategie die Auseinandersetzung mit diesem schönsten Spiel der Welt noch ein bisschen vergnüglicher machen.

Köln/Münster, im Juli 2013
Daniel Memmert, Bernd Strauß, Daniel Theweleit

*Denkwürdiger Sieg:
Im Halbfinale Hinspiel ebnet
Borussia Dortmund den Weg ins
Champions-League-Finale.*

Glauben und Wissen

Es gibt zahllose Menschen, die enorme Mengen an ziemlich nutzlosem Fußballwissen anhäufen, auswendig gelernte Aufstellungen aus der tiefsten Vergangenheit beispielsweise, oder Baujahre von Stadien. Es gibt sogar Leute, die detailliert erklären können, wie die Muster in den Stadionrasen kommen. Und natürlich glauben viele Fußballfreunde, die Antwort zu kennen, wenn sie gefragt werden, warum es ein Vorteil ist, in einem Europapokal-Duell mit Hin- und Rückspiel zuerst auswärts anzutreten. Oder warum es Gästeteams besonders schwerfällt, Punkte aus engen, lauten Arenen wie dem Westfalenstadion in Dortmund zu entführen. Aber stimmen diese Beobachtungen überhaupt? Oder beruhen sie wie so vieles im Fußball auf einer Art historisch gewachsenem Glauben? Wer fragt sich schon, worin der Heimvorteil eigentlich wirklich besteht? Oder warum dieses Phänomen gerade in einem ähnlich zügigen Tempo verschwindet wie die Polkappen?

Mit solchen Fragen beginnt dieses Kapitel, in dessen Zentrum aber das im Fußball oftmals noch ungenutzte Wissen darüber stehen soll, wie Fußballspieler besser werden können, wenn sie ihren Kopf trainieren. Wie entsteht Selbstvertrauen? Was hat es mit dem Begriff Selbstwirksamkeit auf sich? Wie können Sportler lernen, die entscheidenden Momente ihrer Karriere erfolgreich zu bewältigen? Wie entstehen funktionierende Gruppen? Antworten, die auf Wissen und nicht auf Glauben beruhen, gibt Hans-Dieter Hermann. Der wohl bekannteste deutsche Sportpsychologe, der 2004 unter der Ägide des damaligen Bundestrainers Jürgen Klinsmann in den Stab der Nationalmannschaft berufen wurde, erzählt, an welchen Stellen er helfen kann, den Traum vom Sieg bei einem großen Turnier ein klein wenig wahrscheinlicher zu machen.

Heimatgefühle

„There is no place like home", sagt Judy Garland als Dorothy Gale in der berühmten Verfilmung des *Wizard of Oz* von 1939, als sie geläutert von ihren Abenteuern aus dem Zauberland Oz nach Hause zurückkehrt. Und Arnold Schwarzenegger antwortet als Sheriff Owens der Arizona-Grenzstadt Sommerton am Ende des Action-Films *The Last Stand* (2012) auf die Frage, warum er den Kampf gegen einen gefährlichen Drogenbaron fast im Alleingang (und natürlich erfolgreich) aufgenommen hat: „It is my home." Home, die Heimat, das ist etwas, mit dem viele Menschen positive Gefühle verbinden, ein Ort, zu dem man gerne zurückkehrt, für den es sich lohnt zu kämpfen und der besondere Kräfte freisetzt.

Kein Wunder, dass der Heimvorteil im Sport eine wichtige Rolle spielt, denn in Wettbewerben, wo oft Details über Sieg und Niederlage entscheiden, könnten die positiven Gefühle, die häufig mit der Heimat verbunden sind, von großer Bedeutung sein. Und in der Tat existiert das Phänomen Heimvorteil in allen Mannschaftssportarten, ob im Basketball, Rugby, Handball, Eishockey, selbst im Baseball und natürlich im Fußball. Wissenschaftlich werden in all diesen Sportarten mehr als 50 Prozent aller entschiedenen Spiele (Unentschieden herausgerechnet) vom Heimteam gewonnen (vgl. auch „Das eigene Team zur Niederlage klatschen" Seite 185ff.).

Im Rahmen einer großen Studie der Universität Münster sind von der Saison 2000/01 bis zur Saison 2011/12 genau 305 217 Spiele der jeweils ersten Liga aus 194 von insgesamt 208 FIFA-Ländern analysiert worden, von Albanien bis Zimbabwe. Und tatsächlich wurden im Untersuchungszeitraum weltweit 61,9 Prozent der entschiedenen Spiele (also ohne Unentschieden) von der Heimmannschaft gewonnen. Wobei die Schwankungen enorm sind: In San Marino gibt es gar keinen Heimvorteil (48,6 Prozent), im Fußballland Uruguay nur einen ganz kleinen (53,5 Prozent), während die gastgebenden Erstligisten in Indonesien (79,7 Prozent) oder in Nigeria (92,3 Prozent) besonders häufig gewinnen. In der Bundesliga gibt es für diesen Zeitraum einen (relativen) Heimvorteil von 62,6 Prozent, Unentschieden blieben auch hier unberücksichtigt. Deutschland liegt damit etwa im weltweiten Durchschnitt (ähnlich wie England und Spanien).

Betrachtet man nun alle Spiele, also auch die Unentschieden, wurden in Deutschlands höchster Spielklasse im vergangenen Jahrzehnt nur 47,2 Prozent aller Duelle von der Heimmannschaft gewonnen – dies heißt: einen so genannten absoluten Heimvorteil gab es in der jüngeren Vergangenheit nicht. Das war jedoch nicht immer so. In den 1960er- und 1970er-Jahren wurden mitunter 60 Prozent aller Spiele vor eigenem Publikum gewonnen. Dieses sukzessive Verschwinden des Heimvorteils im Fußball lässt sich weltweit beobachten, wie die Münsteraner Studie zeigt, die in einer weiteren Analyse 694 478 Spiele

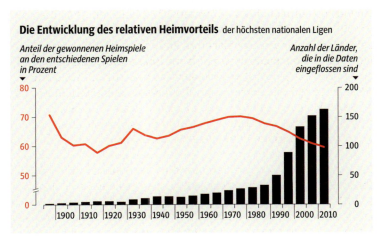

Der weltweite (relative) Heimvorteil (Unentschieden blieben unberücksichtigt) der höchsten nationalen Ligen seit 1888 bis 2010 (rote Linie). Ab 1900 erfolgt die Darstellung in Fünf-Jahres-Abständen. Die schwarzen Balken zeigen die Anzahl der Länder, die in die Daten eingeflossen sind.

GLAUBEN UND WISSEN

seit 1888 analysierte. Die Ergebnisse zeigen deutlich, dass die Siegchancen des gastgebenden Teams seit 30 Jahren kontinuierlich abnehmen.

Die Ursachen für das langsame Verschwinden des Heimvorteils sind noch nicht hinreichend untersucht worden, möglicherweise spielt hier die wesentlich professionellere Vorbereitung eine große Rolle. Reisen werden immer komfortabler, die Stadien ähneln sich immer mehr, die Schiedsrichter sind besser geschult, die meisten Teams verbringen die Nacht vor einem Spieltag in einem Luxushotel, ganz egal, ob in der Heimat oder sonst wo in der Welt gespielt wird. Es gibt tatsächlich immer weniger Unterschiede zwischen der Heim- und Auswärtssituation. Und dennoch tauchen immer wieder Mannschaften auf, die sich den Ruf einer ganz besonderen Heimstärke erwerben.

Manchmal entsteht gar der Eindruck, ein Klub könne auswärts überhaupt nicht mehr gewinnen, während dieselben Spieler im eigenen Stadion fast unschlagbar erscheinen. Wie Borussia Mönchengladbach in der Saison 2002/03, als der Klub am heimischen Bökelberg eine Tordifferenz von plus 20 Toren erspielte, während dieser Wert am Saisonende in der Auswärtstabelle bei minus 22 Treffern lag. Nur zweimal verlor das Team zuhause, während zwölf Spiele in der Fremde ohne eigenen Punktgewinn zu Ende gingen.

Dem 1. FC Kaiserslautern wurde über viele Jahre eine ganz besondere Heimstärke zugeschrieben, die Roten Teufel vom Betzenberg – einer scheinbar uneinnehmbaren Festung, wo selbst die erfolgreichen Bayern der 1970er Jahre regelmäßig unter die Räder kamen. „Am besten schicken wir die Punkte gleich mit der Post", sagte der damalige Münchner Star Paul Breitner 1982 nach einer der obligatorischen Niederlagen in der Pfalz.

Der Physiker Andreas Heuer hat die Frage der vermeintlichen Heimstärke und auch Heimschwäche in seinem Buch *Der perfekte Tipp* genauer untersucht und dazu alle Spiele der ersten Liga von 1995/96 bis 2010/11 einer Prüfung unterzogen. Er wollte wissen, ob bestimmte Teams hinsichtlich ihrer Heimstärke besonders auffällig sind oder ob es nur die statistisch erwartbaren Schwankungen gibt, denen keine besondere Bedeutung beigemessen werden darf. Sein Ergebnis ist recht ernüchternd: Es gibt zwar den oben bereits erwähnten allgemeinen Heimvorteil (jedenfalls noch), der aber für alle gleich gilt. Statistisch gesehen hat sich über einen längeren Zeitraum weder ein besonders heimstarker Klub hervorgetan, noch ein Verein, der auswärts ganz besonders schlecht abschneidet.

Dennoch gibt es immer wieder Legenden von Stadien, in denen es Auswärtsteams besonders schwer haben. Das hat damit zu tun, dass Fußballfans nur zu gerne bereit sind, aus Momentaufnahmen vorschnell allgemeine Ursachen abzuleiten. Im Dickicht der Informationen wird nach Bestätigungen für eigene Eindrücke gesucht, die sich bei genauer Betrachtung kaum aufrechterhalten lassen (vgl. „Schein und Sein", Seite 110ff.). Aber letztlich machen Mythen den Fußball interessant.

Die breite Brust

Zuallererst ist es wohl ein netter Marketing-Gag gewesen, als die Trikotdesigner von Deutschlands führendem Sportartikelhersteller im Frühjahr 2011 beschlossen, das Leitmotiv des FC Bayern in die Trikots des Rekordmeisters einzuarbeiten. „Mia san mia" steht seither klein auf dem Kragen des Hemdes aufgedruckt, vermutlich fördert diese Idee tatsächlich die Merchandising-Umsätze. Und vielleicht ist das Klub-Credo im Nacken sogar den sportlichen Leistungen zuträglich, denn das „Mia san mia" beschreibt die Überzeugung, von niemanden abhängig zu sein, die Unantastbarkeit und das große Selbstvertrauen dieses Vereins. Es kann ja nicht schaden, ständig an die eigenen Stärken erinnert zu werden, wer an sich und die eigenen Qualitäten glaubt, der profitiert schließlich im sportlichen Wettkampf.

GLAUBEN UND WISSEN

Selbstvertrauen als Erfolgsrezept: Der FC Bayern und seine „Mia san mia"-Mentalität.

Zur Beschreibung dieses Effekts schuf der amerikanische Sozialpsychologe Albert Bandura in den 1990er Jahren den Begriff „Selbstwirksamkeit", der bis heute einen festen Platz in der Psychologie des Leistungssports einnimmt. Ein Spieler hat dann eine hohe Selbstwirksamkeit, wenn er der festen Überzeugung ist, durch seine Fähigkeiten, durch sein spezielles und hartes Training, durch seine Kenntnisse des Gegners, seine Erfahrung und andere Qualitäten eine gute Leistung abzurufen, die nächste Torgelegenheit zu nutzen oder einen Stürmer 90 Minuten lang derart geschickt zu bekämpfen, dass dieser keine Gefahr erzeugen kann. Während der allgemeinere Begriff Selbstvertrauen eher eine grundsätzliche Überzeugung von der eigenen Fähigkeit bezeichnet, verschiedenste Aufgaben erfolgreich lösen zu können, beschreibt der Ausdruck Selbstwirksamkeit den Glauben, ganz spezielle Potenziale entfalten zu können. So gibt es Fußballer, die sich auf dem Platz die unglaublichsten Dinge zutrauen, sie verfügen über eine hohe Selbstwirksamkeit, während sie im TV-Interview danach schüchtern und unsicher wirken – ihr allgemeines Selbstvertrauen ist weniger ausgeprägt.

Es gibt zahlreiche Studien, die belegen, dass eine hohe Selbstwirksamkeit einen bedeutsamen Beitrag dazu leistet, bevorstehende Aufgaben erfolgreich zu absolvieren. Und im Fußball kommt natürlich noch das Team dazu, in dem eine Art kollektive Selbstwirksamkeit entstehen kann: der gemeinsame und von allem geteilte Glaube, dass die Mannschaft realistische Möglichkeiten hat, erfolgreich zu sein. Entscheidend ist dabei, dass die Spieler davon überzeugt sind, als Einheit zu funktionieren, und dass sie daran glauben, die Gesamtheit ihrer Fähigkeiten verleihe eine Stärke, die sehr gute Erfolgschancen in Aussicht stellt.

Bevor dieser Zustand erreicht wird, sind allerdings erheblich komplexere Vorgänge erforderlich als das bloße Versprühen von Optimismus. Und auch ein generelles Selbstvertrauen alleine reicht nicht aus. Eine sehr exakt durchgeführte Studie mit amerikanischen Ringern aus den 1990er Jahren machte die Mechanismen hinter einer starken Selbstwirksamkeit sichtbar.

Während der meisten Kämpfe, die in einem ersten Schritt analysiert wurden, waren Trainingszustand oder grundsätzliche Unterschiede, die schon bei früheren Wettkämpfen erkennbar waren, für die Vorhersage der Turnierergebnisse viel aussagekräftiger als die Selbstwirksamkeit des einzelnen Ringers. Auf den Fußball übertragen heißt das: Wenn Bayern München gegen Augsburg spielt, wird Bayern wegen der grundlegenden Qualitätsunterschiede mit größter Wahrscheinlichkeit gewinnen. Da ist es zwar hilfreich, wenn die Augsburger eine große Selbstwirksamkeit aufbauen, aber das wird allenfalls reichen, um eine unwahrscheinliche Sensation ein bisschen wahrscheinlicher zu machen.

Anders sieht es aus, wenn ähnlich starke Mannschaften, oder eben Ringer, gegeneinander kämpfen. Die Autoren der Studie haben sich daher explizit die Kämpfe mit Overtime, also der „Ringernachspielzeit", angeschaut, in deren Verlauf es zu einer Entscheidung kommen muss. In diesen Duellen waren die Ringer ungefähr gleich stark, sonst hätte es bereits nach Ablauf der regulären Kampfzeit einen Sieger gegeben. Und in genau diesen Kämpfen zweier ebenbürtiger Mannschaften – oder hier Ringer – hat der Kopf eine sehr große Bedeutung. Es gewin-

GLAUBEN UND WISSEN

nen wahrscheinlicher jene Sportler, die fest davon überzeugt sind, dass sie Mittel und Möglichkeiten haben, den Kampf zu entscheiden. Spannend ist nun die Frage, wie sich eine solche Selbstwirksamkeit erzeugen lässt, und auch dazu gibt es viele fundierte Erkenntnisse.

Der wichtigste Faktor sind authentische Erfahrungen, also das Erlebnis, mit eigenen Mitteln und dem eigenen Können zum Sieg beigetragen zu haben. Auf der Grundlage dieses Wissens vertrat Matthias Sammer in seiner Zeit als Sportdirektor beim Deutschen Fußball-Bund immer die Haltung, dass Jugendauswahlmannschaften unbedingt Titel gewinnen sollten, damit sie später als Erwachsene in den entscheidenden Momenten im Halbfinale einer Weltmeisterschaft oder in einem großen Champions-League-Spiel auf diese Erfahrungen zurückgreifen können. Zuvor scheute man sich, bereits Teenager mit allzu hohen Erwartungen zu belasten, es hieß, Erfolge seien nicht so wichtig, es gehe schließlich um die Ausbildung. Sammer musste gegen große Widerstände ankämpfen, unter anderem gegen die Interessen der A-Nationalmannschaft, deren Vertreter die besten Jugendspieler für sich beanspruchten, damit den Nachwuchs schwächten und im schlimmsten Fall eine ganze Fußballergeneration um kostbare Titelerfahrungen brachten.

Es gibt aber noch eine zweite Quelle für eine große Selbstwirksamkeit: physiologische, körperliche Zustände, die den Sportlern ein Gefühl von Überlegenheit vermitteln. Möglicherweise liegt ein Geheimnis des Heimvorteils darin, dass Teams vor eigenem Publikum erhöhte Dosen des Sexualhormons Testosteron ausschütten, als Reaktion auf das Gefühl, das eigene Territorium verteidigen zu müssen. Testosteron erhöht die Aggressivität und das Dominanzstreben, damit wächst die Anstrengungsbereitschaft und am Ende auch der Glaube an die eigene Überlegenheit. Die vielen Leute aus dem Fußballgeschäft, die behaupten, Doping im Fußball sei nicht wirklich hilfreich, müssen spätestens vor dem Hintergrund dieses Befundes erkennen, dass die Verführungskraft verbotener Substanzen in diesem Sport enorm sein muss.

Allerdings lassen sich vergleichbare Selbstwirksamkeits-Effekte auch durch ein anspruchsvolles Training erreichen, durch Übungen, in denen es nicht allein um die Verbesserung des eigenen körperlichen Zustandes, sondern auch um das Erleben bisher unbekannter eigener Körperkräfte geht. Felix Magath und seine Trainingsmethoden könnten ein Beispiel für diesen Effekt sein. Der umstrittene Fußball-Lehrer bringt seine Teams bekanntlich immer in einen hervorragenden körperlichen Zustand, die Spieler spüren dies körperlich und entwickeln ein besonderes Vertrauen in die eigenen Kräfte. Um jedoch ganz nachhaltige, über mehrere Monate dauernde positive Effekte zu erzeugen, bedarf es der Bereitschaft des Teams, sich solchen Methoden hinzugeben, andernfalls wird möglicherweise recht bald Widerstand gegen den Trainer aufgebaut. Und der positive Effekt der Selbstwirksamkeit droht zu verpuffen, weil die dabei entstehende Energie dazu verwendet wird, um gegen die Maßnahmen des Trainers zu arbeiten.

Die Erfahrung, dass die eigenen Fähigkeiten denen des Gegners überlegen sind und das Wissen um den eigenen körperlichen Zustand sind also wichtige Quellen für die Entwicklung von Selbstwirksamkeit, aber auch der Gruppenzusammenhalt kann ähnliche Effekte erzeugen. Dieser Faktor lässt sich jedoch nur schwer steuern und kommt oft erst unter dem Einfluss der magischen Kraft des Erfolges wirklich zur Entfaltung (vgl. Interview mit Max Eberl, Seite 66/67). Und eine überzeugende Trainerarbeit und -ansprache oder zuweilen stellvertretende Erfahrungen, wie Beispiele von anderen Teams in gleicher Situation („Andere haben den Abstieg in dieser Situation auch verhindert.") können ebenfalls den Glauben an die eigene Stärke fördern. Der wichtigste Ursprung der Selbstwirksamkeit bleiben jedoch frühere Erfahrungen, das Wissen, über die notwendigen Mittel für den Erfolg zu verfügen.

Nun liegt es nahe, anzunehmen, dass Teams mit einer hohen Selbstwirksamkeit beste Voraussetzungen haben, um in einen so genannten Positiv-Lauf hineinzugeraten. Schließlich liegen hier zahlreiche frühere positive Erfahrungen vor, die die Selbstwirksamkeit sehr positiv beeinflussen müssten. Aber wie dem Unterkapitel „Der Lauf, den es nicht gibt" (vgl. Seite 90ff.) zu entnehmen ist, existiert diese Form der statistischen Serie nicht. Zwar wird ziemlich sicher die Selbstwirksamkeit erhöht, wenn man mehrfach hintereinander trifft oder gewinnt, aber das muss natürlich nicht zu einer Serie von ausschließlich siegreichen Spielen führen. Nachweisbar ist lediglich die Abwärtsspirale, der so genannte Negativ-Lauf, wie uns der bereits erwähnte Physik-Professor Andreas Heuer vorgerechnet hat. Und hier ist meist ein besonderes Problem mit der Selbstwirksamkeit im Spiel. Sobald Teams erst einmal in einen solchen Strudel hineingeraten sind, ist es sehr schwer für sie, sich wieder zu befreien. Die Wahrscheinlichkeit, nach einer Serie von Niederlagen beim nächsten Mal zu verlieren, ist tatsächlich höher, als wenn vorher gewonnen wurde.

Es ist leicht nachzuvollziehen, dass Fußballer nach vielen Niederlagen unter Selbstzweifeln leiden, doch meist liegen solchen krisenhaften Abstürzen frühere Fehler im Verein zugrunde. Oft wurde versäumt, einen starken Gruppenzusammenhalt aufzubauen oder ein gefestigtes Vertrauen zum Trainer und seinen Methoden herzustellen. Grundlagen, die auch in der Niederlage tragen. Wenn die Abwärtsspirale da ist, ist es meist schon zu spät.

Eine hohe Selbstwirksamkeit der Spieler und der Glaube an die eigene Arbeit bieten allerdings einen hohen Schutz vor Abstürzen. Zumindest solange die Mannschaft ihre wichtigsten Kräfte nicht durch andere Gründe wie ein außergewöhnliches Verletzungspech verliert.

Hinspiel auswärts? Ganz egal!

Es sind stets die gleichen Floskeln, mit denen die angereisten Klubvertreter im edlen Hauptquartier der UEFA im schweizerischen Nyon die Ergebnisse der Europapokalauslosungen kommentieren. „Natürlich hätten wir uns gewünscht, zuerst auswärts antreten zu dürfen", sagte BVB-Funktionär Lars Ricken im Frühjahr 2013, nachdem Borussia Dortmund Real Madrid als Halbfinalgegner in der Champions League zugelost bekommen hatte. Der Glaube, es sei ein Vorteil, zunächst in der Fremde zu spielen, um dann vor heimischem Publikum eine mögliche Hinspielniederlage drehen zu können, ist weit verbreitet. Sogar die Regeln berücksichtigen diese Annahme: Die Gruppensieger der Champions-League-Vorrunde werden damit belohnt, dass sie im Achtelfinale jeweils zuerst auswärts spielen „dürfen".

Der Verlauf des oben erwähnten Duells erzählte dann aber eine ganz andere Geschichte. Der BVB gewann sein Heimspiel mit 4:1 und reiste nach diesem Erfolg derart selbstbewusst nach Madrid, dass die Mannschaft am Ende ziemlich souverän ins Finale einzog. Und im anderen Halbfinale demontierte Bayern München den FC Barcelona erst im Heimspiel und eine Woche später auch auswärts, während der dritte deutsche Champions-League-Teilnehmer nach einem eigentlich respektablen 1:1 im Achtelfinal-Hinspiel bei Galatasaray Istanbul durch ein 2:3 im eigenen Stadion aus dem Wettbewerb gekickt wurde. Waren diese Partien tatsächlich nur eine seltsame Laune des Schicksals? Oder wird der vermeintliche Vorteil, zuerst auswärts antreten zu dürfen, in Wahrheit überschätzt?

Auf den ersten Blick scheint die Statistik Lars Ricken und all die anderen, die im Rückspiel lieber zuhause antreten, zu bestätigen. Untersucht wurden die insgesamt 152 Achtelfinal-, Viertelfinal- und Halbfinal-Paarungen, die es von der Saison 1994/95 bis zum Sommer 2010 in der Champions League gab. Und tatsächlich hatten 85 Sieger dieser 152 Duelle im Rückspiel Heim-

GLAUBEN UND WISSEN

Anzahl der Siege, die Mannschaften errungen haben, in Abhängigkeit davon, in welcher Runde gespielt wurde und ob man zuerst zuhause oder auswärts angetreten ist.

recht, damit erreichten 56 Prozent jener Mannschaften, die sich zuerst auf Auswärtsreise begaben, die nächste Runde. Der Vorteil ist also nachweisbar, zumindest auf den ersten Blick.

Aber diese Berechnungen berücksichtigen nicht, dass in den Achtelfinal-Hinspielen automatisch jene Klubs zuerst auswärts spielen, die die Gruppenphase als Tabellenerster beendeten. In der Regel handelt es sich hier um die qualitativ stärksten Mannschaften in der jeweiligen Champions-League-Spielzeit. Sobald die Statistik von diesen Partien bereinigt wird, ist kein Vorteil mehr erkennbar, die Wahrscheinlichkeit, eine Runde weiterzukommen, fällt bei der zuerst auswärts antretenden Mannschaft auf genau 50 Prozent. Wenn man nur noch die Viertel- und Halbfinalspiele vergleicht, wo alleine das Los über den Ort des Hinspiels entscheidet, treten keine Unterschiede mehr auf, es ist also statistisch gesehen nicht von Bedeutung, ob man zuerst zuhause oder auswärts antritt.

Die Erfolgschancen steigen also nicht durch ein Heimrecht im Rückspiel, und dennoch gibt es gute Gründe für den Wunsch, zuerst auswärts anzutreten: Im Verlauf einer spannenden Partie im eigenen Stadion den Rückstand aus dem Hinspiel aufzuholen, ist für das Publikum und die Spieler oft ein großes Abenteuer, eine Sternstunde. Die meisten Fans jener Mannschaften, die zuerst zuhause spielen, erleben den endgültigen Ausgang des Duells hingegen meist vor dem Fernseher.

Voodoo, Hexer, blaue Pullover

Die meisten Westeuropäer fühlen sich bestens unterhalten, wenn sie die bizarren Geschichten vom Aberglauben im afrikanischen Fußball vorgesetzt bekommen. Besonders im Umfeld der WM 2010 in Südafrika wurde ausschweifend über Voodoomeister und Zulu-Hexer berichtet, und ein Jahr nach dem Weltturnier musste das Stadion am Spielort Polokwane tatsächlich zum Teil mit einem Kunstrasen ausgestattet werden, weil Traditionsmediziner vor den Spielen der heimischen Profiteams Black Leopards und Baroka eine magische Salzmischung auf dem Platz verteilt hatten und damit irreparable Schäden verursachten.

„Fast jeder afrikanische Verein beschäftigt einen Hexenmeister, so wie es in Deutschland bei jedem Profiklub einen Masseur gibt", hat der in Deutschland aufgewachsene ehemalige ghanaische Nationalspieler Anthony Baffoe einmal in einem Interview mit dem Fußballmagazin *11 Freunde* erzählt. Es gibt die wildesten Berichte von geschlachteten Kühen vor dem Stadion, Orgien mit Hühnerblut und Tierknochen oder Lagerfeuern in den Zimmern von Fünf-Sterne-Hotels.

In der Fußballbundesliga dürfte das Schlachten von Kühen zwar unüblich sein (aber wer weiß das schon), doch der Aberglaube ist bei europäischen Spielern und Trainern ebenfalls weit verbreitet. Nur in etwas anderer Form. Udo Lattek trug als Manager des 1. FC Köln 14 Spieltage lang seinen berühmten blauen Pullover, nur weil er zum Saisonauftakt im brüllend heißen August 1987 bei einem Unentschieden in Karlsruhe genau diesen Pulli anhatte und kundtat, er wolle das Stück so lange tragen, bis sein Klub wieder verliere. Gerd Müller hat während der Spiele immer Schuhgröße 41 getragen, obwohl er eigentlich Größe 38 hatte, und schön ist auch die Geschichte vom Frankfurter Trainer Gyula Lorant, der seine Mannschaft während der Siegesserie von 21 Spielen in der Saison 1976/77 vor den Partien immer zum Plausch bei Kaffee und Kuchen einlud. Selbst Bundestrainer Joachim Löw hat bei der Weltmeisterschaft 2010 seinen blauen Glückspulli getragen, der angeblich nach den Siegen gegen England und Argentinien nicht mehr gewaschen wurde und nun Teil der Dauerausstellung im DFB-Fußballmuseum ist.

Alles nur Unsinn? Keineswegs. Tatsächlich bestätigen neuere Forschungen die Vermutung, dass Aberglaube einen positiven Einfluss auf motorische und kognitive Leistungen haben kann.

Um das zu nachzuweisen wurden Sportler gebeten, an einer Golf-Putting-Studie teilzunehmen. Das Experiment sah vor, dass die Probanden zehnmal versuchen sollten, einen Golfball ins Loch zu schlagen. Der einen Hälfte der Teilnehmer wurde gesagt, dass sie mit einem Ball spielen würden, mit dem die anderen Teilnehmer vorher sehr oft getroffen hätten, mit einem Glücksball sozusagen. Der anderen Hälfte wurde von den Forschern erzählt, alle anderen Teilnehmer zuvor hätten mit genau diesem Ball ungewöhnlich schlecht abgeschnitten. Tatsächlich trafen die Teilnehmer mit dem Glücksball weitaus häufiger.

Und eine andere Versuchsanordnung bestätigte dieses Ergebnis: Hier mussten die Teilnehmer ihr Maskottchen mitbringen, die eine Hälfte der Probanden durfte den Glücksbringer in der Nähe des Lochs aufstellen, der anderen Hälfte wurde es weggenommen und gesagt, dass es nicht mit in den Raum dürfe und erst später wieder ausgehändigt werde. Erneut waren die Teilnehmer, die das Maskottchen bei sich tragen durften, erfolgreicher.

GLAUBEN UND WISSEN

Nur ein blauer Pullover – oder ein Pullover mit Wunderkraft?

Eine plausible Erklärung für die Befunde zum positiven Aberglauben könnte ungefähr so klingen: Menschen glauben an die Kraft des Rituals, fühlen sich daher gestärkt und gehen die Aufgabe mutiger und mit einer größeren inneren Überzeugung an. Es wäre nur folgerichtig, wenn sich daraus bessere Leistungen ergeben würden. Dass Fußballer häufig abergläubisch sind, dürfte den Leistungen also zuträglich sein, denn wahrscheinlich begegnen Athleten, die ihr Ritual ausgeführt haben, ihren Herausforderungen mit einem gesteigerten Selbstvertrauen. Allerdings muss der Ritus für sie glaubwürdig und mit Erfolg verknüpft sein (mehr über Selbstvertrauen und Selbstwirksamkeit vgl. Seite 13ff.).

GLAUBEN UND WISSEN

„Die Arbeit, die ein Sportpsychologe verrichtet, ist eine Hintergrundarbeit"

Hans-Dieter Hermann, der Sportpsychologe im deutschen Team.

Hans-Dieter Hermann ist ein bekannter Mann, der Glanz der Nationalmannschaft strahlt schließlich auf jeden ab, der hier eine wichtige Rolle spielt. Allerdings hält sich der Diplom-Psychologe, der 2004 von Jürgen Klinsmann zum Team geholt wurde, gerne im Hintergrund. Vermutlich ist er auch aufgrund dieser zurückhaltenden Art, die im Fußballgeschäft eher selten ist, für einige Nationalspieler zu einem wichtigen Gesprächspartner geworden, sogar jenseits der Länderspieltermine. Und als Mannschaftspsychologe ist er eine Art Pionier im Fußball.

Herr Hermann, zu Beginn Ihrer Arbeit bei der Nationalmannschaft gab es ein Foto, das Sie im Gespräch mit dem damaligen Nationaltorhüter Oliver Kahn zeigt. Eine große Zeitung titelte daraufhin: „Kahn zum Psycho-Doc?" Ist Ihre Anwesenheit inzwischen soweit Normalität, dass soetwas nicht mehr passiert?
Hans-Dieter Hermann: Diese Überschrift hatte nicht einmal ein Fragezeichen. Ich bin immer noch sehr vorsichtig und steige zum Beispiel nicht mehr mit Spielern zusammen aus dem Bus, wenn Medienvertreter da sind. Ich gehe auch nicht gemeinsam mit der Mannschaft durch den Spielertunnel ins Stadion. Situationen, in denen solche Fotos entstehen können, versuche ich zu vermeiden.

Sie halten sich überhaupt gerne im Verborgenen, gehört dieses Verhalten zu Ihrem Job?
Ja, die Arbeit, die Sportpsychologen verrichten, ist eine Hintergrundarbeit.

Und worin genau besteht Ihre Aufgabe?
Kurz gesagt: In erster Linie um Training für den Kopf, um beste Leistungsvoraussetzungen zu schaffen. Das geschieht durch Diagnostik, individuelles Coaching und durch psychologisches Training in der Gruppe. Dazu kommen Teambuilding-Maßnahmen. Einerseits geht es darum, etwas zu lernen, etwas zu optimieren, kognitive Fertigkeiten zu verbessern. Zum Beispiel arbeiten wir an der Konzentrationsfähigkeit oder der Sicherheit für neue Abläufe. Das ist das klassische mentale Training, bei dem man in Gedanken Techniken, Taktiken und Spielzüge durchgeht. Wenn der Spieler sich gedanklich intensiv mit bestimmten Abläufen auseinander gesetzt hat, muss er im Spiel nicht mehr darüber nachdenken. Es gibt eine ganze Reihe weiterer wissenschaftlich fundierter Techniken, die zum Einsatz kommen. Die genauen Inhalte dieser Einheiten legt der Trainer fest. Andererseits arbeite ich mit den Spielern individuell, selbstverständlich auf freiwilliger Basis. Es gibt persönliche Situationen, zeitliche Phasen und Problemlagen, in denen Spieler psychologische Unterstützung suchen und gern annehmen.

Kennen die Spieler solche Angebote auch aus ihren Vereinen?
Nur in wenigen Bundesligaklubs wird konsequent sportpsychologisch gearbeitet. Zwar gibt es viele Klubs, die unregelmäßig auf einen Sportpsychologen zurückgreifen, aber eine kontinuierliche Begleitung ist eher selten. Bei 1899 Hoffenheim gab es das, als ich zwischen 2006 und 2009 zusätzlich zu einem Besprechungsraum meinen festen Platz in der Trainerkabine hatte. Der damalige Trainer Ralf Rangnick hat mich als erweiterten Teil des Trainerteams gesehen. Die meisten Vereine haben auf dieser Ebene meines Wissens nach jedoch keine Systematik entwickelt oder noch nicht entwickelt.

Geht es denn tatsächlich in allererster Linie darum, bestimmte Techniken zu vermitteln, die im Prinzip jeder lernen kann? Oder kommt man auch an die Persönlichkeit von Spielern ran?
Selbstverständlich. Wenn man diesen Anspruch nicht hat, braucht man keinen Sportpsychologen. Das Besondere an der Sportpsychologie ist ja gerade, dass sie sich um die Menschen

kümmert und dabei individuell vorgeht. Man kann nicht einfach zu Spielern gehen und sagen: „Denk' dieses! Mach' jenes! Und dann hast du Erfolg!" Ein Psychologe bemüht sich, Menschen zu verstehen, ihre Konstruktion von der Welt zu begreifen. Dieser Aspekt spielt bei allen Einzelmaßnahmen eine Rolle. Das ist der Schlüssel, wenn es darum geht, einem Sportler dabei zu helfen, seine Gedanken so zu sortieren und zu optimieren, dass seine Leistungen sich verbessern.

Inwiefern helfen dabei Dinge wie der Besuch eines Kletterparks oder die Teilnahme an einer Rafting-Tour? Geht es bei solchen Teambuilding-Aktionen nicht in erster Linie darum, den anstrengenden Trainingslageralltag aufzuhellen?
So dunkel ist der Trainingslageralltag nun auch wieder nicht – wir sind ja nicht auf einer Galeere. Es wird zwar hart trainiert, aber Spieler in diesem Alter haben ja auch entsprechende Voraussetzungen. Dennoch besteht eine Funktion des Teambuildings tatsächlich darin, dass die Spieler auf andere Gedanken kommen und etwas Besonderes erleben. Vor allem aber haben solche Aktionen drei Effekte: die Kommunikation zu fördern, das gegenseitige Vertrauen zu stärken und so genannte transformationale Strukturen zu entwickeln.

Was verbirgt sich hinter diesem Begriff?
Dabei geht es darum, dass ein Team lernt, Motivation auch aus der Gemeinschaft und aus dem gemeinsam Erlebten zu ziehen sowie anstehende Probleme eigenständig zu lösen. Fußball ist grundsätzlich sehr hierarchisch, und viele Teams richten sich nach einem Anführer, der das Sagen hat. Moderne Mannschaften brauchen diese reine Tannenbaumstruktur aber nicht. Die ist zwar informell vorhanden und akzeptiert, aber im Kommunikationsprozess begegnet man sich auf Augenhöhe. Man braucht mehrere Köpfe, um ein Problem zu lösen.

Bei der EM 2012 bestand die Teambuilding-Maßnahme darin, dass kleine Gruppen Boote aus 60 Teilen zusammenbauen mussten, um anschließend eine Regatta mit den Kleppern zu bestreiten. War das ein gelungenes Event?

Ja, das war in dieser Vorbereitung die umfangreichste Maßnahme, die wir hatten. Sie war wirklich inspirierend und prägend für alle die dabei waren – sehr gelungen. Allerdings fehlten die Spieler des FC Bayern, die kamen wegen ihrer Teilnahme am Champions-League-Finale und anderen Verpflichtungen erst kurz vor dem Turnier. Sie konnten die Dynamik des Wachsens des ‚Wir-Gefühls' im Vorfeld dieses Turniers nur eingeschränkt miterleben.

Ist es nicht eher ein grundsätzliches Problem, die Blöcke aus den Klubs, die in der Bundesliga konkurrieren, im Nationalteam zusammenzubringen?
Von außen würde ich das auch vermuten, aber wenn man die Nationalmannschaft erlebt und sieht zum Beispiel, wer mit wem Karten spielt, welche Spieler ihre Freizeit gemeinsam verbringen, wird schnell klar, dass das kein Problem ist. Schwierig ist eher, wenn unerfahrenere Spieler noch nicht ihren Platz gefunden haben. Bei aller Freude über eine Nominierung fühlt sich nicht unbedingt sofort jeder wohl, wenn er zur Nationalmannschaft kommt. Zu unseren wichtigsten Aufgaben gehört daher, mitzuhelfen, dass die Spieler auch in diesem Umfeld ein gutes Gefühl haben, Selbstvertrauen entwickeln und in einem Klima arbeiten können, das der Leistung zuträglich ist.

Haben Sie nach Ihren jahrelangen Erfahrungen im Fußball eigentlich eine Erklärung dafür, dass nicht viel mehr Teams eng mit einem Psychologen zusammenarbeiten?
Festzustellen ist, dass sich die Akzeptanz für die Sportpsychologie im Fußball seit dem Dienstantritt von Jürgen Klinsmann 2004 kontinuierlich gesteigert hat. Aber etliche Verantwortungsträger im Fußball haben ein sehr konservatives, männliches, manchmal kriegerisches Bild dieses Sports oder möchten es bedienen. Da passen Psychologen nicht richtig hinein. Dass der Kopf tatsächlich die Steuereinheit und ein guter Ansatzpunkt für Leistungssteigerungen ist, scheint bei manchen nicht anzukommen. Manchmal kann man sich nur wundern, dass es wirklich Leute gibt, die glauben, Muskeln laufen von alleine.

Schnelles Denken und exklusive Ideen: Heutzutage Markenzeichen der weltbesten Fußballer.

Kunst und Intelligenz

Ein zentrales Merkmal der Fußballmoderne ist die Intellektualisierung des Spiels, die sich in völlig unterschiedlichen Bereichen zeigt. Längst erhalten die Profis eine Rundumversorgung von hochgerüsteten medizinischen Abteilungen, mit Hilfe von Computern werden Trainingseffekte und Spielleistungen vermessen. Die Daten, die von den in allen Bundesliga-Stadien installierten Tracking-Systemen erhoben werden, spielen am Rande dieses Kapitels auch eine Rolle. Im Mittelpunkt steht aber die Frage, welche kognitiven Fähigkeiten gute Spieler zu sehr guten Spielern machen können. Im heutigen Hochgeschwindigkeitsfußball, der von einem allgegenwärtigen Zeitdruck geprägt ist, sind Wahrnehmungsprozesse von elementarer Bedeutung. Doch erst langsam wird das Erkennen und Interpretieren von Spielsituationen als Fähigkeit begriffen, die gezielt geübt und verbessert werden kann.

Ihren Ursprung hat diese Ebene des Fußballs im Übrigen auch in der Tatsache, dass Kraft und Willensstärke alleine nicht mehr ausreichen, um die Überlegenheit kleiner, wendiger und schlauer Spieler zu kompensieren. Leute wie Hans-Peter Briegel oder Horst Hrubesch, deren größte Stärken Wucht, Zähigkeit und eiserne Härte waren, wären heute jedenfalls keine Helden mehr. Die besten Spieler der Welt sind aktuell Fußballkünstler wie Lionel Messi, Mario Götze oder Andrés Iniesta, deren filigrane, eher tänzerische Figuren begeistern. Lothar Matthäus hingegen war zwar eher ein Fußballer alter Schule, aber eben auch klug genug, um zu wissen, dass er den entscheidenden Elfmeter im WM-Finale von 1990 besser dem Kollegen Andreas Brehme überlassen sollte. Weil dessen Persönlichkeit eher taugte, um solch einen großen Moment erfolgreich zu bewältigen.

KUNST UND INTELLIGENZ

Das Spiel lesen

Eine der berühmtesten Wortschöpfungen, die Deutschlands Fußball hervorgebracht hat, ist das Bild von der „Tiefe des Raumes", aus der Günter Netzer als künstlerischer Mittelpunkt der legendären 1972er-Nationalmannschaft das Spiel gelenkt haben soll. Karl Heinz Bohrer, der damalige Literaturchef der *Frankfurter Allgemeinen Zeitung*, hat diesen unvergessenen Terminus geschaffen, der bis heute die Phantasie vieler Fußballästheten beflügelt. Was Bohrer an Netzers Spiel faszinierte, war die Haltung des alles überblickenden Feldherren und das erstaunliches Gefühl des Mittelfeldstrategen für Räume und Laufwege, auf dessen Grundlage er das Spiel immer wieder in jene Bereiche des Platzes lenkte, in denen der Gegner verletzlich war. Dort spielte Netzer seine Bälle hinein, dorthin bewegte er sich selbst mit dem Ball am Fuß.

Aus heutiger Sicht wirkt Netzers Spiel natürlich behäbig und langsam, aber Spieler mit besonders feinem Blick und ungewöhnlich ausgeprägtem Gespür für Freiräume werden wohl bis in alle Ewigkeit bewundert werden. Je exakter und schneller ein Fußballer Lücken erkennt und Laufwege der anderen vorausahnt, je feinsinniger er bespielbare Räume identifiziert, desto größer ist die Wahrscheinlichkeit, gute Lösungen auf dem Platz zu finden. Oft tauchen in diesem Zusammenhang Begriffe wie „Kreativität" oder gar „Kunst" auf, aber im Grunde geht es bei diesem Aspekt des Fußballs um das Sammeln und Verarbeiten von Informationen.

So sind geübte Fußballer erheblich besser in der Lage, „das Spiel zu lesen", weil sie einfach genauer wissen, wo die entscheidenden Informationen zu finden sind. Profispieler richten ihren Blick im Gegensatz zu Anfängern auf viel weniger Bereiche, bestimmte Zonen lassen sie sogar ganz außer Acht, während ihre Augen länger auf den wichtigen Orten ruhen. Diese Art der Informationsgewinnung lässt sich sowohl bei eigenem Ballbesitz beobachten als auch im Spiel gegen den Ball.

KUNST UND INTELLIGENZ

Das Spiel lesen

verengter Sichtbereich

erweiterter Sichtbereich

Erfahrene Fußballexperten konzentrieren ihren Blick auf Bereiche, in denen jene Informationen zu finden sind, die sie brauchen, um gute Entscheidungen treffen zu können (verengter Sichtbereich, braun). Fußballanfänger schauen hingegen überall hin und übersehen dabei leicht die wichtigen Mitspieler, Gegenspieler sowie Lücken und Räume (hellgrüner Sichtbereich).

Verteidiger, die einen dribbelnden Gegenspieler stoppen wollen, blicken beispielsweise besonders intensiv auf die Hüfte des Kontrahenten, denn dort lässt sich am frühesten die nächste Bewegung erkennen. Erstaunlich ist, dass viele Profis sich gar nicht bewusst sind, wo sie die wertvollsten Informationen finden, sie haben im Laufe der vielen Trainingseinheiten und Spiele ein unbewusstes Wissen angehäuft, das nun automatisch zur Anwendung kommt.

Ganz ähnliche Mechanismen laufen übrigens im Prozess der taktisch-strategischen Entscheidungsfindung ab. Auch hier geht es um Informationen, die in ganz bestimmten Regionen des Spielfeldes zu finden sind. Fußball-Anfänger übersehen meist die richtigen Lücken, und jene Räume, in die Mesut Özil seine erstaunlichen Pässe spielt, werden oft weder von den gegnerischen Abwehrreihen noch von geübten Kennern in der privilegierten Perspektive des TV-Zuschauers vorausgeahnt. Diese Art der Kreativität wird vorwiegend in den ersten

KUNST UND INTELLIGENZ

So kann ein Videotraining zur Verbesserung der Antizipation im Fußball aussehen. Die Spieler sehen eine Situation auf der Leinwand und müssen schnell entscheiden, wen sie anspielen. Über Sensoren an den drei Kästen unten an der Leinwand erkennt der Computer, welche Lösung der Übende gewählt hat.

Lebensjahren entwickelt (siehe Seite 213ff.), allerdings lassen sich vorhandene Potenziale durch bestimmte Übungen gründlicher ausschöpfen.

Besonders im Bereich des Nachwuchsfußballs gibt es Möglichkeiten, die Antizipation und das vorausschauende Handeln der Spieler zu verbessern. Heute ist bekannt, dass man diese Fähigkeit mit speziellen sportart-spezifischen Videoprogrammen üben kann und schnell Fortschritte macht. Den Fußballspielern werden Videoclips vorgespielt, die mitten in einer Aktion abbrechen, die Übenden müssen dann entscheiden, wie sie die Situation fortsetzen würden.

Bei dieser Art des Video-Antizipationstrainings ist es nicht einmal nötig, motorische Lösungen zu integrieren, die Übungen können am Laptop oder mit einem Tabletcomputer gemacht werden. Solche Maßnahmen sind auch deshalb interessant, weil Trainingszeiten gerade im Jugendbereich oft knapp sind oder weil Talente bei zusätzlichen physischen Einheiten überlastet werden. Auf Reisen in Hotelzimmern, auf den vielen Busfahrten oder auch in Phasen der Rehabilitation haben die Spieler jedoch oft Kapazitäten frei, an ihrer Fähigkeit zu arbeiten, das Spiel zu lesen. Um dann, wie einst Günter Netzer, aus der Tiefe des Raumes vom Wembley zu kommen.

Kreativitätstraining an der Spielkonsole: Lionel Messi.

Macher und Denker

1990 war das große Jahr des Lothar Matthäus. Der Rekordnationalspieler wurde Weltfußballer des Jahres, und er durfte als Deutschlands Kapitän den goldenen WM-Pokal küssen. Aber einen Makel hat dieser Augenblick des größten Triumphes immer gehabt. In der 85. Minute des Finales gegen Argentinien verzog Matthäus sich dezent in den Mittelkreis, es gab nämlich Elfmeter für Deutschland, beim Stand von 0:0. „Wenn es drauf ankam, hatte Lothar schon häufiger den Schwanz eingezogen", in Wahrheit sei der Held der WM „ein echter Verpisser", schreibt Stefan Effenberg in seinem Buch *Ich hab's allen gezeigt*. Er spielt damit unter anderem auf die historischen Ereignisse jener Sommernacht an, und viele Leute denken noch heute so wie Effenberg. Schließlich war Matthäus der beste Elfmeterschütze der Nationalmannschaft, bis Michael Ballack ihn im Jahr 2005 in diesem Ranking überflügelte. Den größten Strafstoß der deutschen Fußballgeschichte verwandelte jedoch Andreas Brehme.

Später erklärte Matthäus seinen Rückzug damit, dass seine Schuhsohle gebrochen gewesen sei, aber Karl-Heinz Rummenigge, der damals Gerd Rubenbauer beim Kommentar zur Live-Übertragung assistierte, hatte der Fernsehnation noch vor dem siegbringenden Treffer erzählt, dass der Kapitän auch die wichtigen Elfmeter bei seinem damaligen Klub Inter Mailand dem Kollegen Brehme überlassen hatte. Das war in diesem Augenblick vor allem eine interessante Information für die fiebernde TV-Nation, später trugen Rummenigges Worte zur Legende vom Feigling bei, die Effenberg in seinem Buch mit einer satten Portion Niedertracht auf den Punkt brachte. Mit ein paar Kenntnissen über die Theorie der Handlungskontrolle lässt sich diese Geschichte jedoch auch ganz anders analysieren.

Der renommierte Psychologe Julius Kuhl differenziert den eher handlungsorientierten Typus von lageorientiert agierenden Menschen. Die erste Gruppe konzentriert sich im Wesentlichen auf die Lösung eines Problems oder einer Aufgabe. Lageorientierte Menschen hingegen verfolgen zwar ähnliche Absichten, sind aber häufiger in ihrer Handlung blockiert, da ihre Aufmerksamkeit vor allem auf dem Ist-Zustand liegt statt auf der Aufgabe und der Suche nach adäquaten Lösungen. Mit Hilfe von Fragebögen ist es leicht möglich herauszubekommen, ob ein Athlet eher lage- oder handlungsorientiert ist.

Es gibt Hinweise darauf, dass bestimmte Anforderungen einer sportlichen Aufgabe Einfluss auf die zu erwartende Leistung nehmen. Spielpositionen und die damit verbundenen Aufgaben können in unterschiedlichem Ausmaß Spieler mit einer Handlungs- oder einer Lageorientierung begünstigen. Beispielsweise geben Center-Spieler im Basketball eher an, dass sie handlungsorientierte Typen sind. Dies bedeutet, dass sie über die Fähigkeit verfügen, schnell und effizient einen Ist-

Die Tragweite des eigenen Handelns vergessen: Elfmeterspezialist Andreas Brehme bei der Arbeit.

Zustand (Elfmeter, Ball muss ins Tor) in einen Soll-Zustand (Tor) zu überführen. Im Fußball gehören viele Stürmer, die den Ball eher intuitiv als auf der Grundlage eines wohl überlegten Planes im Tor zu versenken, dieser Kategorie an. Ihre innere Stimme sagt: Ich muss jetzt sofort alles Erforderliche machen, um möglichst schnell ans Ziel zu kommen." Reflektion gehört selten zu ihren größten Stärken. Dagegen bevorzugen lageorientierte Spieler eher die Rolle des Strategen. Sie wollen zunächst einmal gewissenhaft die aktuelle Situation (Wir liegen 0:2 zurück, wie können wir uns neu ausrichten?) analysieren, bevor sie aktiv werden. Sie entwickeln Strategien, die über eine einzelne Situation hinausgehen, hier handelt es sich meist um Spieler, die während der 90 Minuten besonders aufnahmefähig für die Anweisungen von Trainern sind.

Bei sportlichen Leistungen spielt daher immer auch die Übereinstimmung zwischen der Persönlichkeit von Athleten und

Athletinnen und den aktuellen situativen Umweltanforderungen eine entscheidende Rolle. Dieses Wissen öffnet einen interessanten Zugang zur Leistungssteigerung auf der Basis von psychologischer Diagnostik und individualisierter motivationaler Ansprache. Im Fußball kann über eine Analyse der Persönlichkeit in der Jugend verhindert werden, dass Spieler auf unpassenden Positionen ausgebildet werden. Und später kann eine Analyse der Persönlichkeit beispielsweise bei der Wahl des richtigen Elfmeterschützen, der eher handlungsorientiert sein sollte, helfen.

In der Schlussphase des eingangs erwähnten WM-Finales hat Lothar Matthäus vielleicht einfach gewusst, dass er selbst ein lageorientierter Typ ist, der reflektiert. Ein Mensch, der die überwältigende Bedeutung des Augenblicks erkennen konnte. Man mag sich gar nicht vorstellen, was in einem Fußballer passiert, wenn er sich vor einem entscheidenden Elfmeter im WM-Finale vergegenwärtigt, welche Bedeutung dieser Augenblick für das eigene Leben und das Land haben kann. Brehme ist als eher handlungsorientierter Spieler in solchen besonders wichtigen Momenten bestimmt der geeignetere Schütze. Er konnte sich seinerzeit ganz auf die Ausführung seiner Aufgabe konzentrieren, und das wusste Matthäus. Was Effenberg als Schwäche verkauft, war vermutlich in Wahrheit eine Stärke: die Fähigkeit zur realistischen Selbsteinschätzung.

Ist die Nationalmannschaft zu brav?

Am 15. August 2012 kam es zu einer offenen Konfrontation der beiden großen deutschen Glaubensrichtungen, die spätestens mit dem Ausscheiden der Fußballnationalmannschaft gegen Italien im Halbfinale der Europameisterschaft in Polen und der Ukraine um den Besitz der letzten Wahrheit ringen. Gerade war die neue Länderspielsaison mit einem wenig begeisternden 1:3 der Mannschaft von Bundestrainer Joachim Löw gegen Argentinien eröffnet worden, als der ehemalige Nationaltorhüter und TV-Experte Oliver Kahn, der im Fernsehstudio stand, begann sich in Rage zu reden. „Ich kann doch da als Spieler nicht immer zufrieden sein", zürnte der ehemalige Torhüter, nachdem einige Akteure in den Kurzinterviews nach dem Schlusspfiff nicht besonders selbstkritisch gewirkt hatten. Kahn hatte Mühe, seine Erregung unter Kontrolle zu halten. „Ich habe gegen die Italiener blutleer verloren, heute kriege ich wieder drei Stück, ja, da stellen sich die Jungs hin und sagen: Hojo, was soll's, morgen geht's weiter. Ich weiß nicht, da muss ich mich doch auch mal ärgern, da muss ich doch auch mal unzufrieden sein."

Irgendwann kam Löw dazu, und Kahn argumentierte immer weiter. Er forderte „Leidenschaft", „Wille", „all diese Eigenschaften, die du brauchst. Das sind dann eben die zehn Prozent, die uns dann noch fehlen, um ganz an die Spitze zu kommen." Löw blickte beschämt auf das kleine Stehtischchen im TV-Studio des ZDF und erwiderte genervt: „Ich sehe ein paar taktische Fehler, die wir gemacht haben. Aber sagen Sie mir doch mal einen Spieler, der heute nicht alles gegeben hat. Ich kann doch nicht sagen, ein Spieler hat zehn Prozent zu wenig gegeben. Woran ist das denn messbar? Der Wille, der war heute schon vorhanden. Taktisch cleverer zu spielen, das ist der entscheidende Punkt."

Löw war noch nie ein Freund dieser „Blut, Schweiß und Tränen"-Rhetorik, er ist ein Arbeiter am Inhalt. Leute wie Kahn, aber auch Matthias Sammer, der Sportdirektor von Bayern München, und viele andere, die fußballerisch in den 1980er und 1990er Jahren sozialisiert wurden, glauben hingegen, der ersehnte große Titel sei nur über die richtige Mentalität zu gewinnen. Es ist eine Kontroverse, die wohl erst enden wird, wenn die Nationalmannschaft tatsächlich wieder einmal Welt- oder Europameister ist. Bis dahin debattiert die Mentalitätsfraktion mit den Fußballstrategen, die Anhänger des Glaubens an Tugenden und Willensstärke argumentiert gegen die Revolutionäre, die mit modern organisierten Gruppen, der Stärke des Kollektivs und mehr mit filigraner Fußballkunst als mit wuchtiger Energie zum Erfolg kommen wollen. Früher einmal wurden deutsche Nationalmannschaften für ihren Rumpelfußball verachtet und wegen ihrer Effizienz gefürchtet. Nun werden sie für ihr Spiel bewundert und für ihr Scheitern bedauert. Irgendetwas scheint immer zu fehlen, im Moment mangelt es in den Augen vieler Beobachter am guten alten, eisernen Siegeswillen und an der Kaltblütigkeit im entscheidenden Moment.

„Gegen die Italiener waren wir einfach zu lieb", hat Mittelfeldspieler Sami Khedira rückblickend über die Halbfinal-Niederlage bei der EM gesagt, und die *Bild*-Zeitung befand, dass hier „Memmen gegen Männer" ausgeschieden seien. Am ganzen Körper tätowierte und vollbärtige Italiener, deren Tore der martialische Mario Balotelli schoss, hatten den netten Schwiegersöhnen Mesut Özil, Toni Kroos, Manuel Neuer, Philipp Lahm, Holger Badstuber und Mats Hummels keine Chance gelassen. „Spitzenfußball ist wie Krieg, bist du zu lieb, bist du verloren", lautete eine der bekanntesten Aussagen des großen holländischen Trainers Rinus Michels, und weil der Aspekt der Gewalt zweifellos eine wichtige Rolle spielt im Fußball, wird diese These wohl nie ganz entkräftet werden.

In Deutschland erinnern sich Traditionalisten gerne an Zeiten, als Kopfballungeheuer wie Horst Hrubesch und verbissene Kämpfer wie Lothar Matthäus, Matthias Sammer oder Guido Buchwald die letzten großen Titel für die Nationalelf erzwangen. Zwar waren einige dieser Erfolge umweht von einem Hauch schlechten Gewissens, denn natürlich war immer klar, dass Brasilianer, Argentinier, Holländer oder Spanier schöner und kunstvoller spielen können. Aber die Fähigkeit zum siegbringenden Punch war Quell eines enormen Selbstvertrauens. Zumindest bis zum Zusammenbruch des alten Fußballdeutschland im Jahr 2000, als nach der desaströsen EM die gesamten Ausbildungsstrukturen erneuert wurden. Inzwischen gibt es auch hierzulande brillante Techniker, Virtuosen am Ball, leichtfüßige Dribbler und eine fein geschliffene Spielkultur. Die Frage ist nur, ob das Rohe, das Unkultivierte und die Kaltblütigkeit, Eigenschaften, die im sportlichen Wettkampf sehr hilfreich sein können, darüber verloren gehen mussten. Die heutigen Spieler wirken dagegen nett und harmlos und machen Werbung für Nutella oder Milchreis. Verglichen mit früheren Generationen erscheinen viele heutige Nationalspieler manchmal geradezu androgyn.

In der Psychologie wird zwischen eher maskulinen, androgynen und femininen Menschen unterschieden, und es gibt eine langjährige Debatte über die Frage, welcher Typ welche Aufgaben am erfolgreichsten meistert. Dabei hat sich gezeigt, dass maskuline und feminine Menschen in klar definierten Situationen, die ganz eindeutig ihrem Typus entsprechen, besonders wirksam agieren. Aber: Diese Personen sind in der Tendenz darauf angewiesen, dass die Situation tatsächlich so für sie passend ist. Sie können sich nur schwer umstellen. Androgynität bedeutet flexibler reagieren zu können und sich längerfristig in Situationen mit sehr komplexen Anforderungen durchsetzen zu können. Androgyne Typen sind vielseitiger in ihrer Lösungsfindung. Hier zeigt sich eine wichtige Form von Intelligenz, die dem Spiel auf dem Rasen sehr zuträglich sein kann.

Diese Mischung aus männlichen und weiblichen Elementen zeigt sich auch an den Körpern der Spieler. Die besten Fußballer wie Lionel Messi, Ronaldinho, aber auch Neymar, Cristiano Ronaldo, Mario Götze, Mesut Özil oder Marco Reus schleppen keine dicken Muskelpakete mit sich herum, oft sind sie am ganzen Körper enthaart, und ihr Spiel ist in manchem Momenten von tänzerischer Schönheit. „Ich weiß, dass ich ein höflicher Mensch bin, und das werde ich auch immer bleiben, da werde ich mich nicht verändern. Ich werde meine Mannschaft so führen, wie ich es für gut halte", hat Kapitän Philipp Lahm einmal gesagt, als er mit dem Vorwurf konfrontiert wurde, es fehle der Nationalmannschaft und auch ihm als Kapitän an Derbheit. Das ist natürlich sympathisch, aber wird man so Weltmeister? Löw glaubt: Ja!

„Fakt ist auf jeden Fall eines: Unser Weg, den wir eingeschlagen haben vor einigen Jahren, der stimmt. Wir haben ein langfristiges Konzept, und daran werden wir absolut festhalten", sagt der Bundestrainer. Skeptiker könnten nun einwenden, dass er sich eventuell – wie schon viele Modernisierer vor ihm – in eine zu deutliche Oppositionshaltung gegenüber dem Fußball des vergangenen Jahrhunderts begeben hat. Möglicherweise wird erst der nächste Bundestrainer, der konsequenter bereit ist, alte Qualitäten in die neue Konzeption zu integrieren, die Sehnsucht nach einem großen Titel stillen. Aber an der Korrektheit von Löws Grundausrichtung kann eigentlich niemand ernsthaft zweifeln.

Die ahnungslosen Experten

Matthew Benham ist der stolze Chef eines mit modernster Kommunikationstechnologie vollgestopften Büros in London. An langen Tischreihen sitzen junge Männer in Kapuzenpullis vor zahllosen Bildschirmen und beobachten den weltweiten Wettmarkt. Benhams Firma verdient Geld, indem unter professionellen Bedingungen auf den Ausgang von Fußballspielen gewettet wird.

IT-Experten, Spielanalytiker und Mathematiker versuchen mit Hilfe modernster Software Ergebnisse vorherzusagen, ein Zocker ist Benham aber keineswegs. Ganz im Gegenteil. „Ich habe nie aus Spaß gewettet oder um mir die Zeit zu vertreiben", sagt er in einem Interview mit dem Fußballmagazin *11 Freunde*. „Bei uns geht es um Wahrscheinlichkeitsberechnungen mit Hilfe mathematischer Modelle", erklärt der Unternehmer sein Geschäftsmodell, das so erfolgreich ist, dass der Firmenchef die Mehrheitsanteile an seinem Lieblingsklub, dem englischen Zweitligisten FC Brentford, erwerben konnte.

Benham und seine Mitarbeiter versuchen, „Marktschwächen zu finden und zu nutzen", sagt der Chef. Computer ermitteln anhand komplizierter Formeln die Wahrscheinlichkeit von

Siegen bestimmter Teams und setzen die Ergebnisse in Relation zu den Quoten. Derart rationalisiert funktioniert das professionelle Wetten offenbar. Wenn aber Millionen von Fußballkennern aus den Stadien und von den Stammtischen ihr Geld setzen, haben die Wettanbieter schon fast gewonnen. Denn das Tippverhalten von vermeintlichen Experten, die regelmäßig auf den Ausgang von Fußballspielen wetten, unterscheidet sich nicht von der Handlungsweise jener Tipper, die so gut wie nichts über das Spiel wissen.

Selbst Personen, die Zeit in das Wetten investieren, die regelmäßig Geld auf den Ausgang von Fußballspielen setzen und allerlei Aspekte wie den Krankenstand der Teams, die aktuelle Form, jüngste Sieges- oder Niederlagenserien und ähnliches einbeziehen, tippen im Großen und Ganzen nicht erfolgreicher als der ahnungslose Laie, der sich eigentlich überhaupt nicht für Fußball interessiert. Immerhin weiß man aus Studien, dass das Tippen nach der FIFA-Fußballweltrangliste eine der besten Möglichkeiten darstellt, seine Ergebnisse zu optimieren. Überraschenderweise kennen aber routinierte Fußball-Tipper diese nicht wesentlich besser als Menschen ohne besondere Fußballkenntnisse.

Es gibt jedoch einen Unterschied zwischen Fußball-Experten und Menschen ohne Spezialwissen über diesen Sport. Leute, die sich auskennen, sind erheblich überzeugter davon, dass ihre Vorhersagen eintreffen, als die Ahnungslosen. Damit zeigt sich ein allgemeines Phänomen: Menschen neigen generell dazu, sich zu überschätzen, und auf Experten trifft dieser Befund offenbar ganz besonders zu. Genau diese Erkenntnis gehört zu den Leitideen des Profiwetters Benham. Im Lieblingsbuch des Engländers namens *Schnelles Denken, langsames Denken*, das der Nobelpreisträger Daniel Kahneman verfasst hat, werde sehr genau erklärt „wie lächerlich überoptimistisch Menschen in Bezug auf ihre Voraussagefähigkeit sind", sagt Benham. „Selbst bei höchst fadenscheinigen Belegen ziehen wir voller Überzeugung unsere Schlussfolgerungen."

Viele Leute werden im Vorfeld des nächsten großen Fußballturniers trotzdem wieder auf der Grundlage ihres vermeintlichen Fußballwissens Spielergebnisse in die Listen der Tippgemeinschaften eintragen, die von Freunden oder Kollegen organisiert wurden. Wer seine Erfolgschancen aber wirklich steigern möchte, der folge am besten einem simplen Ratschlag: „Besorge dir die FIFA-Weltrangliste, halte dich beim Tippen an dieses Ranking, und du wirst sehr wahrscheinlich ziemlich gut abschneiden."

Computer, die das Spiel entschlüsseln

Videoanalysen von Fußballspielen gehören längst zum Alltag des Profifußballs, inzwischen ist es bereits in der Halbzeit möglich, anhand aktueller Bilder eigene Fehler aufzuarbeiten oder Stärken und Schwächen gegnerischer Teams ausfindig zu machen. Darüber hinaus werden in Echtzeit bestimmte Leistungswerte erhoben, vor allem die Laufdistanzen und -intensitäten, aber diese Daten, die häufig auch in der aktuellen Berichterstattung auftauchen, repräsentieren nur einen Bruchteil der Erkenntnisse, die eine umfassende Untersuchung der Partien hervorbringt. Um ein Fußballspiel komplett zu erfassen, brauchen Analysten sechs bis acht Stunden, in denen eine Videoaufzeichnung der 90 Minuten nach unterschiedlichen Kategorien durchforstet wird. Ein Beispiel für eine taktische Kategorie wäre der Spielaufbau einer Mannschaft. Wird mehr mit vielen kurzen Pässen über ein bis zwei Meter agiert, indem die beiden Außenverteidiger ihre jeweiligen offensiven Flügelspieler anspielen? Oder suchen die beiden Innenverteidiger mit langen Bällen über mehr als 25 bis 30 Meter die beiden Stürmer?

Durch technische Entwicklungen ist es mittlerweile möglich, Positionsdaten aller Spieler und des Balles für komplette Partien zu erfassen, das heißt, dass die Analysten zu jedem Zeitpunkt der Partie auf die Koordinaten von 22 Spielern sowie des

KUNST UND INTELLIGENZ

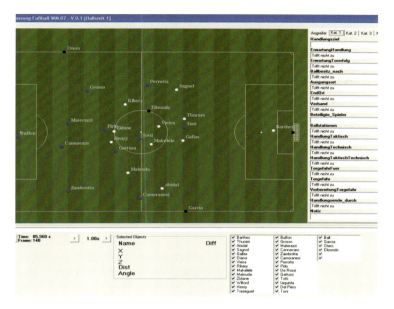

Jeder Punkt auf dem Spielfeld stellt einen Spieler dar, wie ein Schwarm bewegen sich die Fußballer über das Spielfeld. Der Computer speichert zu jedem Zeitpunkt die entsprechenden Positionsdaten, so lassen sich neben Laufwegen und Geschwindigkeiten auch komplexe Zusammenhänge hinter dem taktischen Verhalten und möglichen Erfolgsstrategien analysieren.

Spielballs zurückgreifen können. Bei einer Abtastfrequenz von 25 Frames pro Sekunde ergeben sich daraus für jeden Spieler 135 000 Daten, den Ball als 23. Untersuchungsobjekt hinzugerechnet, steht nachher die imposante Menge von 3 105 000 Daten zur Verfügung.

Solch eine gewaltige Datenmenge lässt sich allerdings nur sehr schwer vernünftig interpretieren, erst mit dem Einsatz so genannter neuronaler Netze konnte dieses Problem gelöst werden. Im allgemeinen Sprachgebrauch versteht man unter einem neuronalen Netz bestimmte Strukturen, so wie sie beispielsweise im menschlichen Gehirn zu finden sind. Nerven-

DER FUSSBALL – DIE WAHRHEIT

KUNST UND INTELLIGENZ

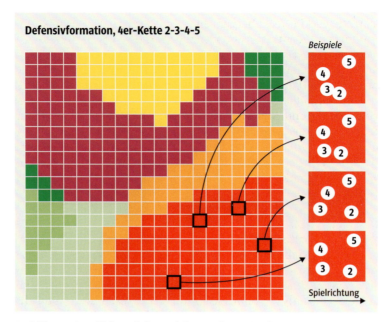

*Bei dieser Grafik handelt es sich um ein typisches neuronales Netz. Die verschiedenen Farben verdeutlichen unterschiedliche Anordnungen der 4er-Kette einer Mannschaft. Und zwar nicht in einer bestimmten Spielsituation, vielmehr werden hier besonders häufig auftretende Konstellationen dargestellt (rechte Seite in Rot). In der abgebildeten 4er-Kette spielt der **rechte** Außenverteidiger beispielsweise tendenziell etwas dichter am **rechten** Innenverteidiger, während die Abstände auf der **linken** Seite etwas größer sind. So eine Information kann beispielsweise bei Gegneranalysen im Spitzenfußball von großem Wert sein.*

zellen sind dabei über Synapsen miteinander zu einem Netz verbunden. Ein künstliches neuronales Netz, wie es in der Informatik modelliert wird, ist ein mathematisches Modell eines biologischen neuronalen Netzes.

Ziel ist, die Funktion sowohl der Neuronen als auch der Synapsen des menschlichen Gehirns nachzubilden. Und diese Rechenstrukturen können übergeordnete Zusammenhänge zwischen Spielszenen identifizieren, um zu ermitteln, welche Konstellationen auf dem Platz zu welchen Resultaten führen. So lassen sich sehr umfangreiche Datenmengen innerhalb weniger Minuten nach Unterschieden und Gemeinsamkeiten klassifizieren. In Sekunden werden unüberschaubar viele Spielsituationen nach Erfolg und Misserfolg geordnet. Damit wird es möglich, die Aufstellung der Viererkette von Team A in Bezug auf das offensive Verhalten der Stürmer und Mittelfeldspieler von Team B zu analysieren und zu errechnen, in welcher Konstellation die Wahrscheinlichkeit am größten ist, Torgefahr für Team A zu verhindern bzw. Torgefahr für Team B herzustellen.

Darüber hinaus hilft der netzbasierte Ansatz, Standard-Spielsequenzen, seltene und überraschende Momente zu erkennen und bezüglich ihres Erfolges und ihres Funktionierens im Kontext zu bewerten. So werden oft außergewöhnliche Aktionen oder seltene Typen von Torerfolgen als Zufall abgetan, bevor bei genauerer Analyse spontane kreative Prozesse und vielleicht sogar verborgene Fähigkeiten eines Spielers sichtbar werden.

Im Baseball gelang es Anfang der 90er Jahren durch eine klügere Interpretation der erhobenen Daten grundlegend neue Erkenntnisse zu gewinnen, die Bedeutung bestimmter Spielerstärken wurde ganz neu definiert, es war eine kleine Revolution. In den ersten Jahren der computergestützten Spielanalyse glaubte man, auch im Fußball bahnbrechende Erkenntnisse gewinnen zu können, doch diese Hoffnung hat sich verflüchtigt.

Und neuronale Netze werden auch niemals analytisch geschulte Spielinterpreten ersetzen können, aber sie bieten die Möglichkeit, dem Trainer mit hoher Geschwindigkeit und damit in einer interaktiven Kommunikation gezielt Daten und Informationen zu präsentieren, die dieser dann mit Hilfe seines Sachverstandes interpretieren und einordnen kann.

KUNST UND INTELLIGENZ

„Ich sehe meine Mannschaft als geometrisches Gebilde"

Stratege im Zentrum: Stefan Reinartz bei Bayer Leverkusen.

Stefan Reinartz ist kein brillanter Techniker, er ist nicht besonders torgefährlich oder schnell und auch kein beinharter Abräumer. Aber er versteht das Spiel. Wenn der Defensivstratege den Ball am Fuß hat, wirkt die Spielsituation plötzlich sortiert, selbst unter Druck und in Momenten größter Hektik. Sein besonderes Talent ist der analytische Blick. Diese Fähigkeit verhalf dem damals gerade 20-Jährigen im Herbst 2009 zu einem Stammplatz bei Bayer Leverkusen. Ein halbes Jahr später absolvierte er sein erstes Länderspiel.

Herr Reinartz, Sie gelten als besonders spielintelligenter Fußballer, der viele strategische Entscheidungen auf dem Platz trifft, sich mit Videoanalysen beschäftigt und sehr reflektiert ist. Schauen Sie auch Fußball im Fernsehen mit einem eher analytischen Blick?
Stefan Reinartz: Nein. Wenn ich konsumiere, dann lasse ich mich einfach berauschen und hoffe auf ein schnelles Spiel mit viel Action. Da achte ich nicht drauf, ob die Außenspieler einrücken oder so. Auf so etwas habe ich zuhause keinen Bock. Ich mache das beruflich, dann muss ich das nicht abends auch noch haben.

Es gibt also zwei Arten Fußball zu schauen: als Unterhaltung und als intellektuelle Herausforderung, gewissermaßen als „Lesen des Spiels"?
Vielleicht sollte man dazu erst mal definieren, was mit dieser oft zitierten Floskel vom Spiel, das gelesen wird, gemeint ist. Für mich als Spieler heißt das einerseits, dass man die Zusam-

menhänge auf dem Platz wahrnimmt, aus diesen Informationen Schlüsse zieht, und daraufhin eine Veränderung einleitet, die positiv für die Mannschaft ist. Das ist ein bewusster Vorgang, in dem man sich für einen Moment aus dem Spiel herauszieht und fragt: Was geht da grundsätzlich gerade vor sich? Auf der anderen Seite gibt es Prozesse, die eher automatisch ablaufen, die aber auch eine exakte Wahrnehmung voraussetzen. In einer Videoanalyse lernt man faktisches Wissen, das im Anschluss auf dem Platz in die berühmten Automatismen umgemünzt wird.

Können Sie ein Beispiel nennen?
Wenn eine Mannschaft gut strukturiert ist und ich das Spiel aus der eigenen Defensive eröffne, hebe ich nur kurz den Blick und sehe wie bei einem Schachbrett die Figuren. Da bildet sich quasi eine Form. Ich sehe meine Mannschaft nicht als Gruppe von Einzelspielern, sondern als geometrisches Gebilde und weiß sofort: Der sichert den ab, der sichert den ab und so weiter. In schlechter organisierten Teams muss ich überall einzeln prüfen: Der steht da, der da und der da. Das dauert viel länger. Bei einem Stürmer, der einen Doppelpass spielen möchte oder die Lücke für ein Dribbling erkennt, sind das ähnliche Prozesse.

Das heißt, ideal ist, wenn man viel wahrnimmt, wenig nachdenken muss und auf seine Intuition hören kann.
Ja. Die besten Spiele macht man, wenn man in der Halbzeit gar nicht mehr weiß, was man in den 45 Minuten zuvor gedacht hat. Weil man eigentlich gar nichts gedacht hat. Weil man nur ablaufen lässt. Eine Studie bei Handballern hat mal ergeben: Wenn die Spieler zu viel Zeit haben, dann werfen sie schlechter. Aber natürlich gibt es Situationen, in denen taktische Dinge verändert werden müssen oder in denen die Mannschaft aufgerüttelt werden muss. Das kann man nur erkennen, wenn man sich den Automatismen entzieht und reflektiert. Im Moment werden ja überall junge Spieler gehypt, aber die Fähigkeit, sich aus diesem „Ich-mach-mein-Ding" heraus zuziehen und sich eine Ebene drüberzustellen, ist etwas, was ältere Spieler eindeutig besser können.

Wo Liebe ist, lauern auch Konflikte.

Freunde und Feinde

Selbstverständlich ist Fußball keine Angelegenheit, die man glaubhaft als friedlich bezeichnen könnte. Auf dem Platz bekämpfen sich zwei Teams, auf den Tribünen begegnen sich konkurrierende Fanfraktionen, und es gibt Obrigkeiten wie die Schiedsrichter, das Sicherheitspersonal oder die Fußballverbände, die ebenfalls ein wunderbares Feindbild abgeben. Ohne die anderen, die verhöhnt, besiegt, beschuldigt und beschimpft werden, wäre die Liebe zum eigenen Team und das Gemeinschaftserlebnis mit den vielen Gleichgesinnten auf der Tribüne nur halb so schön. Meist herrscht eine Eindeutigkeit, die in anderen Lebensbereichen fehlt: Wir gegen die anderen – ein Urprinzip, das zweifellos zu den wichtigsten Gründen für den unglaublichen Erfolg dieses Spiels zählt.

Das Gute ist, dass die Konflikte und Auseinandersetzungen geregelt sind, in eindeutig definierten Grenzen sind Aggression und Streit erlaubt oder gar erwünscht. Aber welche Prozesse sind dem sozialen Gefüge der Teams zuträglich? Laufen bestenfalls elf Freunde auf? Oder sind Reibungspunkte wünschenswert, wie Borussia Mönchengladbachs Sportdirektor Max Eberl in einem Interview erklärt?

In jedem Fall bietet der Fußball ein Umfeld für Grenzüberschreitungen aller Art. Spieler nutzen ihre Macht und ihre Popularität für eigene Interessen und schaden damit ihren Klubs. Im Publikum gibt es eine Minderheit, die ständig nach Möglichkeiten sucht, Gewalt anzuwenden. Selbst normale Familienväter entwickeln im Stadion Verhaltensweisen, für die sie sich in jeder anderen Umgebung schämen würden. Meistens ist es aber einfach nur schön, mit den eigenen Freunden den Gegner zu bekämpfen. Und natürlich zu besiegen.

Elf Freunde müsst ihr sein

Es gibt zahllose bedeutsame und beinahe ebenso viele belanglose Fußballwahrheiten, mit denen Sepp Herberger die Welt bereicherte, kein Wunder, dass auch die Urheberschaft des berühmten Satzes „Elf Freunde müsst ihr sein, um Siege zu erringen" gerne dem ehemaligen Bundestrainer zugeschrieben wird. Vermutlich hat das mit dem legendären „Geist von Spiez" zu tun. In diesem Örtchen am Thuner See befand sich während der WM 1954 das Quartier der Deutschen Nationalmannschaft, hier entstand der Zusammenhalt, der das Team zum WM-Titel trug. Tatsächlich hat Herberger seinen Elf-Freunde-Satz oft und gerne zitiert, und der Herberger-Biograph Jürgen Leinemann schrieb: „Drei Wochen Spiez sind drei Wochen Hohes Lied bester Kameradschaft". Erfunden hat der große Trainer den Satz aber keineswegs.

Offenbar zierte er schon den Sockel der Victoria, der Trophäe, die dem deutschen Fußballmeister von 1903 bis 1944 überreicht wurde. In dem 1920 erschienenen Lehrbuch *Fußball. Theorie, Technik, Taktik* des Berliner Fußball-Lehrers Richard Girulatis von der damaligen Deutschen Hochschule für Leibesübungen taucht er ebenfalls auf. Herberger verwendete

Beflügelt vom berühmten Geist von Spiez: Sepp Herberger und seine Spieler nach dem Weltmeister-Triumph von 1954.

den Satz lediglich für seine Zwecke, und er hatte viele Nachahmer. Sammy Drechsel, der 1986 verstorbene Münchner Sportreporter und Kabarettist der Lach- und Schießgesellschaft, hat dann im Jahr 1955 ein Buch mit dem nun schon kürzeren Titel *Elf Freunde müsst ihr sein* publiziert, mittlerweile ein Klassiker der Jugendliteratur. Und welcher Fußballfan kennt nicht das Magazin *11 Freunde*, das dem unsterblichen Zitat seine Referenz in einer puristischen Kurzform erweist? Ganz offenbar transportiert das Bild von den elf Freunden eines der großen Gefühle des Fußballsports. Aber ist die Aussage dahinter eigentlich wahr? Müssen elf Freunde auf dem Platz stehen, damit eine Mannschaft Erfolg hat?

Keine Frage, die Beziehungen zwischen den Gruppenmitgliedern und der Zusammenhalt, die so genannte Kohäsion, sind von großer Bedeutung. Das Wohlbefinden wächst in einer harmonischen Gruppe, die geprägt ist von gegenseitiger Zuneigung und der Bereitschaft, konstruktiv zusammenzuarbeiten. Und grundsätzliches Wohlbefinden ist leistungsfördernd. Nehmen wir eine Rückenschulgruppe einer Krankenkasse: Die Menschen verlassen solche Gruppen viel seltener, wenn sie sich akzeptiert fühlen, wenn innerhalb der Gruppe eine positive Stimmung herrscht und sich ein Zusammengehörigkeitsgefühl entwickelt. Hier scheint der Spruch von den elf Freunden zuzutreffen, jedenfalls im übertragenen Sinne. Aber Fußball ist nicht Halma und eine Profimannschaft keine Rückenschulgruppe.

Der kanadische Gruppenforscher Albert Carron unterscheidet für Mannschaften aus dem Spitzensport zwischen der sozialbezogenen und aufgabenbezogenen Kohäsion. Diese Unterscheidung ist wichtig, um herauszufinden, ob der Zusammenhalt eines Teams zu größeren Erfolgen und besseren Leistungen führt.

Bei der sozialbezogenen Kohäsion stehen das gemeinsame Erleben und freundschaftliche Beziehungen im Vordergrund, nicht die Effektivität der Gruppe. Eine hohe aufgabenbezogene

Kohäsion drückt sich hingegen darin aus, dass die Gruppenmitglieder bereit sind, mit aller Anstrengung das gleiche Ziel zu verfolgen und ihre persönlichen Interessen für einen gewissen Zeitraum zurückzustellen. Jedenfalls soweit sie nicht dem Mannschaftsziel entsprechen. Im Fußball geht es hier etwa darum, der Versuchung zu widerstehen, sich selbst in den Vordergrund zu spielen. Es gibt Stürmer, die ihre eigene Torquote zu wichtig nehmen, Spieler, die Journalisten Interna verraten, damit sie am Wochenende besser benotet werden, und viele andere Szenarien, die den Zusammenhalt beschädigen können. Und das wird schnell zu einem großen Problem, denn wenn es um Gruppenzusammenhalt geht, ist die aufgabenbezogene Kohäsion der wichtigste Motor für Erfolg auf dem Platz. Zumindest in Sportarten, in denen es auf Kommunikation und gemeinsames Handeln ankommt.

Es ist also von größter Bedeutung, dass die Spieler ein gemeinsames Ziel verfolgen und jeder sein Ego zurückstellt. Und es ist wichtig, dass Fußballer verinnerlichen, dass sie selbst profitieren, wenn die Mannschaft Erfolg hat. Ob die Profis in diesem zwischenmenschlichen Gefüge tatsächlich befreundet sind oder nicht, spielt hingegen eine untergeordnete Rolle für den Erfolg. Allerdings ist eine gute sozialbezogene Kohäsion eine vielversprechende Ausgangsbedingung für das Verfolgen gemeinsamer Ziele und macht vielleicht manches einfacher.

Wobei zu viel Harmonie auch lähmend wirken kann, besonders dann, wenn alle sich an eine gute Stimmung gewöhnt haben und dadurch Veränderungsprozesse gebremst werden. In solch einem Fall ist es besser, wenn es auch mal Streit und Kontroversen gibt. Diese Konflikte oder, wie Borussia Mönchengladbachs Sportdirektor Max Eberl sagt, „Reibungspunkte" (vgl. Interview Seite 66), sind in einem so harten, wettbewerbs- und leistungsorientierten System wie der Bundesliga unausweichlich und notwendig. Wichtig ist nur, dass Konflikte offen ausgetragen werden und dass sie nicht zu persönlichen Verletzungen führen. Die aufgabenbezogene Kohäsion sollte immer Priorität haben.

Nur wenn diese Voraussetzungen erfüllt sind, können Konflikte einen produktiven Beitrag zum Erfolg leisten. Und Sepp Herberger, irrte er? Bei genauer Betrachtung der Biographie von Jürgen Leinemann lässt sich feststellen, dass der frühere Bundestrainer sehr wettbewerbsorientiert agierte und Konflikte überhaupt nicht gescheut hat. Er hat das Bild von den elf Freunden als Vehikel benutzt, um ein gemeinsames Ziel mit seiner Mannschaft herauszuarbeiten: Weltmeister werden.

Bandenspiele

Es ist ein ziemlich großer Widerspruch, in den sich die meisten Vereine mit ihren Erwartungen an die Spieler begeben. Sportdirektoren, Klubpräsidenten und Trainer stimmen selbstverständlich und ohne jedes Zögern zu, wenn sie gefragt werden, ob sie sich mündige Profis für ihre Teams wünschen. In den 1980er und 1990er Jahren, als klar wurde, dass Mannschaf-

50 000 Euro für das Aussprechen der Wahrheit: Philipp Lahm.

ten besser werden, wenn die Spieler mitdenken, wenn sie nicht einfach nur soldatisch Befehle ausführen, sondern eigene Ideen entwickeln, war der „mündige Profi" ein zentrales Kennzeichen des Fußballfortschritts. Aber allzu weit sollte es dann doch nicht gehen mit den eigenen Ansichten.

Denn mündig sein heißt keineswegs, dass eine freie Meinungsäußerung erwünscht ist, zumindest nicht öffentlich. Inzwischen steht standardmäßig in den Arbeitsverträgen der Profis, dass keine Interviews an Printpublikationen gegeben werden dürfen, ohne dass die Presseabteilungen das Gesagte nach heiklen Aussagen durchkämmen. Entsprechende Stellen – oft vollkommen harmlose Anmerkungen – werden rigoros gestrichen. Und Spieler, die ihre Trainer, Mitspieler oder die Vereinsführung öffentlich kritisieren, müssen mit harten Strafen rechnen.

So wie Philipp Lahm, als er der *Süddeutschen Zeitung* im Herbst 2009 ein Interview gab, von dem der Klub nichts wusste. Der Kapitän des Rekordmeisters verteidigte seinerzeit den umstrittenen Trainer Louis van Gaal und analysierte in aller Nüchternheit die Gründe, weshalb es beim FC Bayern sportlich nicht lief. Im Grunde hatte er sich als Mannschaftskapitän vor seinen Trainer und sein Team gestellt und darauf hingewiesen, dass dem Klub eine langfristige Strategie fehle.

Kaum jemand zweifelte an der inhaltlichen Relevanz der Aussagen, aber Lahm wurde hart sanktioniert. 50 000 Euro musste er bezahlen, weil es sich nicht ziemt, die eigene Klubführung zu kritisieren. Und weil er so dreist war, das Interview nicht von der Pressestelle autorisieren zu lassen. Er wusste natürlich dass dort alle wichtigen Passagen gestrichen worden wären. Im Sommer 2013, als die Bayern gerade ihr historisches Triple gewonnen hatten, hat Lahm dann in einem weiteren Interview erklärt, er glaube, dass sein Vorstoß von 2009 „einen kleinen Beitrag" zu den späteren Erfolgen geleistet habe. Denn Lahms Kritik war zwar bestraft worden, aber sie hatte auch zu einem Umdenken beigetragen.

Der Mann, der Lahm bei seiner spektakulären Aktion geholfen hat, ist der Spielerberater Roman Grill. Er hält diese Form
des Vertragsbruchs in manchen Situationen für ein sinnvolles
Mittel. „Der Spieler muss sich seiner Verantwortung bewusst
sein, und er muss die Auswirkungen seiner Aussagen reflek-
tieren", sagt der ehemalige Fußballer. Außerdem sollte ein kri-
tischer Profi „sich so äußern, dass es der Mannschaft hilft",
meint Grill. „Die Mannschaft sollte danach besser zusammenarbeiten können oder ein besseres Ergebnis erzielen." Im Fall
von Lahm hat das hervorragend geklappt, aber die Folgen, die
solch eine Kritik nach sich zieht, sind in der Regel nur schwer
absehbar.

Denn rund um die großen Teams hat sich ein Umfeld aus Journalisten, Beratern, Vertrauten und Geheimnisträgern unterschiedlichster Art gebildet, das in seiner Gänze oft nicht einmal
von Insidern durchschaut wird. Alle Beteiligten müssen sich
zahlreichen Zwängen und Drucksituationen stellen, und die
Interessen sind höchst heterogen. Es ist nicht verwunderlich,
dass die Spieler eine sehr aktive Rolle in der Gestaltung ihres
Jobs und ihres Umfelds übernehmen, und oft geht es keineswegs darum, die mittelfristige Perspektive des Klubs zu verbessern. Die Inhaber von relevanten Informationen versuchen
vielmehr, eigene Interessen beim Trainer, Sportdirektor, Präsidenten oder in der Öffentlichkeit zu platzieren, und die Zusammenarbeit mit den Medien spielt dabei eine wichtige Rolle.

Die meisten Formen dieser Kooperation bleiben dabei unsicht-
bar, Spieler und Berater, aber auch Trainer und Funktionäre
geben Hintergrundinformationen an Journalisten, dafür bekommen sie dann gute Noten oder Zwischentöne in den Storys,
die ihre Interessen stützen. Bei fast jedem längeren Interview-
termin gibt es einen Gesprächsteil, vor dem explizit abge-
sprochen wird, dass er nicht zur Veröffentlichung gedacht ist.
Dieser konspirative Austausch reicht oft schon, um ein Gefühl
der Vertrautheit bei den Berichterstattern zu erzeugen, das
dann in einer anderen Situation (möglicherweise auch unbewusst) zu einer weniger kritischen Haltung führt.

FREUNDE UND FEINDE

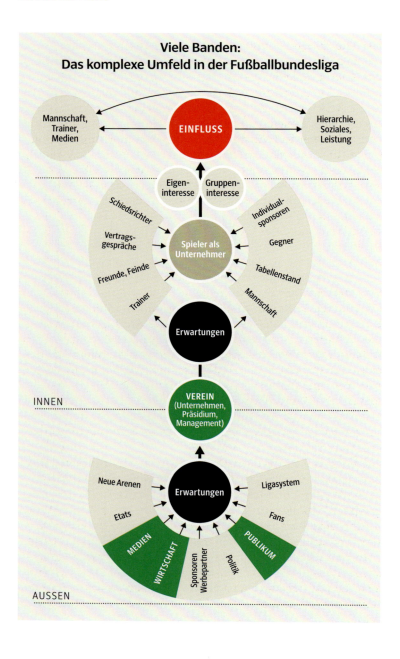

Der ehemalige Fußballtrainer Hans-Dieter Tippenhauer fand das Thema derart interessant, dass er die Sache wissenschaftlich ausleuchtete. 1979 stand Tippenhauer mit Fortuna Düsseldorf im Finale des Europapokals der Pokalsieger, wo die Rheinländer gegen den FC Barcelona verloren, mittlerweile ist er Geschäftsführer einer Werbeagentur, und 2010 promovierte er in Münster. Im Rahmen seiner Doktorarbeit führte er umfangreiche Befragungen in der Bundesliga durch und sprach mit Spielern der ersten Mannschaften des 1. FC Köln, von Alemannia Aachen, Borussia Dortmund, Arminia Bielefeld und Werder Bremen. Dazu kamen die jeweiligen Trainer, Sportdirektoren und zahlreiche Medienvertreter. So gründlich hat noch keiner das Umfeld aus der Innensicht beleuchtet.

Tippenhauer kam zu der Einschätzung, dass es in den Teams meist drei bis vier Führungsspieler gibt, die zusammen mit dem Trainer und dem Unterstützungspersonal die sportliche Leitung übernehmen. Der Einfluss dieser Anführer ist enorm. Ihre Meinung und ihr Wirken sind von größter Bedeutung für die Mitspieler, den Zusammenhalt und insbesondere für die Position des Trainers in der Mannschaft, im Verein und in der Öffentlichkeit. Und die Medien dienen als wichtiges Instrument für die Führungsspieler.

Die Weitergabe von Insider-Informationen an Berichterstatter gehört laut Tippenhauer zum Alltag, und oft gelangen diese nur andeutungsweise oder als Hintergrund von journalistischen Meinungsäußerungen an die Öffentlichkeit. Quellen müssen schließlich geschützt werden. Viele Fans freuen sich dann, von (geheimen) Konflikten zu erfahren (vgl. Seite 194ff.), und die Position einzelner Spieler kann gestärkt werden, zumindest wenn sich der indiskrete Akteur nicht verkalkuliert. Meist gibt es aber auch Verlierer bei diesen Machtspielen, zumal die Dynamiken, die sich ergeben, nur schwer kalkulierbar sind. Große Fußballspieler sind also mächtig, man hat das schon immer geahnt, aber wissenschaftlich untermauert ist diese These nun auch.

Die dunkle Seite

Das Derby zwischen Borussia Dortmund und Schalke 04 im Oktober 2012 war gerade angepfiffen worden, als sich plötzlich wilde Szenen auf der Pressetribüne abspielten. Eine Gruppe von sieben oder acht jungen Männern sprintete die Treppen hinauf, sie trugen Turnschuhe, Jogginghosen und dünne Jacken. In einem Zustand äußerster Erregung hetzten sie vor den Arbeitstischen der Journalisten entlang und verschwanden durch ein Mundloch in der Osttribüne. Verfolgt von einer kleinen Polizeieinheit, die einen der Unruhestifter zu fassen bekam, drei Meter neben Marcel Reif, der das Spiel fürs Fernsehen kommentierte. Sofort befand sich der Gefangene in einer festen Umklammerung, er konnte sich nicht mehr bewegen, sein Atem ging schnell, seine Augen waren weit aufgerissen. Und sie leuchteten. Die heftige Erregung war dem Mann anzusehen, fast wirkte es, als liege ein Lächeln auf seinen Lippen. In jedem Fall war er berauscht von allerlei betörenden Stoffen, die sein Körper ausgeschüttet hatte. Er sah aus, als habe er exakt das bekommen, was er wollte: einen erstrangigen Kick. Dann wurde der Mann abgeführt.

Aufgrund der massiv erhöhten Sicherheitsvorkehrungen sind solche Szenen in den Bundesliga-Stadien zur Seltenheit geworden, die verschiedenen Gruppierungen unter den Fußballzuschauern, die gewalttätige Auseinandersetzungen suchen, gibt es aber immer noch. Bereits im Vorfeld des oben erwähnten Spieles in Dortmund war es zu recht heftigen Ausschreitungen gekommen, Dortmunds Polizeidirektor Michael Stein sagte damals: „Sowohl Schalker als auch Dortmunder Anhänger legten ein hohes Aggressions- und Gewaltpotenzial an den Tag wie lange nicht mehr." Es gab elf Verletzte und 180 vorläufige Festnahmen.

Der Hannoveraner Fan-Forscher Gunter Pilz ist sicherlich einer der besten und wichtigsten Kenner dieser Szene. Pilz macht deutlich, dass die Krawallfreunde das Umfeld von Fußballspielen suchen, weil hier eine Bühne geboten wird. Ihr sinnstiftendes Merkmal ist die Gewalt. Und die ist offensichtlich, unabhängig vom Beruf und vom gesellschaftlichen Status, für viele Männer höchst interessant. Die Motivation liegt einerseits darin, der Langeweile des Alltags zu entkommen, andererseits geht es darum, sich in der Selbstbehauptung gegenüber anderen zu erproben. Die Gewalttaten erzeugen nämlich neben der Ausschüttung körpereigener Drogen ein emotional relevantes Gruppenerlebnis. *Hooligans* und *Ultras*, die beiden großen Gruppen, die immer wieder in Auseinandersetzungen verwickelt sind, stellen durch ihre Aktionen klar, dass sie zu Recht einer bestimmten Gruppe angehören.

Die öffentlich zur Schau gestellte Ausgrenzung von gegnerischen Fraktionen erhöht das Selbstwertgefühl und den Status innerhalb von Gruppen, die Gewalt und Diskriminierung als wichtiges Element ihrer Verbindung definiert haben. Ganz besonders trifft diese Charakterisierung auf *Hooligans* zu, die häufig allein aufgrund ihres Interesses am handfesten Konflikt im Umfeld von Fußballspielen auftauchen.

Gesucht werden einerseits Auseinandersetzungen mit anderen *Hooligans*, aber auch Ordnungskräfte und, seltener, nicht beteiligte Personen können interessante Gegner oder Opfer sein. Wichtiges Kennzeichen ist, dass von vornherein geplant wurde, gewalttätige Auseinandersetzungen anzuzetteln und dass es auch gar nicht mehr um eine Anbindung an einen konkreten Verein geht. *Hooligans* lassen sich nicht seriös als Fans kategorisieren, sie kommen nicht wegen des Fußballs. Statt Gefühlen für eines der Teams bringen sie Waffen oder Gegenstände mit, die wie eine Waffe benutzt werden können.

Nun liegt die Vermutung nahe, dass es sich bei diesen Leuten um Modernisierungsverlierer handelt, und es gibt durchaus Diskussionen in der Wissenschaft darum. Gunter Pilz differenziert allerdings den *Yuppie-Hool*, der zwei Identitäten hat (als fester Bestandteil eines bürgerlichen Umfeldes und als *Hooligan*) und möglichst cool, selbstbewusst und beherrscht wirken möchte. Fast wie ein Jung-Manager. Und den *Proll-Hool*, der nicht diesen gehobeneren Schichten entstammt. Diese Auffassung würde eher dafür sprechen, dass *Hooligans* aus allen Gesellschaftsschichten kommen können, auch aus dem oberen Segment.

Woher der Begriff *Hooligan* ursprünglich kommt, ist übrigens umstritten, manchmal wird berichtet, dass im ausgehenden 19. Jahrhundert ein irisches Brüderpaar mit dem Namen Hooligan betrunken, raufend und randalierend durch London zog. Andere Quellen betonen, die Ursprünge des Hooliganismus seien in der englischen Arbeiterklasse des 19. Jahrhunderts zu finden. Wie auch immer: Im 20. Jahrhundert wurde das Wort *Hooligan* häufig gleichbedeutend mit gewalttätigen Fußballfans verwendet.

Doch seit einigen Jahren gibt es auch die *Ultra*-Bewegung, deren Mitglieder sich zwar ebenfalls immer wieder an gewalttätigen Auseinandersetzungen beteiligen, die aber gänzlich anders motiviert sind. Im Gegensatz zu den meisten *Hooligans* haben *Ultras* eine deutliche Anbindung an ihren Verein. Zwar tragen sie gerne bekannte und teure Kleidungsmarken, aber sie demonstrieren ihre tiefe Verbundenheit auch durch Fanutensilien wie Schals und Trikots. *Ultras* können als Jugendkultur-Variante verstanden werden, die sogar politisch agiert. In Ägypten haben sich die eigentlich verfeindeten *Ultras* der Klubs Zamalek und Al Ahly Kairo gegen das Regime des Diktators Hosny Mubarak verbündet und als gewalterprobter Flügel der Revolutionäre in den Auseinandersetzungen auf dem Tahir-Platz im Januar und Februar 2011 eine entscheidende Rolle gespielt.

In Deutschland sind die allermeisten *Ultras* aber immer noch in erster Linie Fußballanhänger. Nicht alle *Die-Hard-fans* (vgl. Seite 216ff.) sind *Ultras*, aber *Ultras* sind gewiss *Die-Hard Fans*, die eine hohe Treue zum Verein auszeichnet und die sich auch ideologisch positionieren. Beispielsweise wenden sie sich mit ihren Handlungen gegen die Kommerzialisierung des Fußballs. Vor allem jedoch nutzen sie die Bühne der großen Arenen zu eindrucksvollen Inszenierungen. So werden die toll anzusehenden Choreographien in den Arenen meist von den *Ultras* entwickelt und organisiert, und auch der Anstoß zu den Gesängen kommt häufig von diesen Gruppen, deren Anführer die Lieder oft über fest installierte Megaphone intonieren, bevor die ganze Kurve einstimmt. Allerdings überschreiten *Ultras* auch leicht Grenzen, beispielsweise indem sie sich an gewalttätigen Auseinandersetzungen beteiligen, die aber anders als bei *Hooligans* nicht der Zweck des Tuns sind.

Die *Ultras* wollen sich eher als echte, kämpfende Fans gegenüber rivalisierenden Gruppen darstellen, zum Teil mit gewaltverherrlichenden, rassistischen Ausdrucksformen. Ein anderer Aspekt, in dem Grenzen überschritten werden, ist das verbotene Abbrennen von Bengalos und anderer Pyrotechnik als Teil der Inszenierung. Der Soziologe Pilz hat in den letzten Jahren immer wieder deutlich gemacht, dass es zahlreiche Übergänge zwischen den verschiedenen Gruppen gibt, insbesondere auch vom *Ultra* zum *Hooligan*, den er *Hooltra* nennt. Diese Leute entfernen sich immer weiter von der Fanszene, machen Gewalt zum sinnstiftenden Merkmal ihrer Fußballaffinität, ordnen sich aber immer noch ganz fest einem Verein zu.

Für die Klubs ist die Neigung von *Ultras* und *Hooligans* zu verbotenen Aktionen mittlerweile ein großes Problem. Die Balance zwischen Restriktion und Kommunikationsbereitschaft zu finden, fällt vielen Funktionären äußerst schwer. Immerhin beschäftigen die Vereine der ersten und zweiten Liga Fanbeauftragte und betreiben Fanprojekte, die sich intensiv mit den Fanclubs beschäftigen, wobei es die Kritik gibt, dass dieser erfolgreiche Ansatz nicht ausreichend gewürdigt wird und finanziell zu schwach ausgestattet ist. Denn die erheblichen polizeilichen und gesetzgeberischen Anstrengungen inner- und außerhalb des Stadions sind mit hohen Kosten für den Steuerzahler verbunden. Möglicherweise würden sich Investitionen in Präventionsmaßnahmen lohnen. Zumal hier auch ganz grundsätzlich Jugendarbeit geleistet wird.

Diese Probleme ausschließlich restriktiv lösen zu wollen, funktioniert allenfalls beim hochkommerziellen Profi-Fußball, zur Not wandern die Freude der Gewalt und der Pyrotechnik einfach in andere Gesellschaftsbereiche oder in untere Ligen ab. Und nicht zuletzt würde etwas verloren gehen, wenn die Ultras aus der Bundesliga verschwänden. Ihre Choreographien und Gesänge gehören mittlerweile zur Folklore im Stadion und sind für alle Zuschauer ein attraktiver Bestandteil des Fußballerlebnisses.

Wenn normale Bürger ausrasten

Das Stadionerlebnis, dieses Verschmelzen des Individuums mit einer Gruppe Gleichgesinnter, das sich auch beim *Public Viewing* ergeben kann, übt auf viele Menschen einen großen Reiz aus. Häufig empfinden Fußballanhänger die Erregung der anderen in der Arena und das Vibrieren um sie herum als Medium, mit dessen Hilfe sich die Intensität der eigenen Emotionen steigern lässt. Sie spüren, dass sie mit ihrer Freude nicht alleine sind, und im Falle eines Misserfolges gibt es Gleichgesinnte, die die Trauer teilen. Andere Menschen, mit denen sie sich unmittelbar synchronisieren können.

Ein Teil des Reizes besteht darin, dass es auf den Tribünen der Arenen möglich ist, einen Teil der eigenen Individualität aufzugeben und emotional mit der Masse zu verschmelzen. Das kann schön sein, aber auch gefährlich. Der Soziologe Gustave Le Bon hat bereits 1895 in seinem Werk *Psychologie der Massen* die These formuliert, dass „der Einzelne in der Masse schon durch die Tatsache der Menge ein Gefühl unüberwindlicher Macht erlangt, welches ihm gestattet, Trieben zu frönen, die er für sich allein notwendig gezügelt hätte. Er wird ihnen um so eher nachgeben, als durch die Namenlosigkeit und demnach auch Unverantwortlichkeit der Masse das Verantwortungsgefühl, das die Einzelnen stets zurückhält, völlig verschwindet."

Dass Menschen in Gruppen und Massen zuweilen Verhaltensweisen ausleben, die sie im Alltag unter Kontrolle halten, ist also keine Neuigkeit. Im Fußballstadion ist das in jedem Block, in jeder Sitzreihe zu beobachten, und Gäste auf den teuren Plätzen benehmen sich kaum besser als die Fans auf den Stehrängen. Aber die allermeisten Leute belassen es dabei, den Schiedsrichter, Spieler oder gegnerische Fans zu beschimpfen, was im Kontext des Stadions noch keine Grenzüberschreitung darstellt. Zum Teil wird dieses Verhalten durch übertriebenen Alkoholkonsum oder durch äußere Faktoren wie die Enge oder den hohen Lärmpegel forciert. Solche Bedingungen erhöhen die Wahrscheinlichkeit unterschiedlichster Formen von Aggression. Allerdings gibt es weitere Komponenten, die dazu beitragen, die freundlichen Gesichter braver Familienväter in hemmungslos pöbelnde Fratzen zu verwandeln.

Der kalifornische Sozialpsychologe Philip Zimbardo hat diese Bedingungen im Jahre 1969 akribisch herausgearbeitet, als er das berühmte Stanford-Gefängnis-Experiment durchführte. Der Verlauf dieses Versuchs ist im Jahr 2001 unter dem Titel *Das Experiment* (mit Moritz Bleibtreu) verfilmt worden: Zimbardo hat eine Gruppe von Probanden in Wärter und Häftlinge aufgeteilt, die sich in einem fiktiven Gefängnis im Keller der kalifornischen Stanford Universität befanden. Im Laufe der Zeit wurden die Wärter gegenüber ihren Häftlingen immer gewalttätiger, weshalb Zimbardo das Experiment nach fünf Tagen abbrach, da die Situation außer Kontrolle geriet (während der Versuch in der Verfilmung fiktiv weitergeführt wurde). Die Probanden konnten nicht mehr zwischen der Versuchsanleitung und der Realität unterscheiden. Es kam zu Formen impulsiver Gewalt, von der die Teilnehmer nie gedacht hätten, dass sie sie jemals anwenden würden.

Zimbardo erklärt diese Auswüchse mit dem Prozess des Individualitätsverlustes, der in einer Gruppe oder einer Menschenmasse entstehen kann. Dieser Zustand ist gekennzeichnet durch eine geringe Kontrolle des eigenen Verhaltens; Hemmungen und soziale Normen werden abgebaut, eine häufige

Folge ist aggressives Verhalten, das durch ein Gefühl der Anonymität und des Verantwortungsverlustes verstärkt wird. Im Stadion können ganz ähnliche Dynamiken entstehen, die Fankleidung, das Trikot des Lieblingsvereins und der eigentlich sehr schöne Gleichklang der Menschenmenge führen dazu, dass viele Zuschauer sich nicht mehr als Individuum wahrnehmen, woraufhin das Verantwortungsbewusstsein für das eigene Handeln verloren gehen kann.

Vergleichbare Anonymisierungsprozesse sind bei Massendemonstrationen, in deren Verlauf es zu gewalttätigen Auseinandersetzungen kommt, und mitunter sogar bei den Athleten selbst zu beobachten. Besonders in Sportarten, in denen sich die Spieler durch Helme, Gesichtsmasken und eine spezielle Kleidung schützen müssen, wie im Eishockey oder im American Football, kann diese Anonymisierung der Spieler zu einer Steigerung des aggressiven Verhaltens führen. Natürlich ist ein Stadion kein Gefängnis, und eine Massendemonstration ist etwas anderes als ein Bundesligaspiel, aber es gibt durchaus Parallelen.

So stehen sich im Stadion wie auf Demonstrationen und auch im Gefängnisexperiment Gruppen gegenüber, die unterschiedliche Interessen verfolgen: Anhänger rivalisierender Klubs, Gefängniswärter und Inhaftierte oder Demonstranten und die Polizei. Sie alle begreifen sich als Angehörige einer bestimmten Gemeinschaft, mit der sie sich in der Regel auch identifizieren. Diese eigene soziale Gruppe wird als *Ingroup* bezeichnet, und wo es eine *Ingroup* gibt, muss natürlich eine *Outgroup* existieren; im Fußball sind das die gegnerischen Fans oder bei Auseinandersetzungen von Anhängern mit der Polizei gegebenenfalls auch die uniformierten Beamten. Allein die Trennung zwischen der eigenen und der anderen Gruppe reicht häufig aus, um Diskriminierung, Abwertung, Aggressionen, manchmal sogar Gewalt entstehen zu lassen, wie ein weiteres Experiment zeigt.

Hier wurden Personen zufällig in zwei Gruppen eingeteilt: Die Roten und die Blauen, und die erste Aufgabe für die Probanden bestand darin, jeweils die Mitglieder ihrer und der anderen Gruppe zu bewerten. Es zeigte sich, dass die eigenen Leute positiver beurteilt wurden, die bloße Zuordnung zu einer Gruppe reichte aus, die Angehörigen der eigenen Gruppe besser zu finden als die Mitglieder der anderen Fraktion. Der erste Schritt zur Diskriminierung. Dies kann, aber muss natürlich nicht passieren, hier handelt es sich lediglich um die minimale Bedingung für die Entstehung von Feindseligkeiten.

Vom Individualitätsverlust zur Grenzüberschreitung.

Im Fußball gibt es allerdings zahllose weitere Voraussetzungen, die Aggression und Gewalt gegenüber den Anhängern eines bestimmten Vereins begünstigen können: eine besonders schmerzhafte Niederlage in der Vorsaison, ein Spieler, der vom einen zum anderen Klub gewechselt ist, eine historisch gewachsene Feindschaft zwischen zwei Teams, provokante Aussagen im Vorfeld einer Partie oder einfach nur zu viel Alkohol. Und da das Stadion ein Ort ist, an dem im Verschmelzungsprozess mit der Masse individuelle Hemmschwellen fallen, schwebt hier jeder in der Gefahr, irgendwann Opfer von Diskriminierungen, Schmähungen oder Aggressionen zu werden. Und natürlich kann auch niemand ausschließen, dass er selbst zum Täter wird, und sei es nur durch Grölen von gemeinen Liedern im Stadion.

Die Freiheit, aus Konventionen auszubrechen, mag ein gewünschter Teil des emotionalen Erlebnisses im Stadion sein und zum Zauber des Fußballs beitragen – Konflikte wecken Interesse (siehe auch Seite 196ff.), und auch für ein friedliebendes und angepasstes Gesellschaftsmitglied kann es reizvoll sein, mal ein paar sehr böse Schimpfworte zu brüllen. Aber spätestens seit Zimbardo wissen wir, dass selbst die zivilisiertesten Menschen als anonymisierter Bestandteil einer Gruppe bisweilen ziemlich merkwürdige Dinge tun.

FREUNDE UND FEINDE

„Reibungspunkte sind von elementarer Bedeutung"

Manager: Max Eberl.

Zu Beginn der Amtszeit von Max Eberl als Sportdirektor von Borussia Mönchengladbach im Herbst 2008 befand sich der Klub inmitten einer jahrelangen Dauerkrise. Das Ziel lautete, schon sehr bald wieder im Europapokal zu spielen, die Realität fand aber im Abstiegskampf oder in der zweiten Liga statt. Bis es Eberl gelang, durch Transfers und die Wahl des richtigen Trainers eine Mannschaft zu formen, die 2012 sogar die Champions-League-Qualifikation erreichte. Er hat es geschafft, die Potenziale eines Traditionsstandortes zur Entfaltung zu bringen.

Herr Eberl, nicht nur wegen der permanenten Konfliktberichterstattung der großen Medien glaubt längst niemand mehr an den Mythos von den elf Freunden, die eine erfolgreiche Fußballmannschaft bilden. Welche Bedeutung hat das zwischenmenschliche Klima in einer Gruppe von Bundesligaprofis?
Max Eberl: Als ich gerade als Manager anfing, sagte mir jemand, der viel erreicht hat im Fußball: Max, entscheidend ist immer die richtige Mischung. Ein Team, das sich intensiv mit zwischenmenschlichen Problemen beschäftigen muss, hat eine große Schwäche. Und eine Mannschaft, in der die Chemie stimmt, kann über sich hinauswachsen.

Ist es nicht in Wahrheit so, dass echter Zusammenhalt erst dann entsteht, wenn Erfolge da sind?
Ja, Erfolge können eine Mannschaft zusammenführen, man wird von Euphorie getragen, es entsteht ein ganz besonderes Zusammengehörigkeitsgefühl. Da stehen dann zwar immer noch keine elf Freunde auf dem Platz, aber es schweißt zusammen. Wir haben das bei Borussia Mönchengladbach erlebt, als

wir im Januar 2011 Tabellenletzter waren, dann nach einer großen Aufholjagd in der Liga geblieben sind und anschließend die beste Saison seit Jahrzehnten spielten.

Woran erkennen Sie, wenn Sie einen Spieler verpflichtet haben, der dem Gefüge nicht zuträglich ist?
Das zeigt sich, wenn es nicht so gut läuft. Deswegen sind Führungsspieler so wichtig. Wir haben zum Beispiel Christofer Heimeroth, den Ersatztorwart. Oft werde ich gefragt: Warum verlängerst du den Vertrag mit ihm immer wieder? Weil er innerhalb der Mannschaft eine wichtige Rolle spielt. Wenn es Probleme gibt, dann sehe ich ihn mit den Mitspielern sprechen. Dieser charakterliche Aspekt ist bei einer Kaderzusammenstellung genauso wichtig wie die Frage, ob ich genug Linksfüße, große Spieler oder schnelle Leute habe. Wenn wir einen erfahrenen, sozial kompetenten Spieler verlieren, dann ist es uns wichtig, auch diese Kompetenz zu ersetzen.

Es gibt Scouting-Abteilungen, die Fußballer geradezu durchleuchten, bevor ein Vertragsangebot unterbreitet wird. Wie bedeutsam sind Informationen über den persönlich-privaten Hintergrund von Spielern bei Transfers?
Dieser Aspekt ist sehr wichtig. Natürlich geht es erst mal darum, herauszufinden, was ein Spieler kann und wo er seine fußballerischen Stärken und Schwächen hat. Wenn man wirklich über einen Transfer nachdenkt, dann beobachtet der Scout das Aufwärmen, das Verhalten beim Torjubel oder nach einer Niederlage. Man liest in der Presse, was ein Spieler nach einem schlechten Spiel sagt. Man fragt: Hat er den Führerschein verloren? Pflegt er eine Nähe zu den Fans, oder engagiert er sich sozial?

Wird eine derart zusammengesetzte Mannschaft nicht zu einer Ansammlung angepasster Traumschwiegersöhne?
Schwierige Charaktere fallen ja nicht direkt durch. Man braucht auch immer diese Enfants terribles. Willst du nur die Stromlinienförmigen, dann wirst du eine ruhige Mannschaft haben und eventuell in aller Ruhe absteigen. Das Gefüge ist wichtig, da sind auch Reibungspunkte von elementarer Bedeutung.

Beherrscht alle Kniffe der Mannschaftsführung: José Mourinho.

Macht und Ohnmacht

Meistertrainer werden Fußball-Lehrer voller Bewunderung genannt, wenn sie mit ihrer Mannschaft den Titel in der Bundesliga gewonnen haben. „Im Fußball baut man dir schnell ein Denkmal, aber genauso schnell pinkelt man es an", hat die Trainer-Legende Hans Meyer einmal gesagt, und die meisten kennen beide Extreme nur zu gut. Das Leben als Trainer ist ein ewiges Wechselspiel zwischen Macht und Ohnmacht. Wenn es gut läuft, ist der Trainer ein einflussreicher Impresario, wenn der Sturm der Kritik tost, muss er sich in der Regel seinem Schicksal ergeben.

Das Scheitern ist sogar Teil des Systems, denn Trainer müssen einer Vielfalt an Anforderungen gerecht werden, die kaum zu bewältigen ist, gesteht der langjährige Bundesliga-Chefcoach Ralf Rangnick. Am Ende stehen die Trainer eher machtlos am Spielfeldrand und betrachten das Ergebnis ihrer Arbeit. Wobei Trainer immer noch Möglichkeiten der Einflussnahme ungenutzt lassen, wie Untersuchungen zur Wahl des Elfmeterschützen und das Interview mit Ottmar Hitzfeld erkennen lassen.

Zudem müssen Trainer sich ständig neu erfinden. Joachim Löw wurde 1998 in Stuttgart mit der Begründung entlassen, dass viele Spieler nicht mit seinem kollegialen Führungsstil klarkämen. Heute sind flache Hierarchien Kennzeichen einer modernen Gruppenstruktur. Zwar ertönt aus der konservativen Ecke der Fußballnation nach Niederlagen der DFB-Elf immer noch die These, solche antiautoritären Ansätze seien ungeeignet für einen Männersport wie Fußball. Aber gibt es überhaupt noch praktikable Alternativen zu dieser Art der Gruppenführung? Frank Wormuth, der Chef-Ausbilder des Deutschen Fußball-Bundes, gibt Antworten.

Vom Turnvater-Jahn-Prinzip zur flachen Hierarchie

Die Organisationsstruktur, die sich hinter dem Begriff flache Hierarchie verbirgt, setze „verstärkt auf Eigeninitiative und -verantwortung", heißt es bei Wikipedia, und eigentlich wünscht sich Joachim Löw genau solch ein Modell einer demokratischen Zusammenarbeit, das hat er immer wieder betont. Doch im Zusammenhang mit der deutschen Nationalmannschaft ist der Begriff mittlerweile schwer kontaminiert. Nach dem Ausscheiden der deutschen Mannschaft bei der EM 2012 transportierte der Begriff flache Hierarchie plötzlich den Verdacht, es mangele der DFB-Elf an Führungskraft. Wohl eher um seine Ruhe zu haben, als aus echter Überzeugung hat Löw deshalb irgendwann gesagt: „Bei uns innerhalb der Mannschaft gibt es keine flache Hierarchie, sondern eine klare Struktur. Wir haben Führungsspieler, die ganz klar in der Verantwortung stehen." Zwar steht eine klare Struktur gar nicht im Widerspruch zur flachen Hierarchie, aber der konservative Flügel des nationalen Fußballs erklärte die Idee kurzerhand für gescheitert.

Sogar Uli Hoeneß verkündete in einem Interview mit dem *Spiegel*: „Löw muss von seinen Ideen der flachen Hierarchien Abschied nehmen. Er muss mehr Druck machen", und vermutlich haben viele Leute an den Stammtischen dem Präsidenten von Bayern München beigepflichtet. Also schaffte Löw den Begriff ab, aber seinen Stil wird er allenfalls in Nuancen geändert haben. Denn es scheint, als hätten Hoeneß und viele andere gar nicht wirklich verstanden, worum es sich bei einer flachen Hierarchie eigentlich handelt.

Diese Gruppenstruktur bildet ein Gegenmodell zum autokratischen Führungsstil des vergangenen Jahrtausends, erklärt Frank Wormuth, ein enger Vertrauter von Löw, der die Hennes-Weisweiler-Akademie leitet, wo der Deutsche Fußball-Bund seine Trainer ausbildet. Wormuth sitzt in seinem Büro in Hennef, er redet viel, erläutert, erklärt, er ist zutiefst überzeugt von dem Modell. „Zunächst einmal muss klargestellt werden, dass ‚flache Hierarchie' natürlich nicht bedeutet, dass keine Hierarchie vorhanden ist", stellt er klar, „es ist nur nicht mehr diese Hierarchie von früher, in der derjenige, der ganz unten steht, nach oben schaut und denkt: Oh mein Gott, ist der Weg dorthin weit."

Im Zentrum dieser Form des Miteinanders stehe „eine andere Kommunikationsstruktur, die viel fruchtbarer ist", sagt Wormuth. „Früher gab es viele Ideen und Informationen, die gar nicht oben ankamen, weil eine zu große Distanz zu überwinden war, auch weil Interessen und Eitelkeiten im Weg standen. Die neue Kommunikationsstruktur ist bedeutend effektiver. Und die Nationalmannschaft unter Joachim Löw hat genau diese Struktur." Es geht um Informationsaustausch in alle Richtungen, und auch darum, dass sich jeder wichtig und ernst genommen fühlt. Die Spieler haben sich geändert, vertreten eine eigene Meinung, „man kann nicht mehr sagen: Mach!", meint Wormuth. „Man muss die Spieler heute überzeugen. Das ist eine allgemeine gesellschaftliche Entwicklung, durch die zwei neue Parteien entstanden sind, die auf eine andere Art miteinander umgehen." Hochbezahlte Fußballstars nehmen keine Befehle mehr entgegen, sie wollen Lösungen erarbeiten und mitgestalten, deshalb können weder Hoeneß noch Löw dieses Prinzip einfach so abschaffen.

Das heißt aber nicht, dass eine Fußballmannschaft keiner Führung mit eindeutigen Rollenverteilungen bedarf. Dies betrifft einerseits die Rollen innerhalb einer Mannschaft, in der es Wortführer gibt, Wormuth sagt „Sprecher". Und andererseits natürlich das Trainerteam mit einem Chef und seinen vielen Assistenten. Die Anführer begreifen ihre Stellung allerdings nicht als Machtposition, die sie für eigene Interessen nutzen, sondern als Übernahme von Verantwortung für die gemeinsamen Interessen der Gruppe.

Die alte autokratische Führungsauffassung, die in ihrer Extremform autoritär wird, wird von immer weniger Trainern praktiziert, sie hat nicht nur in der Nationalmannschaft, sondern auch an den allermeisten Bundesligastandorten ausgedient. Und das ist eine gewaltige Umwälzung gegenüber den Zuständen des vorigen Jahrhunderts. Damals mussten unbekannte Neulinge im Team schon mal die Schuhe der Führungsspieler putzen, und auch die Trainer zelebrierten ihre Macht: Hier läuft nur etwas, weil ich es so will. Ich bin der Chef, keiner wird es wagen, meine Entscheidungen anzuzweifeln. Zumindest bis ein noch mächtigerer Präsident sie entließ.

Heute kann ein solcher Ansatz durchaus auch erfolgreich sein, gerade in unübersichtlichen Situationen, allerdings muss dem Trainer großes Vertrauen entgegengebracht und Kompetenz zugeschrieben werden. Und sobald die Mannschaft inhaltlich nicht mehr überzeugt ist, beginnt der Prozess des Scheiterns. Weil sie eher befehlen und weniger erklären, seltener die Meinung anderer abfragen und weniger integrativ arbeiten, machen sich im klassischen Sinne autokratische Trainer inzwischen (zumindest in Mitteleuropa) schnell zum Feind der Spieler.

Denn häufig sind solche Figuren eher selbstbezogen, können nur mit Situationen umgehen, die sie vorher definiert haben, und haben Probleme, ihr Verhalten so anzupassen, dass sie Einwände und Anregungen von den Spielern, Mitarbeitern und Vorgesetzten aufnehmen können, ohne an Autorität zu verlieren. Wormuth nennt diese Art des Umgangs mit Sportlern „Turnvater-Jahn-Prinzip", und auf lange Sicht stören solche steilen Hierarchien die so wichtigen gruppendynamischen Prozesse des Zusammenhaltes (vgl. Seite 50ff.). Wobei Wormuth anmerkt, dass es Spieler gibt, die in einer anderen Kultur sozialisiert wurden und durchaus „nach dem alten Prinzip geführt werden wollen. Gerade Chinesen, Japaner oder Koreaner hören gerne: So ist der Weg!"

Die meisten mitteleuropäischen Spieler wollen hingegen Verantwortung und ein Mitspracherecht. Kein Wunder, dass der klassische „Leitwolf" ausstirbt. Der Feldherr auf dem Platz, dessen Anweisungen die anderen blind zu folgen haben, ist nur noch selten wohlgelitten in den modernen Mannschaften. Der konfliktreiche Abschied von Michael Ballack, dem letzten großen Nationalmannschaftschef, aus der DFB-Elf hatte auch mit unterschiedlichen Vorstellungen eines modernen Führungsstils zu tun. Nach der autokratischen Ära übernahm eine Gruppe um Bastian Schweinsteiger, Philipp Lahm, Per Mertesacker und Miroslav Klose die Führungsrolle, seither sind die Hierarchien flach.

Keineswegs handelt sich bei den Umwälzungen um die Abschaffung des Führungsspielers, es gibt auch weiterhin Leute im Kader, denen durch besonders überzeugende Leistungen, Erfahrungen, Erfolge oder wegen ihrer Fähigkeit, Verantwortung zu übernehmen, eine herausgehobene Rolle zufällt. Aber es soll ein Arbeitsklima herrschen, in dem sich alle Beteiligten, vom Cheftrainer über den Kapitän bis zum dritten Torhüter und dem Zeugwart, wichtig fühlen und motiviert sind, sich einzubringen. „Für moderne Unternehmen, die in die Nationalmannschaft reinschauen, ist das übrigens ganz normal", sagt Wormuth.

Unterschiedliche Führungsstile: Michael Ballack und Jogi Löw.

Bundesligarekord: Schaaf war 14 Jahre Cheftrainer in Bremen.

Der Trainer, das Multitalent

Es war ein furchtloser Ire mit viel schwarzem Humor, der das finstere Schicksal der Fußballtrainergilde pointierter auf den Punkt brachte als all seine Kollegen. „Es gibt nur zwei Gewissheiten im Leben. Menschen sterben, und Trainer werden entlassen", hat Eoin Hand, der in den 1970er Jahren die Verantwortung für Irlands Nationalteam trug, einmal festgestellt. Wobei so mancher Trainer froh wäre, wenn die drohende Entlassung das einzige Ärgernis wäre, dem er sich tagtäglich ausgesetzt sieht.

Denn viele Trainer würden am liebsten 40 Stunden am Tag arbeiten, ihr Job ist unfassbar anspruchsvoll geworden. Gemeinsam mit den Assistenten leiten sie das Training, in der Regel sind sie in die mittelfristige Personalplanung der Sportdirektion involviert, sie pflegen das soziale Gefüge im Team, agieren als Entertainer in den Medien, hätscheln Sponsoren und und und ...

Das Anforderungsprofil ist derart komplex, dass ein guter Fußball-Lehrer noch lange kein guter Bundesliga-Trainer ist. Zumal je nach Standort völlig unterschiedliche Fähigkeiten benötigt werden. Bei einem Klub wie dem SC Freiburg mit seinem vergleichsweise ruhigen medialen Umfeld und dem festen Vorsatz, viele selbst ausgebildete Spieler in den Profifußball einzuführen, ist ein anderer Trainertyp gefragt als bei einem medial umtosten Verein wie Schalke 04, wo es gilt, eitle Stars und niederträchtige Berichterstatter zu bändigen. Aber selbst der beste Trainer der Welt ist nicht davor gefeit, dass in seinem Klub Dynamiken entstehen, die nur durch einen Trainerwechsel gestoppt werden können.

Viele der erforderlichen Trainerkompetenzen sind nämlich gar nicht konkret greifbar, und bestimmte Stärken oder auch Schwächen werden erst in Krisenmomenten sichtbar: In Konflikten mit einzelnen Spielern, in Phasen öffentlicher Kritik oder wenn Spielerberater den größten Talenten im Team den Kopf verdrehen. Und ob Spiele gewonnen werden, hängt am Ende oft von Dingen ab, die der Trainer gar nicht beeinflussen kann.

Durch Zufälle wie einen Stürmer, der Ärger mit seiner Freundin hat und in zwei, drei entscheidenden Momenten aus Zerstreuung die Latte trifft, statt ins Tor, kann eine Spirale des Misserfolgs entstehen, die die Klubführung irgendwann durch eine Trainerentlassung stoppen wird. Beispielsweise lautete eine der Kernthesen von Matthias Sammer in seiner Zeit als Sportdirektor des Deutschen Fußball-Bundes: „Leistung ist planbar, ob dann Erfolg dabei herauskommt, das hängt noch von anderen Dingen ab."

Fußball ist wohl die einzige Spielsportart, in der eine Mannschaft ein ganzes Spiel lang und mitunter sogar viele Partien nacheinander besser sein kann als der Gegner, ohne zu gewinnen. Das hängt mit dem Zufallsanteil im Fußball zusammen, der viel größer ist als in anderen Sportarten (vgl. Seite 94ff.). Dieser Sport ist also besonders kompliziert für seine Trainer.

Und Trainer sind ihrerseits ein schwieriges Untersuchungsobjekt für die Wissenschaft, Erkenntnisse sind rar. Immerhin haben Sportwissenschaftler vier Kernkompetenzen definiert, die professionelle Fußballtrainer unabhängig vom Standort beherrschen müssen.

Erstens vertritt ein Trainer seine Interessen und Vorstellungen bei der Auswahl von Spielern, die verpflichtet werden sollen. In zeitgemäß gemanagten Vereinen wird der Coach vom Sportdirektor intensiv in den Prozess des Transfergeschäfts einbezogen. Allerdings haben die Manager immer das letzte Wort, und sie sitzen auch am längeren Hebel bei Meinungsverschiedenheiten.

Hat er sein Team beisammen, muss der Trainer sich der komplexen Aufgabe widmen, ein fußballerisch funktionierendes Kollektiv zu modellieren. Dabei geht es nicht nur um Physis, Technik und Taktik, vielmehr gilt es, leistungsfördernde Gruppenstrukturen zu entwickeln. Eine Hierarchie muss sich herausbilden, die Gruppe sollte ein Zusammengehörigkeitsgefühl entwickeln, so dass ein Klima entsteht, in dem jeder Einzelne optimale Leistungen abrufen kann.

Die dritte zentrale Aufgabe des Trainers ist die Optimierung der individuellen und fußballspezifischen Spielfähigkeit. Dieses Leistungspotenzial bezieht sich im Kern auf angemessene Trainingsplanung, Trainingsdiagnose und -interventionen, die sich sowohl an der komplexen Struktur der individuellen Leistungsfähigkeit wie auch an Belastungs- und Anforderungsprofilen orientieren.

Und viertens kümmert der Trainer sich um die Wettkampfplanung einschließlich der Spielsteuerung: Sein Ziel ist, die Leistungsfähigkeit seiner Mannschaft und ihrer einzelnen Spieler durch strategisch-taktische Eingriffe so zu beeinflussen, dass die eigene Mannschaft in der Interaktion mit dem Spielverhalten des jeweiligen Gegners möglichst optimal funktioniert.

MACHT UND OHNMACHT

Leistung ist planbar, nicht aber der Erfolg! Welche Möglichkeiten haben Trainer und Manager im Fußball, Leistungen gezielt zu beeinflussen?

In den Augen der Manager, die den Trainer normalerweise einstellen und entlassen, sind Fachwissen, Mitarbeiterförderung, Erfahrung, Kommunikationsfähigkeit, Präsenz, Charisma und Glaubwürdigkeit die wichtigsten Kompetenzen, über die ein Chefcoach verfügen sollte. Die Fachkompetenz sei aber immer noch das vorrangige Rekrutierungskriterium für Trainer, behaupten die Verantworten in den Klubführungen, die allerdings längst nicht bei jeder Neubesetzung einer freien Stelle in der Bundesliga diesem Motiv folgen. Oft geht es um den Namen, um alte Kontakte oder vergangene Erfolge, wobei immer mehr Fachleute in verantwortliche Positionen kommen, die keine großen Namen tragen, dafür aber nach modernsten Standards ausgebildet sind. Die Trainer selbst halten übrigens ihre Sozialkompetenz insbesondere im Umgang mit der Mannschaft für sehr wichtig.

Wer schießt den Elfer?

Es sind ziemlich komplexe Prozesse, die sich innerhalb eines Teams abspielen, ehe ein Elfmeterschütze gefunden ist. Häufig geht es um Hierarchien, der beste oder der mächtigste Spieler beansprucht das Privileg der Elfmeterausführung für sich. Außerdem gibt es den Mythos, dass der Gefoulte nicht schießen soll (siehe Seite 90ff.). Eine andere Legende besagt, der Spieler, der sich am besten fühlt, solle antreten, und manchmal lässt sich sogar ein Konflikt zwischen Kandidaten beobachten, die sich um die Ausführung und die Aussicht auf einen persönlichen Torerfolg streiten. Dabei können Trainer eigentlich relativ zuverlässig ermitteln, welchen Spielern das Duell vom Kreidepunkt tatsächlich mehr liegt als anderen.

Dazu ist es sinnvoll, zwei Motivationstypen zu unterscheiden: Es gibt Sportler, zu denen es eher passt, wenn sie sich mit dem Ziel der Fehlervermeidung motivieren, im Mittelpunkt ihrer Vorbereitung auf den Schuss stehen Aspekte wie Sicherheit und Pflicht. Andere Fußballer rufen bessere Leistungen ab, wenn sie sich auf das Erreichen eines Zieles konzentrieren. Spieler dieser zweiten Kategorie, die neben ihrer zielgerichteten Herangehensweise über eine besonders gute Schusstechnik verfügen und stark im Umgang mit Drucksituationen sind, sind besonders gut geeignete Schützen. Während Kandidaten, die eher den Fehlschuss vermeiden wollen, häufiger verschießen.

Wichtig ist außerdem die Art und Weise, mit der ein Spieler für den Elfmeter vorbereitet wurde. Wenn eine Person mit einer Situation konfrontiert wird, die ihrer eigenen bevorzugten Herangehensweise entspricht, ergibt sich ein Leistungsvorteil. Die Trefferquote fällt also höher aus, wenn Übungsleiter ihre Spieler so instruieren, wie es zu deren Motivationstyp passt.

Am allerbesten wurden die Elfmeter verwandelt, wenn pflichtbewussten Spielern Pflichtvorgaben gegeben wurden. Offenbar spielt die Passung zwischen der Persönlichkeit von Athleten und Athletinnen und den aktuellen situativen Umweltanforderungen eine entscheidende Rolle für den Erfolg beim Elfmeterschießen. Trainer erhöhen demnach die Wahrscheinlichkeit, dass ihr Schütze trifft, wenn sie Spieler auswählen, die eine ausgeprägte Pflichthaltung an den Tag legen, und ihnen noch einmal deutlich vermitteln, dass es ihre Pflicht ist, den Elfmeter zu verwandeln.

Herr über die Zeit

Die Champions-League-Saison 2012/13 ist für Borussia Dortmund ein monumentales Abenteuer gewesen, die Anhänger des BVB erlebten eine rasante Reise über den Kontinent, die erst im Finale von Wembley endete. Die wildesten Minuten dieses Europapoka-Dramas ereigneten sich allerdings bereits im Viertelfinale. Um 22:33 Uhr an jenem denkwürdigen 10. April 2013 lag der Revierklub mit 1:2 gegen den FC Malaga zurück, brauchte nach dem 0:0 aus dem Hinspiel ein Wunder, der Live-Ticker des Fußballmagazins *11 Freunde* postete: „Zwei Tore in der Nachspielzeit? Sorry, BVB, das wird nichts mehr. Nicht mit diesem gegnerischen Torwart, nicht mit dieser Chancenverwertung, nicht mit diesem Defensivverhalten."

Ganz ähnlich hat das auch Mats Hummels empfunden: „Als die Nachspielzeit anfing, musste man klar sagen, war es eigentlich gelaufen", sagte der Innenverteidiger des BVB nach dem Abpfiff. Doch dann kamen die Signale der Schiedsrichter, die das lähmende Gefühl der Resignation pulverisierten. „Als der vierte Offizielle die vier Minuten Nachspielzeit angezeigt hat, keimte noch einmal Hoffnung auf", erinnert sich Hummels, „und mit dem 2:2 war auch der endgültige Glaube da, noch eine Chance zu bekommen, und die haben wir reingemacht."

Gewiss spielten die besondere Mentalität dieser Dortmunder Mannschaft, die turbulente Atmosphäre im Stadion und die

MACHT UND OHNMACHT

Ekstase in der Nachspielzeit: Borussia Dortmund gewinnt nach Ende der regulären Spielzeit doch noch 3:2 gegen den FC Malaga.

Magie des Augenblickes eine Rolle beim Verlauf dieses Abends, der tags darauf in den Zeitungen mit dem Begriff „Wunder" beschrieben wurde. Hätten die Schiedsrichter jedoch auf drei Minuten Nachspielzeit entschieden, worüber sich gewiss niemand beklagt hätte, wäre das Wunder wohl nicht geschehen. Betrachten wir diese Partie also einmal etwas ausführlicher von der Schiedsrichterseite.

Forschungsergebnisse legen nahe, dass der Referee nicht so lange hätte nachspielen lassen, wenn der BVB in Führung gelegen und dem FC Malaga noch ein Tor gefehlt hätte, um das Halbfinale zu erreichen. Die Analyse vieler Spiele und die Spielverläufe zeigt nämlich, dass Schiedsrichter durchschnittlich mehr Nachspielzeit gewähren, wenn die Heimmannschaft zum Ende hin mit einem Tor zurückliegt, als wenn der Gastgeber mit einem Tor führt. Für die Bundesliga wurde dieser Effekt bereits mehrfach bestätigt.

Laut der allerneuesten Untersuchung, die alle Partien zwischen den Spieljahren 2000/01 und 2012/13 einbezog, lag die Differenz bei 18 Sekunden. Das heißt, wenn die Heimmannschaft zurücklag und ein Tor benötigte, erhielt sie durchschnittlich 18 Sekunden mehr Zeit, den Ausgleich zu erzielen, als die Auswärtsteams, die alles nach vorne warfen, um doch noch einen Punkt zu erkämpfen. Natürlich handelt es sich hier nur um wenige Sekunden, aber die Differenz ist stabil. Das lässt sich in allen Spieljahren nachweisen. Und der Aussage von Mats Hummels ist zu entnehmen, dass auch der Glaube an ein eigenes Tor beflügelt werden kann, wenn die Tafel des vierten Offiziellen beispielsweise vier Minuten anzeigt statt der vielleicht eher angemessenen drei. Es geht also nicht nur um die gewonnene Zeit, sondern auch um den psychologischen Effekt.

Die Ursachen für dieses überraschende Verhalten der Schiedsrichter ist unklar, allerdings sind sich die Wissenschaftler ziemlich sicher, dass den Differenzen bei der Festlegung der Nachspielzeit unbewusste Prozesse zu Grunde liegen. Denkbar wäre, dass sich Unparteiische durch die Atmosphäre im Stadion und das auf viele weitere Spielminuten hoffende Publikum beeinflussen lassen. Die Zuschauer wollen die Heimmannschaft ja wenigstens nicht verlieren sehen. Es gibt aber auch viel einfachere Erklärungen für die längere Nachspielzeit: Etwa, dass die Auswärtsmannschaft zuvor offensichtlicher versucht hat, auf Zeit zu spielen, um ihre Führung über die Zeit zu bringen.

Jenseits des eindrucksvollen Beispiels aus der Dortmunder Champions-League-Historie ist die entscheidende Frage aber, ob diese durchschnittlich 18 Sekunden mehr Spielzeit zu einem in Toren messbaren Nutzen für die Heimmannschaft führen. Hier lautet die Antwort: nein. Der Heimvorteil wird durch die längere Nachspielzeit nicht beeinflusst, zum einen weil die Anzahl der Tore in der Nachspielzeit sehr, sehr klein ist, und zum anderen wird schnell vergessen (auch von Forschern), dass die Auswärtsmannschaft in der Nachspielzeit ebenfalls Tore schießen kann.

MACHT UND OHNMACHT

„Physisch ist man nur noch zu 50 Prozent der Arbeitszeit mit der Trainerarbeit befasst"

Trainer und Manager: Multitalent Ralf Rangnick.

Ralf Rangnick gilt als einer der ersten modernen Trainer in Deutschland. Früher als andere übte der Schwabe moderne Spielsysteme ein, er steht für einen zeitgemäßen Führungsstil und war bei 1899 Hoffenheim neben seinem Job als Fußball-Lehrer auch noch Manager des Klubs. Während seiner ersten Amtszeit beim FC Schalke scheiterte er unter anderem, weil er nie richtig mit Rudi Assauer warm wurde, einem Manager-Urgestein der alten Schule. Als Rangnick 2011 nach Gelsenkirchen zurückkehrte, musste er sich wenige Monate später mit Burn-out-Syndrom in eine Phase der Erholung zurückziehen. Heute arbeitet er als Sportdirektor bei den von einem Getränkekonzern alimentierten Klubs aus Leipzig und Salzburg.

Herr Rangnick, ursprünglich sind Bundesliga-Trainer Fußball-Lehrer, die zuallererst eine Mannschaft formen und mit einer passenden Strategie ausstatten sollen. Steht diese Arbeit überhaupt noch im Mittelpunkt des Alltags in diesem Beruf?
Ralf Rangnick: Physisch ist man tatsächlich nur noch zu rund 50 Prozent der Arbeitszeit mit der eigentlichen Trainerarbeit befasst. Es gibt einfach enorm viele Entwicklungen und Verpflichtungen. Allerdings habe ich immer etwa 90 Prozent meiner geistig-gedanklichen Kapazitäten der Arbeit und Beschäftigung mit der Mannschaft gewidmet.

Welche anderen Aufgaben gehören zu diesem Pflichtprogramm?
Gespräche mit dem Teambetreuer, der medizinischen Abteilung und falls vorhanden mit dem Sportpsychologen und mit

den Mitarbeitern der Scouting-Abteilung. Und dann gibt es die Medientermine, die manchen Trainern liegen, anderen weniger. Die guten Trainer konzentrieren sich in der jeweiligen Phase einer Saison auf das, was dem Erfolg der Mannschaft am meisten dient. Aber das ist nicht immer leicht.

Gibt es Momente, in denen Aspekte der eigentlichen Trainerarbeit zu kurz kommen?
Leiden sollte gar kein Bereich, allenfalls sollte er vorübergehend mal weniger Zeit in Anspruch nehmen, sofern das den Mannschaftserfolg nicht beeinträchtigt. Entscheidend ist, die richtigen Prioritäten zu setzen. Und die liegen in der Regel bei der Arbeit mit dem Team.

Wie wichtig ist ein konstruktives Arbeitsverhältnis zum Sportdirektor?
Sehr wichtig. Grundsätzlich sollte ein Trainer aber mit jedem Mitarbeiter, Kollegen und Vorgesetzten ein konstruktives und vertrauensvolles Arbeitsverhältnis haben. Dieser Aspekt wird oft unterschätzt, aber dort, wo vertrauensvoll kooperiert wird, ist die Erfolgwahrscheinlichkeit am größten.

Ist das englische Modell des Managers, der zugleich Cheftrainer ist, noch zeitgemäß? Oder ein Relikt, dessen Imitation in Hoffenheim und Wolfsburg nicht fortschrittlich sondern eher anachronistisch war?
Es ist sicher abhängig von der Erfahrung, Begabung und Kompetenz eines Managers, an den beim englischen Modell noch wesentlich höhere Ansprüche gestellt werden. Entscheidend ist in diesem Fall, ein kompetentes Team mit vertrauensvollen Mitarbeitern zu haben.

Wie wichtig sind Spielerberater für Trainer, nicht bei Vertragsverhandlungen, sondern im Alltag, wenn es um Personalentscheidungen, Meinungsäußerungen in den Medien, Verhandlungspositionen mit Spielern oder Funktionären geht?
Ein guter Berater hat, ebenso wie ein guter Trainer, immer das Wohl des Spielers im Auge. Allerdings haben beide mitunter

unterschiedlichen Zugang zu Informationen über den Spieler und seine Interessen. Sie können sich also gegenseitig unterstützen und durch einen Austausch versuchen, gemeinsam das Beste für den Spieler zu finden. Das wäre der Idealfall.

„Eine dominante Körpersprache ist in diesen Szenen entscheidend"

Einer der größten deutschen Trainer: Ottmar Hitzfeld.

Ottmar Hitzfeld ist einer der größten deutschen Trainer, mit Borussia Dortmund gewann er 1997 die Champions League, mit dem FC Bayern 2001, hinzu kommen sieben deutsche Meisterschaften und diverse andere Titel. Nach einer Phase der Erholung übernahm er dann 2008 die Nationalmannschaft der Schweiz, und in diesen vielen Jahren als Trainer hat er sich natürlich auch mit der hohen Kunst des Elfmeterschießens befasst, die oft als Glücksspiel betrachtet wird. Von Hitzfeld allerdings nicht.

Herr Hitzfeld, gibt es Spieler, die besonders gut darin sind, sich im psychologischen Duell mit dem Torhüter durchzusetzen?
Ottmar Hitzfeld: Ja, natürlich. Einer der besten, den ich dabei erlebt habe, war Stefan Effenberg. Er war total souverän im Auftreten, strahlte Selbstbewusstsein aus, Selbstsicherheit auch, große Überzeugung. Das alles ist keine Garantie für den Torerfolg, aber eine dominante Körpersprache eines Spielers ist in diesen Szenen entscheidend.

Welche Rolle spielt die Schusstechnik bei der Auswahl von Elfmeterschützen?

Jeder Trainer darf von jedem Spieler erwarten, dass er die Technik mitbringt, einen Elfmeter ins Tor zu schießen. Entscheidender sind die Nerven.

Sie gehören zu den Trainern, die gelegentlich Elfmeter üben lassen. Wie wichtig sind Ihnen die Eindrücke aus dem Training bei der Auswahl der Schützen? Es heißt ja immer, die Elfmetersituation im Wettkampf lasse sich nicht simulieren.
Simulieren lässt sich das nicht, aber üben. Man sieht auch im Training, wie einer gegen den eigenen Torwart antritt. Ist er kaltschnäuzig genug? Wie ist die Körpersprache in diesem Duell? Das liefert schon Indizien für den Ernstfall.

Gibt es bestimmte, beispielsweise motivierende oder beruhigende Dinge, die Sie Spielern vor einem Elfmeterschuss sagen?
Das Wichtigste ist, dass ein Spieler mit Überzeugung zum Ball geht, dazu gehört auch, dass man ihn möglichst nicht stört in seiner Konzentration oder gar verunsichert. In solchen Situationen weiß jeder Spieler, worum es geht, was zu tun ist.

Im Graubereich zwischen Zufall, Glück und Können.

Schein und Sein

Alle Menschen, die sich einigermaßen intensiv mit Fußball beschäftigen, sind vertraut mit dem schönen Phänomen so genannter Erfolgs-Läufe. Zweifellos gibt es lange Siegesserien, in denen Stürmern praktisch alles zu gelingen scheint. Die Aussage „Die haben einen Lauf" ist fester Bestandteil des Jargons, und der ehemalige Nationalstürmer Fredi Bobic erklärt auf den folgenden Seiten sehr detailliert, wie sich solche Läufe anfühlen, wie sie verlängert werden können und wie sie enden. Wobei der Physiker Andreas Heuer anhand von Statistiken zeigen konnte, dass es diese Läufe eigentlich gar nicht gibt. Aber wer hat Recht?

Diese Frage stellt sich in diesem Kapitel häufiger. Fallen wirklich rund die Hälfte aller Tore im Fußball zufällig? Oder ist es vielversprechender, den Zufall zu beeinflussen und das Glück zu zwingen? Das komplexe Thema der Zufallsminimierung auf dem Rasen ist möglicherweise jenes Feld, auf dem sich während der kommenden Jahre zentrale Fortschritte in der Entwicklung des Spiels zeigen werden. An dieser Stelle treffen alte Fußballweisheiten auf wissenschaftliche Erkenntnisse, welche Wege zum Erfolg führen, bleibt aber vorerst offen.

Klarer sind da schon die Ergebnisse der Überprüfung anderer Theorien aus der langen Geschichte des Spiels: Sollte der Gefoulte wirklich keinen Elfmeter schießen? Wie tauglich ist die Trainerentlassung, wenn es gilt, bedrohlich lange Niederlagenserien zu stoppen? Und sind die Spiele wirklich attraktiver, seit in den 1990er Jahren die Drei-Punkte-Regel eingeführt wurde? Die Wissenschaft liefert viele Antworten, aber in diesem Kapitel wird auch klar, an welchen Stellen der Fußball ein paar seiner Geheimnisse noch für sich behalten möchte.

Darf der Gefoulte selber schießen?

Es gibt diese Fußballphrasen, die derart abgedroschen sind, dass sie nur noch von Ahnungslosen oder von den Teilnehmern an hinterwäldlerischen Stammtischrunden verwendet werden. Ambitionierte Fußballkenner würden niemals Dinge sagen wie: „Der Pokal hat seine eigenen Gesetze" oder: „Im Fußball ist alles möglich." Einige dieser ganz und gar abgeleierten Behauptungen halten sich dennoch erschreckend hartnäckig, selbst wenn sie viel weniger wahr sind, als die oben genannten Beispiele. Noch im Frühjahr 2012, nachdem Arjen Robben vom FC Bayern München einen wichtigen Elfmeter gegen Borussia Dortmund vergeben hatte, zürnte Franz Beckenbauer im Bezahlfernsehen: „Bei mir als Trainer hätte Robben nicht geschossen. Es ist Gesetz im Fußball, dass der Gefoulte nicht schießt, aber vielleicht ist das Gesetz geändert worden oder noch nicht bis nach Holland durchgedrungen." Unter den Fernsehjournalisten, die sich an diesem Abend in Beckenbauers Nähe aufhielten, kursiert die Geschichte, dass der redselige Experte vor dem Interview explizit darauf hingewiesen wurde, dass dieses vermeintliche Gesetz längst wissenschaftlich widerlegt ist. Wenn die Berichte stimmen, hat Beckenbauer einfach beschlossen, die alte Behauptung wider besseres Wissen aufrechtzuerhalten.

Was millionenfach ausgesprochen wurde, kann doch nicht ganz falsch sein, erst recht nicht, wenn das soeben abgepfiffene Spiel die Theorie bestätigt. Robben war ja gefoult worden und hatte verschossen (obwohl er zuvor in der Bundesliga all seine Strafstöße verwandelt hatte). Dass den gefühlten Wahrheiten eher vertraut wird als den objektiven Erkenntnissen der Wissenschaft, ist ein altes Phänomen des Fußballs. Und ein Problem, das viele Entwicklungen bremst oder gar verhindert. Elfmeter gehören zu den am besten untersuchten Aspekten des Fußballs, aber die Erkenntnisse der Theoretiker kommen in der Praxis kaum zur Anwendung. Das Beckenbauer'sche Credo vom Gefoulten, der nicht selber schießen darf, ist aber

Nach zehn Treffern vom Punkt verschießt Arjen Robben seinen ersten Elfmeter für die Bayern – ausgerechnet den bis dahin wichtigsten.

im Gegensatz zu anderen längst widerlegten Legenden kaum noch relevant für die Praxis. Denn die Zahlen sind eindeutig.

Von 3 768 Elfmetern, die zwischen 1963 und 2007 in der Bundesliga geschossen wurden, sind genau 74 Prozent verwandelt worden, und im untersuchten Zeitraum zwischen 1993 und 2005 war die Chance, dass der Gefoulte trifft, nahezu ebenso groß wie die Wahrscheinlichkeit, dass ein anderer Spieler den Strafstoß verwandelt. In dieser Zeit wurden 835 Elfmeter von 229 verschiedenen Schützen aus 30 Vereinen ausgeführt. Wissenschaftler haben analysiert, welcher Spieler gefoult wurde, welcher Spieler den Elfmeter schoss und ob er getroffen hat. Schießt der Gefoulte selber, liegt die Trefferquote bei rund 72 Prozent, bei anderen Schützen beträgt sie etwa 74 Prozent. Diese Differenz kann aus praktischer Sicht vernachlässigt werden, da sie sich im Bereich der zufälligen Abweichungen bewegt.

Allerdings liegt es nahe, dass andere Faktoren sehr wohl eine Rolle spielen, wenn es um die Wahl des richtigen Schützen geht:

das Alter der Spieler, die Erfahrung, die individuelle Trefferquote bei früheren Elfmetern, die Spielminute oder vielleicht der Spielstand? All diese Aspekte wurden in weiteren Analysen berücksichtigt, doch bei keinem Kriterium wurde ein Zusammenhang mit der Erfolgswahrscheinlichkeit erkennbar. Hilfreich ist allenfalls eine genaue Betrachtung der Spielerpersönlichkeit (vgl. Seite 78f. und Seite 33ff.). Deutlich wurde in den statistischen Auswertungen lediglich, dass jüngere, weniger erfahrene Spieler und auch erfolgreichere Torschützen eher dazu neigen, den Elfmeter selber auszuführen, wenn sie gefoult wurden. Aber ihre Erfolgschancen bleiben immer bei ziemlich genau 3:1.

Der Lauf, den es nicht gibt

Manche Forschungsergebnisse können dem Fußballherz durchaus Schmerzen bereiten, weil sie den Verlust lieb gewonnener Theorien bedeuten. So ist das Phänomen der so genannten „Läufe" kaum wegzudenken aus dem allgemeinen Diskurs über das Spiel. Jeder Spieler, jeder Trainer und jeder Fan kennt dieses wunderbare Gefühl einer Siegesserie, die irgendwann ihre ganz besondere Eigendynamik entwickelt: Es läuft einfach, egal welcher Gegner kommt, alles fühlt sich leicht an, das Selbstvertrauen ist da, und das Glück natürlich auch. „Die haben einen Lauf, da klappt dann alles, da triffst du jedes Ding", sagte beispielsweise Tim Wiese als Torhüter von Werder Bremen vor einem Auswärtsspiel beim 1. FC Nürnberg 2011. Die Nürnberger hatten zu diesem Zeitpunkt eine fulminante Siegesserie hingelegt.

Wenn Spieler oder Mannschaften den Anschein erwecken, einen Lauf zu haben, scheinen sie nicht aufzuhalten zu sein, und natürlich gibt es allerlei Versuche, diesen Schwung zu konservieren. Nicht selten setzen Trainer explizit auf jene Akteure, die zuvor erfolgreich waren, auch der alte Spruch „Never change a winning team" ist ein Ausdruck des Glaubens an solche Serien. Ein Spieler oder eine Mannschaft ist heiß, fühlt sich beflügelt vom Erfolg des vorigen Wettkampfes, und dieses Hochgefühl liefert die Energie für den nächsten Sieg. Wissenschaftlicher ausgedrückt klingt die These ungefähr so: Wenn es eine Serie von positiven Ergebnissen gab, dann steigt die Wahrscheinlichkeit, ein weiteres positives Ergebnis zu erzielen.

Mit der Frage, ob solche Phasen der gesteigerten Erfolgschancen tatsächlich existieren, beschäftigen sich seit rund dreißig Jahren Legionen von Wissenschaftlern, denn subjektiv hat jeder Sportler und auch jeder Anhänger eines Teams irgendwann denkwürdige Serien miterlebt. Roulette-Spieler glauben ja auch, dass sich nach einer Serie von Rot die Wahrscheinlichkeit auf Schwarz erhöht. Was natürlich Unsinn ist, weil solche

Wenn die wüssten, dass Läufe eine Illusion sind...

Serien im Roulette ausschließlich durch Zufall zustande kommen und die Chance auf Rot immer exakt genauso groß ist wie die auf Schwarz.

Erste Erkenntnisse zum Phänomen der Serie im Sport hat der der US-Psychologe Thomas Gilovich geliefert, als er den Begriff der *Hot-Hand-Illusion* schuf. Gilovich stellte sich die Frage, ob ein Basketballspieler, der dreimal hintereinander getroffen hat, eine größere Chance hat, auch beim vierten Mal erfolgreich zu sein, als ein Werfer, der zuvor danebengeworfen hat. Daher der Name *Hot Hand*. Sollte die Annahme zutreffen, könnten die Athleten solchen Mitspielern, die sich in einer Serie befinden, häufiger den Ball geben, weil die Chance auf einen Korberfolg größer wäre. Aber Gilovich zeigte, dass Positiv-Serien allein durch Zufall zustande kommen. Aus den vorangegangenen Würfen lässt sich nicht ableiten, ob ein Spieler eher trifft oder nicht. Der Lauf ist also eine Illusion.

Für Sportler wie auch für Wissenschaftler war das natürlich schwer zu glauben, weshalb sich zahlreiche Studien anschlossen, deren Ergebnisse im Jahr 2013 von einer Gruppe Psychologen zusammenfasst wurde. Die Erkenntnis blieb die gleiche: Gilovich hatte Recht: Der Lauf ist eine Illusion, eine Wahrnehmungsverzerrung. Positiv-Serien kommen zustande, weil es der Zufall so will, sie sagen uns aber nichts über das Ergebnis des nächsten Ereignisses. Weil sich das Phänomen im Fußball aber so eindrucksvoll anfühlt, regte sich Widerstand. Fußball ist anders, spezieller. Vielleicht hat der Fußball ja seine eigenen Regeln, und das, was im Basketball und anderen Sportarten untersucht wurde, lässt sich nicht einfach übertragen. Es muss ihn doch geben, den Lauf.

Also haben englische Wissenschaftler in den 1990er Jahren die zwölf besten Torjäger und ihre Torserien in der Premier League untersucht, darunter Alan Shearer, der langjährige Mittelstürmer der englischen Nationalmannschaft, der 422 Tore für seine Klubs und das Nationalteam erzielte. Aber auch sie fanden keinen Hinweis auf einen statistisch nachweisbaren Lauf eines

Stürmers. Es gibt keine erhöhte Wahrscheinlichkeit, Tore zu erzielen, nur weil der Spieler vorher schon ein paarmal getroffen hat.

Auch die Untersuchungen von Erfolgsserien, in die Mannschaften manchmal hineingeraten, führen zu dem gleichen Ergebnis. Andreas Heuer hat in seinem Buch *Der perfekte Tipp* trocken festgestellt: „Das Konzept des Laufs ist somit hinfällig." Er untersuchte die Ergebnisse aller Spielzeiten der Bundesliga von 1987 bis 2012 und kommt zu dem Befund, dass sich die Wahrscheinlichkeit eines Sieges nicht erhöht, wenn ein Team zuvor mehrfach am Stück gewonnen hatte. Der Physiker hat alle Konstellationen genauer angeschaut, in denen Teams zwei- oder viermal hintereinander gewonnen hatten. Längere Positiv-Serien sind statistisch nicht seriös zu untersuchen, weil sie einfach zu selten vorkommen. Schon eine Gewinn-Sequenz von vier Spielen am Stück gab es im Untersuchungszeitraum gar nicht so häufig, nämlich 374 Mal.

Ein Lauf würde sich dadurch kennzeichnen, dass die Wahrscheinlichkeit, nun auch das fünfte Spiel zu gewinnen, größer ist, als hätte es diese Vorgeschichte mit der kleinen Erfolgsserie nicht gegeben. Und das Ergebnis ist für jeden Fußballfan verblüffend, aber eigentlich genauso, wie Gilovich es in der *Hot-Hand*-Forschung schon beschrieben hat: Wenn eine Mannschaft zweimal hintereinander gewonnen hat, steigt die Wahrscheinlichkeit, dass sie auch die dritte Partie siegreich beendet, keineswegs. Und noch verblüffender: Eine Gewinn-Sequenz von vier aufeinander folgenden Spielen führt sogar zu einer leicht geringeren Wahrscheinlichkeit, im fünften Spiel erneut zu gewinnen. Die magischen Kräfte des Erfolges, die für die Beteiligten während langer Serien häufig spürbar sind, scheinen also nicht wirklich dabei zu helfen, auch die nächste Partie zu gewinnen – oder wie Gilovich es sagen würde: keine *Hot Hand* in der Bundesliga.

Allerdings fand Heuer Hinweise für die Existenz von Negativ-Serien, die Abwärtsspirale ist jedoch ein anderes Thema (vgl. Seite 13). Übrigens: Nürnberg verlor nach Wieses eingangs erwähntem Zitat zum Phänomen Lauf zuhause 1:3 gegen Werder, so viel zu den seherischen Fähigkeiten des ehemaligen Nationaltorhüters.

Zufall, Schicksal, Glück und Pech

Über den Humor von Harald Schmidt lässt sich natürlich streiten, aber das groteske Saisonfinale der Saison 2000/01 hat den TV-Moderator (oder seine Witzeschreiber) zu einem herrlichen Sketch inspiriert. Das kleine Filmchen, das am 22. Mai 2001 in Schmidts Late-Night-Show auf Sat1 ausgestrahlt wurde, zeigt, wie „der Fußballgott", ein reichlich verwahrloster Mann in Unterhemd mit einem Joystick in der Hand und dem festen Vorsatz, Schalke zum Deutschen Meister zu machen, vor einem Bildschirm mit den Bundesligaübertragungen sitzt. Ein Engel bringt Dosenbier, alles geht seinen Gang, von göttlicher Hand gelenkt fallen die notwendigen Tore. Schalke jubelt schon, und Gott ist zufrieden. Eigentlich ist alles geregelt, aber übergewichtig und angetrunken wie der Herrscher über das Fußballschicksal inzwischen ist, stößt er versehentlich seine Bierdose um, deren Inhalt sich über den Joystick ergießt. Die elektrischen Verbindungen im Inneren des Kontrollhebels produzieren Kurzschlüsse, und Patrik Andersson schießt in der Nachspielzeit das fehlende Tor für den FC Bayern.

Selten wurde so treffend erzählt, wie seltsam undurchschaubar der Fußball von Launen des Schicksals, von ganz und gar unberechenbaren Zufällen gelenkt wird. Es gibt abgefälschte Bälle, Tore, denen drei, vier unkontrollierte Ballkontakte vorausgingen. Manchmal entscheidet eine kleine Unebenheit des Rasens über Sieg und Niederlage, Klubs können Losglück haben, Verletzungspech, und natürlich gibt es den berühmten Bayern-Dusel, der 2001 eine entscheidende Rolle gespielt haben könnte. Der Zufall ist allgegenwärtig und demnach ein höchst interessantes Forschungsgebiet für die Wissenschaft.

Um zumindest teilweise sichtbar zu machen, wie groß der Einfluss solcher mehr oder weniger unkontrollierbaren Situationen tatsächlich ist, wurde zunächst einmal versucht, den Zufall zu definieren, was gar nicht so einfach ist. Denn der Glaube, dass sich das Glück beeinflussen lässt, ist weit verbreitet. Es ist schon möglich, dass diese vage Annahme irgendwo zutrifft, sie lässt sich wissenschaftlich aber nicht verifizieren und sollte daher in der Untersuchung keine Rolle spielen. Vielmehr wurden vereinfachend alle Aktionen oder Situationen, die einem Treffer vorausgegangen sind, die aber gar nicht oder nur schlecht trainierbar sind, als zufällig definiert.

Gesucht wurde nach Toren mit vorheriger Berührung des Pfostens oder der Latte, nach abgefälschten Bällen, die im Tor

Das Glück erzwungen? Oliver Kahn nach dem entscheidenden Treffer in der letzten Minute der Saison 2000/01.

landeten, nach Treffern, denen Abpraller vorausgingen, Torvorlagen, die vom Gegner kamen, Sonntagsschüsse aus großer Distanz oder grobe Torwartfehler. Wie bei der in letzter Sekunde verlorenen Schalker Meisterschaft, als Hamburgs Torhüter Matthias Schober einen Ball, der vom Mitspieler kam, mit der Hand aufnahm und damit den siegbringenden Freistoß für Bayern München verursachte. Wobei der Zufallseinfluss hier noch größer war, da es sich um einen Grenzfall der Rückpassregel handelte. Die Grätsche des Hamburgers Tomas Ujfalusi war alles andere als ein kontrolliertes Abspiel. Die Partie hätte also auch einfach weiterlaufen können. War das nun Bayern-Dusel? Erzwungenes Glück? Oder doch reiner Zufall?

Wie dem auch sei, nach der oben erläuterten Definition ist der Zufall an rund 45 Prozent aller Tore beteiligt – ein Ergebnis, das eindrucksvoll dokumentiert, wie viele Aspekte des Spiels nicht planbar sind, weil sie nicht von den Fähigkeiten der Spieler abhängen. Andere Ergebnisse zeigen, dass 35 Prozent aller Ballkontakte eine Zufallskomponente enthalten. „Das Ergebnis eines Fußballspiels ergibt sich somit aus der Verkettung der Zufälle bei der Chancenverarbeitung und beim Torabschluss", lautet das Fazit des Forschers Andreas Heuer.

Er kommt durch aufwändige Berechnungen der Tordifferenzen sogar auf einen Zufallsanteil von 86 Prozent, zumindest bei isolierter Betrachtung einzelner Bundesligaspiele. Dieser Wert sinkt auf 30 bis 40 Prozent, wenn die ganze Saison untersucht wird, weil sich Zufälle wieder ausgleichen und die besseren Mannschaften dann doch häufiger gewinnen. Aber der Einfluss des Unkontrollierbaren bleibt enorm. Der Hauptgrund für diese erstaunliche Macht des Zufalls ist wohl die Tatsache, dass der Ball mit den Füßen schwerer zu kontrollieren ist als mit der Hand. Und in der Tat, Fußball gehört zu den Spielen, bei denen Untersuchungen den höchsten Zufallsanteil ermittelt haben.

Nun könnte man annehmen, dass Mannschaftsspiele wie Handball oder Basketball angesichts dieses Befundes eigent lich attraktiver und die beliebteren Zuschauersportarten sein müssten. Wer schaut schon gerne bei einem Glücksspiel zu? Aber genau das Gegenteil ist der Fall. Dass dem Zufall solch eine bedeutsame Rolle zukommt, eröffnet schwächeren Teams die Möglichkeit, Strategien zu entwickeln, das eigene Glück herauszufordern. Beispielsweise indem besonders viele hohe Bälle in den Strafraum geschlagen werden, wo ein wuchtiger Stürmer für Unruhe sorgt und am Ende möglicherweise ein Zufallsball irgendwie ins Tor gestochert wird.

Wirklich gute Mannschaften – das beste Beispiel ist der FC Barcelona – versuchen dagegen, zufällige Situationen möglichst zu vermeiden. Hohe und lange Bälle auf einen großen Spieler im Strafraum gehören nicht zum Repertoire der Spanier, selbst Eckbälle werden häufig kurz ausgeführt. Hier geht es um Zufallsminimierung, um möglichst unabhängig von den merkwürdigen Launen eines möglicherweise mal wieder betrunkenen Fußballgottes zu bleiben. Und man kann es ja auch so sehen: Rund 55 Prozent der Tore fallen ohne Zufallskomponente, die Mannschaften haben einen Großteil ihres Schicksals also immer noch auf dem eigenen Fuß.

Neuer Trainer, neues Glück?

In der Saison 1992/93 mussten die Anhänger des englischen Zweitligisten FC Sunderland eine sagenhafte Niederlagenserie ertragen. Zehn Spiele in Folge gingen verloren, kein Wunder, dass der Abstieg drohte. Doch dann wurde Bob Stokoe nach der Entlassung des Fußball-Lehrers Alan Brown zum neuen Trainer ernannt, das Team erspielte zehn Siege nacheinander, stieg nicht ab und gewann am Saisonende das Pokalfinale gegen Leeds United. Natürlich ging Bob Stokoe als Trainer-Legende in die Annalen des englischen Fußballs ein, denn seine Geschichte beim FC Sunderland steht beispielhaft für jenen Effekt, den Fußballfunktionäre sich erhoffen, wenn sie sich in

Mysterium Trainerwechsel: Guardiola (links) beerbt Heynckes trotz dessen Triple-Sieg mit dem FC Bayern 2013.

einer Phase des Misserfolges entscheiden, ihren Chefcoach zu beurlauben.

Oft ist es eine schlichte Logik, die solch einem Schritt zugrunde liegt: Der alte Trainer hat das Vertrauen beim Vorstand, den Spielern und den Fans verloren, er ist verantwortlich für die Mannschaft und die Leistungen, und einer muss ja den Kopf für das Versagen hinhalten. Wie bei einem Minister, in dessen Laden ein Skandal passiert, werden auch im Fußball reflexhaft personelle Konsequenzen gefordert. Eine einfachere und öffentlichkeitswirksamere Lösung gibt es nicht.

Auffällig ist, dass an Standorten, wo eine fiebernde Zeitungslandschaft externen Druck erzeugt und die Stimmung gegen einen Trainer anheizt, besonders häufig nach diesem Mechanismus agiert wird. Wobei die Verantwortlichen ihre Trainerentlassungen in den vergangenen Jahren mit größerer Sorgfalt abwägen. Inzwischen werden vor solch einem Schritt in der Regel Gespräche mit den Führungsspielern geführt, um Erkenntnisse über mögliche Konflikte zwischen Mannschaft und dem Trainerstab zu gewinnen. Immer öfter steht darüber hinaus die inhaltliche Arbeit im Mittelpunkt der Analyse. Und Aspekte wie das Verletzungspech oder mögliche Fehleinschätzungen zur Qualität der Mannschaft werden ebenfalls berücksichtigt. Schließlich setzen Klubführungen sich nur ungern dem Vorwurf aus, sie hätten dem medialen Druck nachgegeben, solch ein Verhalten wäre ein Zeichen der Schwäche.

Einige Klubs wie der SC Freiburg, Werder Bremen, Mainz 05 oder Eintracht Frankfurt versuchen sogar, sich als besonders trainertreue und damit vernunftgesteuerte Standorte zu profilieren, was durchaus funktioniert. Aber selbst dort kommt es gelegentlich zu vorzeitigen Trennungen, denn die Trainerentlassung bleibt insgesamt eine weit verbreitete Maßnahme gegen Misserfolg. Von 1963 bis 2013 gab es rund 400 Trainerwechsel in der Bundesliga, durchschnittlich also etwa acht pro Spieljahr. Beim genaueren Blick auf diese Statistik fällt allerdings ein Trend ins Auge: Seit Mitte der 1980er Jahre werden Trainer erheblich öfter während der laufenden Saison entlassen als in den ersten 20 Bundesligaspielzeiten.

Spannend ist natürlich die Frage, ob diese Personalmaßnahme tatsächlich den gewünschten positiven Effekt auslöst oder zumindest die Wahrscheinlichkeit auf das Erreichen der angestrebten Ziele erhöht. Daher befassten sich Wissenschaftler im Rahmen einer großangelegten Studie zu den Auswirkungen von Trainerentlassungen explizit mit der Bundesliga. Untersucht wurden 154 Trainerwechsel innerhalb der Spieljahre 1963 bis 2009 und zwischen dem 10. und 24. Spieltag, um Vorgeschichte und Nachwirkungen mit einzubeziehen. Jeweils zehn Partien vor und nach der Entlassung gingen in die Analyse ein.

Zum Vergleich wurden die Ergebnisse von Klubs untersucht, die an ihrem Trainer festgehalten haben, obwohl sie ähnlich erfolglos oder erfolgreich waren wie die Vereine, die ihren Chefcoach austauschten. Damit gab es verschiedene Vergleichsgruppen und Auswertungen, immer mit dem gleichen Ergebnis: In der Abbildung werden diejenigen Kontrollmannschaften, die zweimal verloren, aber den Trainer nicht entlassen hatten, mit jenen Klubs verglichen, die Trainer entließen.

Zwar kann es kurzfristig zu einer leichten Verbesserung der Punkt- und Torsituation kommen, der Effekt zeigt sich aber

Die rote Linie stellt die Erfolgsentwicklung der Teams dar, deren Trainer während der Saison (zwischen dem 10. und 24. Spieltag) entlassen wurden. In der Graphik ist aus Vergleichbarkeitsgründen dieser Zeitpunkt des Rauswurfs mit „0" dargestellt. Betrachtet werden dann die Spieltage vor und nach jedem Trainerwechsel. Die schwarze Linie kennzeichnet die Kontrollteams, die eine vergleichbare schlechte Leistungsbilanz (mindestens zwei Spiele verloren) aufweisen, aber ihren Trainer nicht entlassen hatten. Als Erfolgsmaß wird hier die Tordifferenz im jeweiligen Spiel (Tore des Heimteams minus Tore des Auswärtsteams) dargestellt. Die Leistungsentwicklungen der Teams, ob mit oder Trainerentlassung, verlaufen parallel. Dies ist auch der Fall, wenn anstelle der Tordifferenz die erzielten Punkte der Teams betrachtet werden.

auch, wenn auf eine Trainerentlassung verzichtet wurde. Das liegt daran, dass rein statistisch nach längeren Phasen der Misserfolge auch mal wieder ein Sieg erspielt wird.

Obgleich sich beim Blick auf die Zahlenwerte kein positiver Effekt einer Entlassung von Fußball-Lehrern zeigen lässt, gilt der Trainerwechsel nach wie vor als attraktives Instrument zur Lösung sportlicher Probleme. Das liegt wohl auch daran, dass bei den vorzeitigen Trennungen häufig Faktoren Einfluss nehmen, die gar nichts mit der Arbeit des sportlich Hauptverantwortlichen zu tun haben. So wollen Klubführungen ihre Entschlossenheit dokumentieren oder Handlungsfähigkeit nachweisen. Zudem dient der Trainerwechsel immer wieder als Mittel zur Beruhigung der Fans oder der Medien, und manchmal handelt es sich um eine reine Verzweiflungstat. Denn in der Regel stehen Präsidium, Vorstand oder der Sportdirektor ebenfalls in der Kritik, wenn über die Eignung des Trainers diskutiert wird.

Selbstverständlich kann es richtig sein, den Trainer zu tauschen, aber die Verantwortung nach vier, fünf Niederlagen (das ist meistens der Zeitpunkt, zu dem der Trainer spätestens in Frage gestellt wird) ausschließlich in der Person des Coaches zu suchen, ist in der Regel falsch. Nicht die letzten Spielergebnisse sollten ausschlaggebend für eine Entlassung sein, sondern tiefer liegende Ursachen. Wenn ein Trainer seine Arbeit nicht richtig erledigt, wenn er für seine Aufgaben nicht ausreichend qualifiziert ist oder wenn sich ein irreparabler Konflikt mit dem Team ergeben hat, sind das überzeugendere Gründe als die reinen Ergebnisse.

Die beste Maßnahme gegen eine Entlassung ist aber natürlich Erfolg, wobei selbst Pokale und Titel nicht vor dem unfreiwilligen Trainerwechsel schützen. Der FC Bayern entschied sich 2013, als Jupp Heynckes mit dem Triple der größte Erfolg der Klubgeschichte gelang, das wichtige Amt danach an Pep Guardiola zu übergeben. Und als Heynckes 1998 die Champions League mit Real Madrid gewann, durfte er kurioserweise ebenfalls nicht weitermachen.

Sich im Ruhme anderer sonnen

Ganz grundsätzlich versuchen alle Menschen, die eigene Selbstpräsentation so zu gestalten, dass in ihrem Umfeld ein positiver Eindruck entsteht. Wir kleiden und verhalten uns in der Oper anders als bei einem Rockkonzert, und natürlich verspüren auch die Besucher eines Fußballstadions solch ein Selbstdarstellungsbedürfnis. Sie wollen sich als Anhänger eines bestimmten Klubs profilieren. Es kann recht seltsam wirken, den eigenen Chef, den man sonst nur mit Hemd und Krawatte kennt, samstags beim Fußball in einem Trikot zu sehen, das auch noch bedenklich eng sitzt. Solche Begegnungen sind jedoch keine Seltenheit in den Stadien der Republik.

Die Ursache für dieses merkwürdige Verkleidungsbedürfnis liegt in zwei ganz grundlegenden Bedürfnissen: dem Anbindungs- und dem Machtmotiv. Das Anbindungsmotiv ist eng mit der Identifikation verbunden, der Verbindung mit der Mannschaft und dem Verein. Man demonstriert, dazuzugehören und Teil einer positiv wertgeschätzten Gruppe zu sein, in der Hoffnung, dass die positiven Gruppeneigenschaften auf die eigene Person abfärben. Die so genannten *Die-Hard-Fans*, die besonders bedingungslos an einem Verein hängen, tragen ihre Symbole oft am ganzen Körper und demonstrieren ihre Zugehörigkeit auch im Alltag. Dezentere Anhänger begnügen sich mit einem Schal zum Stadionbesuch oder einem schlichten Autoaufkleber. Gemein ist ihnen die Hoffnung, dass andere Menschen positive Werte des Vereins auch ihnen zuschreiben.

Wobei die Methoden, mit denen die Verbundenheit demonstriert wird, längst nicht von allen Mitmenschen positiv bewertet werden müssen. So kann beispielsweise die Gewalt eines *Hooligans* zu großer Anerkennung in einer bestimmten Bezugsgruppe führen, während die Mehrheit Fausthiebe auf einen gegnerischen Fan vehement ablehnt. Außerdem kann die Zugehörigkeit zu einer Gruppe größte Missbilligung bei rivalisierenden Fraktionen hervorrufen. Dass sich Eigenschaften,

SCHEIN UND SEIN

Kalkulierter PR-Coup? Angela Merkel mit Mesut Özil in der Kabine der Nationalmannschaft nach einem Spiel gegen die Türkei 2010.

DER FUSSBALL – DIE WAHRHEIT

die sich BVB-Fans selbst zuschreiben und die größtenteils noch der Tradition des Bergarbeitermilieus entstammen, auch von Bayern-Anhängern positiv bewertet werden, ist nicht unbedingt zu erwarten.

All das liegt auf der Hand, während das zweite, wichtige Motiv für die öffentliche Zurschaustellung der eigenen Verbundenheit mit einem Klub weniger offenkundig ist: Es betrifft die Demonstration von Macht und Einfluss. Häufig wollen Stadionbesucher ihrer Umwelt zeigen, dass sie etwas Besonderes darstellen. Die Möglichkeit, im Rahmen von Sportveranstaltungen in VIP-Lounges eingelassen zu werden, ist nur ausgewählten Personen vorbehalten, die das das Gefühl genießen, etwa als Sponsor, besonders wichtig für den Klub zu sein.

Solche Bedürfnisse spielen eine bedeutende Rolle bei der Vermarktung teurer Business- und Logenplätze, denn Personen, die die VIP-Lounge betreten dürfen, zeigen ihrer Umwelt, dass sie Einfluss besitzen, machtvoll und in der Regel auch wohlhabend sind. Auf die stimmungsvollen Stehplatztribünen, wo viel gesungen und oft noch mehr getrunken wird, begibt man sich hingegen nur als besonders hingebungsvoller Fan. Auch damit verschaffen sich viele Anhänger die Anerkennung anderer, man ist etwas Besonderes.

Das Machtmotiv ist im Übrigen auch für jene Fanfraktion relevant, die nach gewalttätigen Auseinandersetzungen sucht. Diese Leute beweisen nicht nur ihrer Bezugsgruppe, dass sie stark und furchtlos sind, sie zeigen außerdem einer breiten Öffentlichkeit, dass sie Einfluss auf die Medien haben, die an prominenter Stelle über sie berichten. Die Anbindung an einen Fußballklub kann also unterschiedlichste Bedürfnisse befriedigen, wobei eine Selbstdarstellungsmöglichkeit für alle Gruppierungen interessant ist: die Möglichkeit, sich im Ruhme anderer zu sonnen.

Fast alle Besucher von Fußballspielen versuchen ihre Verbindung zu erfolgreichen anderen mit Hilfe verschiedener, und ganz häufig symbolischer Mittel darzustellen. Sie wollen der Außenwelt zeigen: Seht her, ich stehe in Verbindung mit dem Erfolg, und ihr dürft mir auch einiges an Erfolg zutrauen. Das steigert das eigene Selbstwertgefühl.

Zu diesem Phänomen gibt es eine berühmte Feldstudie von Robert Cialdini, der 1976 feststellte, dass amerikanische Studenten in Vorlesungen und Seminaren häufig Kleidungsstücke trugen, die auf ihre Verbindung zur Universität hindeuteten, wenn die Footballmannschaft der eigenen Hochschule am Wochenende gewonnen hatte. Hatte die eigene Mannschaft hingegen verloren, wurden die T-Shirts, Pullover und Kappen mit den entsprechenden Symbolen eher zuhause gelassen.

In Deutschland ließ sich dies sehr gut während des ersten Tour-de-France-Sieges von Jan Ullrich 1997 beobachten, als Unmengen von gelben Gewinnertrikots über den Ladentisch gingen. Und der Schlagzeile der *Bild*-Zeitung am 20. April 2005 „Wir sind Papst", als Kardinal Ratzinger zu Papst Benedikt XVI. gewählt worden war, liegen ähnliche Bedürfnisse zugrunde.

Das Phänomen tritt also in den absonderlichsten Formen auf, das hat Eckhard Freise so erlebt. Der Professor für mittelalterliche Geschichte in Wuppertal gewann als erster die Million in Günther Jauchs *Wer wird Millionär*, woraufhin sich innerhalb weniger Tage etwa 1800 Abiturienten in Wuppertal erkundigt haben, wie man dort einen Studienplatz in Geschichte erhält. Ganz offensichtlich verspürten auch hier viele angehende Studenten den Impuls, sich im Ruhme eines anderen zu sonnen.

Doch zurück zum Fußball: Eine weitere Form dieses Bedürfnisses läst sich in der Regel rund um wirklich bedeutsame Spiele beobachten. Prominente Politiker(innen) lieben es, sich anlässlich solcher Gelegenheiten mit bekannten Fußballern ablichten zu lassen. Wer hat nicht noch die Bilder im Gedächtnis, als Bundeskanzlerin Angela Merkel die deutsche Mannschaft anfeuerte. Ihre Freude war vermutlich echt, aber den meisten Politikern ist durchaus bewusst, dass solche Auftritte im Fußball-Kontext die eigene Popularität steigern und manchmal auch die Wahlchancen, wie Studien von deutschen Politikwissenschaftlern belegen können. Offenbar profitiert die Regierungspartei bei Bundestagswahlen nach günstig verlaufenen Turnieren, weil die allgemeine Stimmungslage im Land von den Erfolgen der Fußballer aufgehellt wird.

Ein anderer Aspekt des vielschichtigen Bedürfnisses, die eigene Person in Verbindung mit Erfolg, Prominenz und Wichtigkeit zu setzen, wird sichtbar, wenn Zuschauer großen Aufwand betreiben und viel Geld ausgeben, um ganz entscheidende Spiele oder besonders seltene Sportereignisse live miterleben zu können. Augenzeuge von etwas Ungewöhnlichem gewesen zu sein, steigert das eigene Selbstwertgefühl ebenfalls. So wird in den USA gerne kolportiert, dass etwa eine Million Menschen von sich behaupten, sie hätten den zweiten Boxkampf von Joe Louis gegen Max Schmeling 1938 live im Madison Square Garden gesehen. In Wahrheit passen aber nur 20 000 Zuschauer in diese New Yorker Veranstaltungshalle.

Viele Leute versuchen also, sich selbst als erfolgreich darzustellen, indem sie ein gemeinsames Merkmal des Erfolgreichen und von sich in der Öffentlichkeit präsentieren. Dieses Merkmal ist sehr flüchtig, wird manchmal nur kurzzeitig benutzt und stellt ein Symbol dar. Diese Art vergänglicher Identifikation hat den Vorteil, dass sie eine rasche Abkehr ermöglicht, sollten die Erfolge einmal ausbleiben. Denn zu diesem Mechanismus gehört eindeutig, dass „wir" siegreich waren, während „die" verloren haben. Viele Leute koppeln sich nach ersten Misserfolgen wieder ab. Solche Anhänger werden als *Fair-Weather-Fans* bezeichne und ob ihrer Wankelmütigkeit von den *Die-Hard-Fans* verachtet.

Was die beiden unterschiedlichen Fangruppierungen hingegen mit großer Leidenschaft gemeinsam betreiben, ist das so genannte *Blasting*. Dabei werden Anhänger gegnerischer Mannschaften geschmäht, provoziert und im Extremfall auch bekämpft. Mit dem Ziel, im Vergleich zum Rivalen eine positive Selbstdarstellung zu erlangen. Dies ist die Quelle für Diskriminierung, Stereotypenbildung und Aggression, eine ganz dunkle Geschichte, und deshalb wird diese Thematik auch an anderer Stelle (vgl. Seiten 58 und 62ff.) näher beleuchtet.

Gewinnen ist nicht alles

Mitte der 1990er Jahre hatte Jupp Heynckes wahrlich nicht den Ruf, ein Visionär zu sein. In jener Zeit leitete die große Trainer-Legende den Niedergang von Eintracht Frankfurt ein, indem er in einem Anfall von Disziplinfanatismus die Stars Anthony Yeboah, Jay-Jay Okocha und Maurizio Gaudino suspendierte. Und als Heynckes 1998 mit Real Madrid die Champions League gewann, schrieb der spanische Schriftsteller und Real-Fan Javier Marías: „Den Trainer Jupp Heynckes finde ich nicht unbedingt hellsichtig." Heute spricht niemand mehr derart despektierlich über den Fußball-Lehrer aus Mönchengladbach, der auch in seiner Zeit in Frankfurt kluge Dinge zu sagen hatte. Beispielsweise verkündete er 1995, als der Fußball-Weltverband FIFA beschloss, dass für Siege künftig drei statt zwei Punkte gutgeschrieben werden, voller Argwohn: „Mir ist das alte System lieber, denn mit der neuen Regel werden die Spiele auch nicht besser."

Heynckes sollte Recht behalten, aber die Regelhüter sahen das anders. „Ziel des Fußballs ist es, Tore zu schießen, wir wollen den Fußball attraktiver machen und sind einstimmig der Meinung, so wird es klappen", meinte Joseph Blatter als damaliger Generalsekretär der FIFA, dessen Vizepräsident Guillermo Cañedo gar tönte: „Wir bereiten das nächste Jahrtausend vor!" Der Grundgedanke war, dass Mannschaften bei Torgleichheit im Spielverlauf eher auf ein Siegtor drängen würden, weil der Anreiz, ein Spiel zu gewinnen, höher ist, wenn in der Tabelle drei und nicht nur zwei Punkte gutgeschrieben werden. So ließe sich der Anteil der Unentschieden senken und die Anzahl der geschossenen Tore steigern, lautete die ökonomische Argumentation. Zahlreiche Studien zu den Folgen der Veränderungen deuten jedoch darauf hin, dass sich an den Verläufen der Spiele kaum etwas verändert hat.

Gerade in den europäischen Ländern sind die Veränderungen nur homöopathisch klein. In Tschechien, Österreich und Deutschland waren zeitweise sogar Effekte zu beobachten, die auf eine gegenteilige Wirkung der Regeländerung hinwiesen. In der deutschen Bundesliga endeten vor der Regeländerung (1963 bis 1994/95) 25,9 Prozent der Spiele unentschieden, zwischen 1995 und 2013 waren es 25,8 Prozent.

Und auch bei der Betrachtung der torlosen Partien ist kein relevanter Unterschied erkennbar: In der Zwei-Punkte-Ära wurden 6,37 Prozent der Bundesligaspiele beim Stand von 0:0 abgepfiffen, danach waren es 6,86 Prozent. Untersucht man kürzere Zeiträume und die Anzahl der Tore insgesamt, bleibt das Fazit ähnlich, der erhoffte Effekt blieb in der Bundesliga gänzlich aus.

Dennoch bleibt die Einführung der Drei-Punkte-Regel ein erheblicher Struktureingriff in das komplexe System Fußball,

Tabellenarithmetik in der Champions League: Häufig geht es darum, erst mal den Sieg des Gegners zu verhindern.

SCHEIN UND SEIN

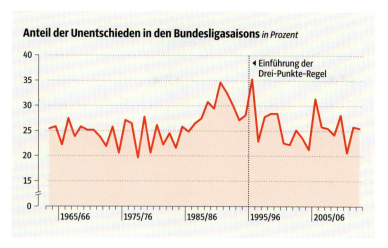

Seit der Einführung der Drei-Punkte-Regel hat sich der prozentuale Anteil der Unentschieden nicht wesentlich verändert: Er liegt im Mittel bei 25,85 Prozent.

mit Folgen, die nur schwer überschaubar sind. So könnte in Vierergruppen, wie bei Welt- und Europameisterschaften oder in der Champions League, der Anreiz, unentschieden zu spielen, sogar wachsen, weil es angesichts der wenigen zu vergebenden Punkte immer auch wichtig ist, den Sieg des Gegners zu verhindern, der im Tableau davonzuziehen droht. Und in der Bundesliga geht es ebenfalls um die Vermeidung von Niederlagen, nicht nur weil der gewonnene Punkt bedeutsam sein kann, sondern weil das mediale Echo und die Stimmung in der anstehenden Trainingswoche nach einer Niederlage ganz andere Facetten entwickeln als nach einem Unentschieden.

Dieses psychologische Prinzip stammt ironischerweise von einem Nobelpreisträger der Ökonomie, Daniel Kahneman. Trainer werden typischerweise nicht nach einer Serie von Unentschieden entlassen, wohl aber nach einer Serie von Niederlagen (vgl. Seite 97). Besser nicht verlieren, als nicht gewinnen. Oder anders gesagt: Gewinnen ist nicht alles, ob mit oder ohne Drei-Punkte-Regel.

Erklärungsnöte, Ausflüchte, Selbsttäuschung

Den berühmtesten Satz über das Gefühl der Machtlosigkeit, das Fußballer manchmal auf dem Rasen verspüren, hat wahrscheinlich Jürgen Wegmann formuliert. Mit seinem „Erst hatten wir kein Glück, und dann kam auch noch Pech dazu", schuf der ehemalige Stürmer einen Klassiker der Fußballaphorismen, der oft als Beispiel für die rhetorische Hilflosigkeit der Profigilde herangezogen wird. Bei genauerer Betrachtung ist die Aussage aber überhaupt nicht so dumm, es gibt nämlich zahlreiche Fußballspiele, deren Verlauf sich für die Spieler und die Fans des unterlegenen Teams exakt so anfühlt.

In jedem Fall handelt es sich um einen Versuch der Ursachensuche, zu der Spieler und Trainer Woche für Woche in den Interviewzonen dieser Fußballwelt genötigt werden. Und Pech ist da natürlich ein sehr beliebter Erklärungsansatz. Denn mit diesem Argument können die Profis sich bequem von einem Teil der Verantwortung befreien. Viele Spielverläufe erfordern jedoch andere Analysen. Deshalb existieren zahllose Erklärungsstrategien für Sieg oder Niederlage: die besonderen Fähigkeiten eines Teams, das hervorragende Training, der Schiedsrichter, die richtige oder falsche Einkaufspolitik des Vereins, ein individueller Fehler, die Wetterverhältnisse, der Zustand des Rasens, der Trainer, der sich abgenutzt hat, oder aber auch umgekehrt, der Trainer, dem die Fans magische Fähigkeiten zuschreiben und vieles mehr.

Grundsätzlich werden zunächst zwei Dimensionen dieser Art von Erklärungskonzepten unterschieden. Eine Ebene erlaubt es, zwischen innerhalb und außerhalb des Akteurs liegenden Ursachen zu unterschieden (internal und external), während die zweite Ebene die zeitliche Stabilität beschreibt. Einige Ursachen sind zeitlich konstant, andere sind veränderbar (konstant und variabel). Kombiniert man beide Dimensionen, ergeben sich vier Varianten:

Sprachlos! Können wir über etwas anderes reden?

- Der Versuch, Leistungen mit den Fähigkeiten eines Sportlers zu erklären, ist eine innerhalb des Akteurs liegende, stabile Ursachenzuschreibung, zum Beispiel wenn Fans, Vorstand und die Spieler die Erfolge des Teams mit den überragenden Kompetenzen des Trainers erklären.
- Jürgen Wegmanns Theorie ist eher eine außerhalb des Akteurs liegende, variable Ursachenerklärung, sie wird für den Moment gegeben, aber beim nächsten Spiel werden ganz andere Erklärungen herangezogen.
- Die eigene Tagesform und die momentane körperliche Verfassung gelten als innerhalb des Akteurs liegende und variable Ursachenfaktoren („In diesem Spiel hat die Mannschaft alles gegeben.").
- Die Aufgabenschwierigkeit und die Qualität des Gegners ist der außerhalb des Akteurs liegende und stabile Faktor („Der Gegner war zu stark für uns.").

Interessant ist, dass diese Ursachenzuschreibungen längst nicht immer auf der Basis rationaler Überlegungen entstehen, vielmehr folgen sie bestimmten Mustern und verzerren die Realität. Beispielsweise um das Selbstwertgefühl zu schützen oder zu erhöhen.

Allerdings können sich diese Muster verändern, je nachdem, ob Sportler, Fans oder Trainer gerade einen Erfolg oder Misserfolg erlebt haben. Positiv bewertete Ereignisse werden eher auf innerhalb des Akteurs liegende und stabile Ursachen (wie die eigene Fähigkeit) zurückgeführt, um den eigenen Selbstwert zu erhöhen und zu erhalten. Nach Misserfolgen häuft sich dagegen die Nennung außerhalb des Akteurs liegender und variabler Ursachen. In vielen Fällen werden solche Verzerrungen bewusst für bestimmte psychologische Effekte genutzt.

Siege können beispielsweise Balsam für eine Fußballerseele sein, obwohl sie sich vor allem mit der Schwäche des Gegners erklären lassen, der auch noch massiv vom Schiedsrichter benachteiligt wurde. Um den Glauben an die eigenen Fähigkeiten zu stärken, wird aber auch nach solchen Spielen gerne auf die eigenen Qualitäten verwiesen. Und nach bitteren Niederlagen wird die Gefahr, in eine Spirale des Selbstzweifels hinein zugeraten, gebannt, indem auf außerhalb des Akteurs liegende Instanzen verwiesen wird. Auf den Schiedsrichter, eine Anhäufung von Pech oder den übermächtigen Gegner zum Beispiel.

Diese Art der Realitätsverzerrung birgt jedoch die Gefahr, dass die wahren Ursachen des Versagens übersehen werden. In der Realität formulieren Spieler, Trainer und Funktionäre öffentlich gerne außerhalb des Akteurs liegende Erklärungen, um hinter verschlossenen Türen die wahren Gründe zu analysieren. Manchmal handelt es sich um Schwächen von Einzelspielern, die öffentlich nicht bloßgestellt werden sollen. Nicht selten wird die Realität also absichtlich und bewusst falsch dargestellt oder mit Hilfe von Ausflüchten verschleiert.

Wobei der Mechanismus, Erfolge immer wieder mit eigenen überragenden Fähigkeiten zu erklären, ebenfalls riskant sein kann. Eine zu große Selbstzufriedenheit macht satt und unkritisch und verführt dazu, sich nicht mehr verbessern zu wollen. Für solche Situationen ist es gut, wenn Mahner wie Matthias Sammer hervortreten, um die Spieler (und Fans) zu erden, was dazu beträgt, dass sich alle rational mit dem Erfolg auseinandersetzen. Der Mechanismus, eigene Leistungen mit Ursachen zu erklären, die nur die halbe Wahrheit enthalten, ist also einerseits gefährlich, gleichzeitig jedoch nutzbar für die eigenen Zwecke. Und er ist nicht nur bei Spielern, Trainern und Vereinsvorständen zu beobachten.

So konnte vielfach festgestellt werden, dass Sportjournalisten mit ihrer Berichterstattung quasi eine stellvertretende Selbstwerterhöhung oder -erhaltung betreiben, besonders dann, wenn sie eng mit dem Team verbunden sind. Beispielsweise weil der Klub, über den der Journalist berichtet, sein Lieblingsklub oder der Trainer sein Idol ist. Auch dann werden Erfolge eher innerhalb des Akteurs liegend und stabil (also mit den besonderen Fähigkeiten) erklärt. Legendär ist in dieser Hinsicht, Rolf „Töppi" Töpperwien, Bremer ZDF-Journalist, derjenige, der mit 1444 Einsätzen die meisten Bundesligaspiele kommentierte und ein enges Verhältnis zu Otto Rehhagel pflegte. Als der langjährige Trainer von Werder Bremen 1992 nach dem Europapokal-Sieg mit der Mannschaft am Flughafen ankam, sagte Töpperwien voller Pathos: „Jetzt betritt Otto Rehhagel deutschen Boden!" Mehr Heldenverehrung geht kaum.

Auch Sportjournalisten sind nicht davor gefeit, ihr Selbstwertgefühl durch ihre Berichterstattung zu steigern.

SCHEIN UND SEIN

„Es gibt Phasen, da ist es völlig klar, dass ausgerechnet du dieses entscheidende Tor machst"

Früher Torjäger, jetzt Manager: Fredi Bobic.

Fredi Bobic ist fasziniert von der Magie der Läufe im Fußball, die jeder Spieler kennt und liebt. Oder, wenn es ein Negativlauf ist, fürchtet. Als Stürmer konnte Bobic die Mechanismen dieses Phänomens besonders ausgiebig studieren. In 285 Bundesligapartien hat er 108 Tore erzielt und zehn Treffer in 37 Länderspielen. Mitte der 1990er Jahre bildete er beim VfB Stuttgart mit Krassimir Balakov und Giovane Elber das berühmte „magische Dreieck".

Herr Bobic, Sie haben in Ihren fünf ersten Bundesligapartien fünf Tore geschossen. Hat Ihre Karriere gleich mit einem Lauf begonnen?
Fredi Bobic: Ich denke schon. So einen Lauf zu haben, ist ein großartiges Gefühl, das man als junger Spieler gar nicht zu schätzen weiß. Man erlebt das nicht wirklich bewusst, macht sich wenige Gedanken, ist einfach glücklich. Ich glaube, die Glückshormone tragen viel zu der erstaunlichen Sicherheit bei, die in solchen Phasen prägend ist.

Lange Erfolgs- oder Misserfolgsläufe umweht immer ein Hauch Magie. Warum springt der Ball erst viele Spiele vom Innenpfosten ins Tor und dann wochenlang zurück ins Spielfeld? Rätseln Sie auch?
Manchmal habe ich das Gefühl, Dinge sind vorbestimmt, und ich meine das jetzt nicht religiös. Es gibt Phasen, da ist es völlig klar, dass du dieses entscheidende Tor machst. Manchmal scheint es fast, als wirke sich der Lauf eines Stürmers sogar auf die Gegenspieler aus, die plötzlich ganz merkwürdige Fehler machen.

Und dann ist es irgendwann vorbei. Wie endet ein Lauf?
Fußballer, denen fast alles gelingt, neigen dazu, einfach immer etwas weniger zu tun. Das wird nie ein aktiver Spieler zugeben, aber ich kann das jetzt so sagen: Man ist voller Selbstvertrauen und irgendwann auch überzeugt, dass es selbstverständlich so weitergeht. Dann endet der Lauf ganz abrupt.

Gibt es Methoden, die guten Phasen zu verlängern?
Fleißiger sein. Die Kunst ist, wirklich jeden Tag hochkonzentriert zu arbeiten, auch unter der Woche. Man muss resistent gegen die allgegenwärtigen Lobhudeleien bleiben.

Das klingt nach einem sehr reflektierten Prozess. Man hört aber immer wieder, dass zu viele Gedanken eher schaden.
Mich faszinieren immer Stürmer, die viel nachdenken und trotzdem das Richtige tun. So wie Lionel Messi. Der hat den Ball, schaut und überlegt, wie er ihn jetzt auch noch auf besonders schöne Art und Weise im Tor unterbringen kann. Ich war ein Stürmer, der das ohne große Überlegung erledigt hat: Torwinkel oder Tribünendach. Wenn es läuft, landet er eben im Winkel.

Was beschäftigt einen Stürmer in den Phasen, in denen der Ball auf dem Tribünendach landet?
Als älterer Spieler hat man bei weitem nicht so große Selbstzweife wie als junger Spieler. Man weiß, es kommt wieder, wenn man genug arbeitet. Für junge Spieler ist diese Situation oft sehr belastend. Man liest die schlechten Kritiken, im Fernsehen zählen sie, wie viele Minuten du nicht getroffen hast. Du stehst im Fokus und dann läufst du alleine aufs Tor zu und weißt eigentlich schon, dass du den Pfosten treffen wirst.

Neben dem Lauf eines Stürmers gibt es erstaunliche Erfolgsserien von Mannschaften. Funktionieren die nach den gleichen Mechanismen?
Es gibt viele Parallelen. Dieses Gefühl der Leichtigkeit im Alltag und das Wissen, dass nichts schiefgehen kann, ist sehr ähnlich.

Selbstinszenierung in Gelb: Im Profibereich wird das nicht geduldet.

Rotlicht und Gelbfieber

D ie Ära, in der Spielerfrauen wie Bianca Illgner oder Gaby Schuster als Interessensvertreterinnen ihrer Männer in Erscheinung traten, ist schon lange vorbei. Inzwischen präsentieren sich viele Gattinnen und Freundinnen der Stars vornehmlich als hübsches Fotomotiv für die Boulevardzeitungen. Die Geschäfte ihrer Männer regeln längst meist männliche Spezialisten. Und die Zeiten, in denen heimliche Ausflüge von Fußballern ins Rotlicht-Milieu für Schlagzeilen sorgten, gehören ebenfalls der Vergangenheit an. Das schlüpfrige und überaus beliebte Boulevardthema Fußballerfrau/Fußballeraffäre ist dem Professionalisierungsprozess zum Opfer gefallen. Inzwischen ist sogar untersucht worden, wie sich Sex in der Nacht vor Wettkämpfen auf die Leistung der Spieler auswirkt.

Ohne die Antwort auf diese Frage vorwegzunehmen: Das falsche Trikot kann fatalere Folgen haben als eine Liebesnacht vor dem Spiel. Rot repräsentiert Eigenschaften wie Aggressivität, Dominanzwillen und Siegeslust. Das ist wohl der Grund dafür, dass Kampfrichter in Sportarten wie Taekwondo, Boxen oder Ringen die Träger roter Sportkleidung anders bewerten als ihre Kontrahenten in Blau. Genau deshalb wollte Jürgen Klinsmann als Bundestrainer damals durchsetzen, dass die Nationalmannschaft künftig in Rot spielt. Anlass genug, einen Blick auf die Auswirkungen von Trikotfarben im Fußball zu werfen.

Wobei die assoziative Verbindung zwischen der Farbe Rot und einem aggressiven Verhalten die These nahelegt, dass Teams mit roten Trikots mehr gelbe Karten zu sehen bekommen, was bisher niemand untersucht hat. Dafür gibt es andere, ebenso komplexe wie überraschende Mechanismen, von denen die Schiedsrichter bei ihren Gelb-Entscheidungen gelenkt werden.

Das Publikum zeigt Gelb

Die Forschung zu den Besonderheiten von Partien im eigenen Stadion hat gezeigt, dass der Heimvorteil schwindet, je weiter die Professionalisierung des Fußballs fortschreitet (vgl. Seite 10ff.). Außerdem neigen Zuschauer grundsätzlich dazu, ihren Einfluss auf den Verlauf von Fußballspielen zu überschätzen (vgl. Seite 185ff.), obgleich die Spieler sich in Wahrheit immer weniger vom Publikum irritieren lassen. Der vermeintliche Heimvorteil wird also mehr und mehr zum Mythos. Viele Profis empfinden es sogar als besonders motivierend, in der feindseligen Atmosphäre einer fremden Arena zu spielen.

Für Fans müssen diese Erkenntnisse desillusionierend sein, aber ein anderes Forschungsergebnis könnte sie trösten: Mit den Schiedsrichtern gibt es durchaus eine wichtige Instanz auf dem Rasen, die vom Publikum beeinflusst werden kann, und ganz häufig merken die Unparteiischen dies nicht einmal.

Das zeigen Experimente von englischen und deutschen Wissenschaftlern zu den Auswirkungen des Lärms im Stadion auf bestimmte Entscheidungen. In einer Studie wurden per Video 20 Schiedsrichtern des Deutschen Fußball-Bundes 56 Foul-Szenen präsentiert, von denen die Hälfte in der Realität zu einer gelben Karte geführt hatte. Einige Szenen wurden mit lauter Zuschauer-Geräuschkulisse eingespielt, andere mit einem sehr gedämpften Ton. Nun sollte jeder Schiedsrichter seine Entscheidung treffen. Wie im realen Spiel, also spontan und unmittelbar. Das bemerkenswerte Ergebnis: Die Schiedsrichter entschieden in den Szenen mit hohem Lärmpegel häufiger auf Gelb für die Auswärtsmannschaft als in der identischen Situation ohne Lärm.

Dieser Befund legt nahe, dass Schiedsrichter die Reaktion des Publikums unbewusst als Hinweis auf die Schwere eines Fouls werten. Dazu passen auch die Ergebnisse einer weiteren Studie. Hier wurden 1530 Fußballspiele der Ersten Bundesliga

ROTLICHT UND GELBFIEBER

Die Balken zeigen an, wie viele gelbe Karten durch den Einfluss des Publikums durchschnittlich pro Spiel zusätzlich gezeigt werden. Der rote Strich verdeutlicht, wo die Grenze läge, wenn die Zuschauer keinen Einfluss auf den Schiedsrichter ausübten, wenn also Heim- und Auswärtsteam gleich viele gelbe Karten bekommen würden.

auf Auswirkungen von Publikumslärm auf die Schiedsrichterentscheidungen analysiert (gemessen als prozentuale Ausnutzung der Zuschauerkapazität unter Berücksichtigung der Stadionbauweise). Die Auswertung dieser Daten legt ebenfalls einen Zusammenhang zwischen Zuschauerverhalten und der Häufigkeit von gelben Karten gegen das Auswärtsteam nahe.

Gästemannschaften werden demnach im Schnitt pro Spiel mit rund einer halben gelbe Karte mehr bestraft als die Heimteams. Und in reinen Fußballarenen erhöht sich die Quote sogar auf eine dreiviertel gelbe Karte pro Spiel. In Stadien mit einer Laufbahn (von denen es im Untersuchungszeitraum noch einige gab) ist die Quote dagegen etwas niedriger, vermutlich weil das Publikum durch die Leichtathletikanlagen weiter von den Schiedsrichtern entfernt ist. In besonders stimmungsvollen Fußballstadien werden also mehr Gelb-Verwarnungen gegen die Auswärtsmannschaft ausgesprochen.

Möglicherweise nimmt ein lauter Aufschrei des Publikums nach Fouls sogar einen größeren Einfluss auf das Spiel als all die Anfeuerungen, mit denen die Fans ihren Klub sonst noch unterstützen. Ob diese Schiedsrichterentscheidungen durch den Lärmeinsatz der Zuschauer tatsächlich auch zu einem messbaren Punktevorteil der Heimmannschaft kommt, ist jedoch ungeklärt.

Wenn der Schiedsrichter Gelb gibt

Eine der zahllosen Legenden des Fußballs lautet, dass Schiedsrichter, die früh in einer Partie gelbe Karten verteilen, sich Respekt bei den Spielern verschaffen. Die Teams seien nach so einer zeitigen Strafe gewarnt und hielten sich zurück, lautet die naheliegende Logik, auf der die Theorie basiert. Fernsehkommentatoren halten diesen Mythos geradezu liebevoll am Leben, aber ganz so einfach ist das Wesen des Fußballs dann doch nicht.

In Wahrheit ist eher das Gegenteil der Fall. Wenn ein Unparteiischer bereits in der ersten Viertelstunde einer Partie Regelverstöße mit Verwarnungen sanktioniert, steigt die Wahrscheinlichkeit, dass im weiteren Spielverlauf besonders viele Spieler Karten zu sehen bekommen. Durchschnittlich wird in solchen Duellen etwa eine gelbe Karte mehr gezeigt, während die Anzahl gelber Karten sinkt, je länger der Schiedsrichter in der ersten Hälfte ohne diese Art von Strafe auskommt.

Erstaunlich ist dieser Befund allenfalls auf den ersten Blick. Seine Ursache lässt sich nämlich hervorragend nachvollziehen. Wird schon früh eine Gelbstrafe ausgesprochen, droht die Gefahr, dass die Bandbreite für Verstöße, die mit einer Karte sanktioniert werden, ausgeweitet wird. Ein Schiedsrichter, der während der ersten Minuten vergleichsweise harmlose Fouls mit Gelb ahndet, um Härte aus dem Spiel zu nehmen, ist bei späteren Verstößen, die ähnlich grob sind, gezwungen, die gleiche Strafe auszusprechen. Ein Effekt, der fatale Folgen haben kann.

Angetrieben von diesem Mechanismus geriet beispielsweise das Viertelfinalspiel zwischen Portugal und Holland bei der WM 2006 regelrecht aus den Fugen. Schiedsrichter Valentin Ivanov verwarnte bereits in der 2. und 7. Minute Mark van Bommel und Khalid Boulahrouz, woraufhin alle Fouls gleicher (oder schwererer) Härte ebenfalls mit Gelb geahndet werden mussten. Nachdem dann Mitte der ersten Halbzeit ein fürchterliches Foul an Cristiano Ronaldo auch nur mit Gelb sanktioniert wurde, war die Kategorie „gelbe Karte" unverhältnismäßig breit gefasst. Sowohl nach Härte als auch nach Geringfügigkeit des Fouls.

Das hätte sich nur vermeiden lassen, wenn das heftige Foul an Ronaldo direkt mit Rot bestraft worden wäre und sich damit die gesamte Skala (kein Gelb, Gelb, Rot) nach unten verschoben hätte. Valentin Ivanov jedoch verwendete den von ihm sehr breit definierten Maßstab (Gelb für schwache und sehr harte Fouls) konsistent über die gesamte Spielzeit, was am Ende zu 16 gelben Karten (darin enthalten vier gelb-rote Karten) führte. Glatt rot sah hingegen kein Spieler.

Allzu drastische Strafen in der Anfangsphase führen demnach eher dazu, dass eine Partie eskaliert, als dazu, dass die Spieler die früh aufgezeigten Grenzen des Regelwerkes gewissenhafter beachten. Kein Wunder, dass Schiedsrichter grundsätzlich in der ersten Viertelstunde erheblich seltener zur gelben Karte greifen als in den anderen Viertelstunden-Blöcken während eines Spiels. Neben pragmatischen Gründen wie der Tatsache, dass es zu Beginn noch keine Widerholungsfouls gibt, muss dieser Befund als Resultat einer Kalibrierung in der Urteilssituation der Schiedsrichter erklärt werden. Dieser Vorgang konnte in einer Reihe von Experimenten nachgewiesen werden.

So beurteilen Schiedsrichter Foulszenen im Spielverlauf anders, als wenn ihnen die Zweikämpfe als einzelne Szene vorgespielt wurden. Im ersten Fall wurden Vergehen zu Beginn eines

ROTLICHT UND GELBFIEBER

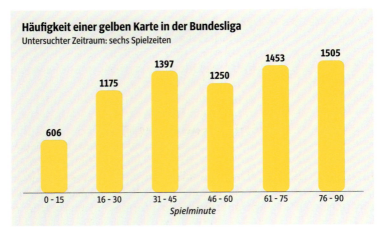

In der ersten Viertelstunde eines Spiels werden ungefähr halb so viele gelbe Karten wie in allen anderen 15-Minuten-Blöcken eines Spiels vergeben.

Spiels häufig nicht mit einer Karte geahndet, um dem Dilemma zu entgehen, in das der Kollege aus dem Holland-Portugal-Spiel hineingeriet. Als isolierte Szene wurde dieselbe Situation von Unparteiischen hingegen konsequent mit Gelb bestraft.

In einem weiteren Experiment wurden den Schiedsrichtern erneut Foulsituationen zur Bewertung vorgelegt, diesmal wussten die Versuchspersonen nicht, in welche Phase des Spiels die Szenen hineingehörten. Die Hälfte stammte aus der ersten Viertelstunde, die andere Hälfte aus dem Abschnitt zwischen der 60. und der 75. Minute. Tatsächlich wichen die Schiedsrichter bei ihren Entscheidungen für oder gegen eine gelbe Karte mit einer höheren Wahrscheinlichkeit von den tatsächlichen Entscheidungen (der Unparteiischen im Spiel) ab, wenn die Szenen aus der ersten Viertelstunde stammten. Die Urteile für späte Spielszenen ähnelten sich hingegen stark.

Zu Beginn eines Spiels existiert demnach im besten Falle ein Maßstab für gelbe Karten, der aus der Erinnerung abgerufen wird. Ein Maßstab für das Spiel muss sich erst noch bilden und ausrichten. Schiedsrichter entwickeln also für ihre Entscheidungen zu Beginn eines Spiels ein Urteilsschema und verwenden dieses über die gesamte Spielzeit, doch diese Urteilsskala muss zunächst entwickelt werden.

Trainingseinheit Sex

Vermutlich gibt es viele Fußballer, die immer noch genauso denken wie Toni Schumacher, als er 1987 sein Aufsehen erregendes Buch *Anpfiff* schrieb. Aber die Idee einer sexuellen Rundumversorgung für Fußballspieler, die während vieler Tage im Jahr als reine Männergruppe in irgendwelchen Mannschaftshotels logieren, würde heute kein Profi mehr derart offen aussprechen: „Wenn die Liebeslust uns beutelt, sollte man zur Not Callgirls zu Hilfe rufen, (...) die unter medizinischer Kontrolle stehen", fand der ehemalige Nationaltorhüter. Das sei jedenfalls „besser, als in die nächstgelegene Stadt zu flüchten und sich in irgendeinem Puff die Maul- und Klauenseuche holen". Schumacher plädierte für „Sex mit einem einzigen Restrisiko: zuhause die Augen ausgekratzt zu kriegen."

Erhört worden ist das Kölner Urgestein nicht, aber Bordellbesuche von Fußballprofis sind trotzdem selten geworden. Die Gefahr, von irgendwelchen Leuten per Handykamera fotografiert und öffentlich bloßgestellt zu werden, ist viel zu groß. Allerdings gibt es immer mal wieder Geschichten über leicht bekleidete weibliche Besucher auf Hotelzimmern, und wenn so ein Fall ans Licht kommt, geht es nicht nur um die Frage, wie die Ehefrauen daheim reagieren. An Stammtischen, aber auch unter den Spielern und Trainern wird immer wieder diskutiert, ob Sex vor dem Spiel sich nun positiv oder negativ auf den Wettkampf auswirkt.

Um das herauszufinden, ist es sinnvoll, zwischen einer körperlichen und einer psychologischen Seite des sexuellen Akts zu differenzieren. Zu den physiologischen Effekten von Sex vor

ROTLICHT UND GELBFIEBER

Erotik als Teil der Selbstvermarktung: Sami Khedira und seine Freundin Lena Gercke.

einem Spiel gibt es nicht viele, aber doch einige Untersuchungen mit einem recht gesicherten Erkenntnisstand. Wenn die sexuelle Aktivität nicht gerade unmittelbar vor dem Wettkampf stattfindet, ist die Sache von der körperlichen Seite her unbedenklich. Der Kalorienverlust hält sich in Grenzen (200 bis 300 Kalorien je nach Intensität) und ist leicht durch einen Müsliriegel kompensierbar. Andauernde Erschöpfungszustände sind bei gut trainierten Athleten nicht zu befürchten – alleine das Aufwärmen vor dem Spiel ist wahrscheinlich anstrengender. In einer Studie wurden verheiratete Sportler gebeten, jeweils morgens im Abstand von einigen Tagen standardisierte Kraftaufgaben durchzuführen. Die Nächte zuvor sollten sie jedoch unterschiedlich verbringen. In der ersten Nacht hatten die Sportler häuslichen Geschlechtsverkehr, das war die Experimentalbedingung. In der Kontrollbedingung dagegen betätigten sie sich vor der Durchführung der Kraftaufgaben nicht sexuell und verlebten eine ruhige Nacht. Die Leistungen am nächsten Morgen waren identisch, ganz egal, ob nun vorher koitiert wurde oder nicht.

Auch die zuweilen geäußerte Befürchtung, mit dem Austritt des Ejakulats würde durch den Testosteronverlust Aggressivität verloren gehen, ist nicht haltbar. Mehr als der sexuelle Akt an sich nehmen wohl die Begleitumstände Einfluss auf den körperlichen Zustand. Wenn Alkohol im Spiel ist, geraucht wird, Schlafmangel oder muskuläre Verspannungen eintreten, kann die Leistung tatsächlich leiden. Ansonsten werden weder negative noch positive Effekte erwartet.

Die psychologischen Folgen von Sex vor einem Fußballspiel sind hingegen bislang nicht systematisch untersucht worden, über solche Effekte lässt sich daher nur spekulieren. Aber es ist anzunehmen, dass es je nach Persönlichkeit und Befinden des Athleten unterschiedliche Auswirkungen geben kann. Für Sportler ist es wichtig, im Wettkampf das optimale Aktivierungslevel zu erreichen, um die vorhandenen Leistungspotenziale zu entfalten. Alle Körpersysteme sollten sich in einem Wettkampfzustand befinden: Der Athlet ist nicht müde, er ist aber auch nicht ängstlich, seine Gehirnaktivitäten sind auf den Wettkampf orientiert, und sein Herz rast nicht. Zu wenig Aktivierung ist schlecht, zu viel aber auch. Wo bei den einzelnen Sportlern das individuelle Level liegt, ist jedoch höchst unterschiedlich.

Bei einigen Fußballern wird es der Leistung daher zuträglich sein, wenn sie vor einem Wettkampf bestimmte aktivierende Dinge tun, und Sex könnte durchaus dazu gehören. Wichtig wäre dann allerdings, dass der Akt nicht zu negativen Gefühlen führt, beispielsweise zu einem schlechten Gewissen gegenüber der Ehefrau oder zu der Furcht, dass intime Details an die Öffentlichkeit gelangen. Solche Emotionen können sich natürlich leistungsmindernd auswirken. Wobei ähnliche Effekte auch bei anderen Aktivitäten nicht auszuschließen sind, schließlich kann das Anschauen eines Horrorfilms oder das Lesen eines spannenden Buches ebenfalls zu schlechten Gefühlen und zu einer schlaflosen Nacht führen.

So gesehen ist es gut möglich, dass Sex vor dem Spiel leistungsfördernd wirkt, wenn er eingebettet ist in eine professionelle Wettkampfvorbereitung, die auf den Athleten und seinen psychologischen Status vor dem Wettkampf zugeschnitten ist. Diese Erkenntnis zählt sicher zu den Gründen dafür, dass viele Teams mittlerweile vor und während großer Turniere bestimmte Tage definieren, an denen Freundinnen und Ehefrauen der Spieler ins Hotel kommen dürfen. Und wenn die Paare während dieser Stunden keinen Sex haben, bleibt den Fußballern immer noch ein andere Gelegenheit, sexuelle Bedürfnisse auszuleben: das Spiel.

Das legen zumindest die Überlegungen nahe, die Gunter Gebauer in seiner *Poetik des Fußballs* formuliert. „Die erotische und sexuelle Aufladung des Spiels mit dem Fußball ist so tief in das Selbstverständnis von Männlichkeit gesenkt, dass die (männlichen) Liebhaber sie nicht einmal bemerken. Sie stehen ganz und gar unter der Wirkung ihrer Imaginationen", schreibt Deutschlands führender Sportphilosoph. „Die Torlinie ist für sie nicht nur ein Kreidestrich auf dem Rasen, sondern eine außerordentlich sensible Grenze, die, je nachdem auf welcher Seite man steht, den Wunsch auslöst, sie zu verletzen, sie zu durchdringen, oder umgekehrt, sie zu verteidigen, zu schützen, ihre Unversehrtheit zu erhalten. Der Ball im Netz ist ein triumphales Bild, er zappelt, er schlägt ein, er liegt im Allerheiligsten." Das klingt, als könne ein gelungenes Fußballspiel durchaus sexuelle Bedürfnisse befriedigen.

Ganz ähnlich hat übrigens auch Toni Schumacher in den vielen Hotelnächten während der großen Turniere empfunden: „Über mein Liebesleben stülpe ich in dieser Zeit eine Käseglocke und denke fest an mein Ziel: Weltmeister, der beste Torwart der Welt werden. Da bleibt mir keine Zeit für Vergnügen und Erregung." Es sei denn, es geht darum, dem gegnerischen Tor seine Jungfräulichkeit zu rauben.

Pokal vor rotem Hintergrund: Alex Ferguson und seine Manchester United Jungs in der Farbe der Sieger.

Der Sieger trägt Rot

Den meisten Anhängern des FC Schalke 04 fallen zahllose Gründe ein, warum ihr Lieblingsverein seit 1958 vergeblich versucht, den Titel des Deutschen Meisters zu gewinnen. Trainer, Schiedsrichter und der Fußballgott gehören bei der Suche nach den Verantwortlichen für das fortgesetzte Scheitern zu den Hauptverdächtigen. Der Gedanke, dass die Trikotfarbe eine Rolle spielen könnte, kommt bei der Ursachenforschung hingegen kaum jemandem in den Sinn. Schalker lieben ihr Königsblau. Aber es ist schon auffällig, dass seit der Einführung der Bundesliga 1963 noch kein Team mit blauen Hemden die Meisterschale gewinnen konnte.

Dabei sind blaue Trikots in der Liga weit verbreitet, wie Caroline Frank aus Münster in einer akribisch recherchierten Examensarbeit und nach einer Reise durch diverse Archive, wie jenes des Nürnberger Fachblattes *Kicker,* nachgewiesen hat. Zwar kamen weiße Trikots im Untersuchungszeitraum von 1963 bis 2007 am häufigsten zum Einsatz und werden von

42 Prozent der Heimmannschaften getragen, während etwa 20 Prozent der gastgebenden Teams Rot bevorzugten (nimmt man die Kombinationen rot-weiß und rot-schwarz hinzu, sind es etwa 28 Prozent). Aber das blaue Jersey belegt mit rund 15 Prozent den dritten Platz in der Beliebtheitsskala.

Nun geht es bei solchen Untersuchungen nicht um das Trikotdesign (auch wenn manche Vereine sich hierin durchaus beraten lassen könnten), sondern um die Frage, ob bestimmte Trikotfarben in Zusammenhang mit besseren Leistungen stehen. Und dabei steht meist die Farbe Rot im Mittelpunkt, von der eine ganz besondere Signalwirkung auszugehen scheint, wie die Evolutionsbiologie herausgefunden hat. In Beziehungssituationen werden mit der Farbe Rot Erotik und Attraktivität verbunden, in Gefahrensituationen mahnt das Rot zur Vorsicht, und in Auseinandersetzungen signalisiert die rote Farbe Aggressivität, Dominanzwillen und Siegeslust. In letzterem Fall handelt es sich um Dinge, die im sportlichen Wettkampf wichtig sind und damit Leistungen positiv, aber unter Umständen auch negativ beeinflussen können.

Den Zusammenhang zwischen sportlichen Erfolgen und Trikotfarben hatten schon die englischen Evolutionsbiologen Russell Hill und Robert Barton in einer weltweit beachteten statistischen Analyse beschrieben, die 2005 in der Zeitschrift *Nature* publiziert wurde. Die beiden Forscher fanden heraus, dass Kampfsportler (Boxer, Ringer und Taekwondo-Kämpfer) während der Olympischen Spiele 2004 in Athen einen Vorteil gerade in engen Kämpfen hatten, wenn sie in einem roten Trikot und nicht in einem blauen antraten. Man muss dazu wissen, dass die Athleten in diesen Kampfsportarten nur rote oder blaue Jerseys tragen, die vor dem Kampf zugelost werden.

Von diesem Befund hat im Jahr 2005 auch der damalige Bundestrainer Jürgen Klinsmann gehört und für die deutsche Nationalmannschaft das rote Hemd als Ausweichtrikot eingeführt. Kurz vor der WM 2006 plädierte er sogar für ein rotes Heimtrikot. Diesen Plan verwarf er aber wieder, nachdem ein Aufschrei der Empörung ertönt war. Wer weiß, vielleicht wäre Deutschland im roten Trikot Weltmeister geworden, aber sehr wahrscheinlich ist das nicht. In einem trickreichen Experiment konnte nämlich gezeigt werden, dass ein Teil des Rot-Vorteils auf die Urteilsverzerrungen der Kampfrichter zurückgeht, und dieser Effekt lässt sich nicht so einfach auf den Fußball übertragen.

Um den Einfluss der Trikotfarbe auf die Punktevergabe nachzuweisen, wurden die Fernsehaufzeichnungen von Taekwondo-Kämpfen zweier etwa gleich starker Athleten manipuliert. Neben den unveränderten Originalbildern bekamen die Kampfrichter auch Szenen vorgespielt, in denen Sportler, die in Wirklichkeit Rot trugen, im Filmausschnitt in Blau erschienen und umgekehrt. Obwohl die Kämpfe bis auf die kleine digitale Manipulation identisch waren, vergaben die Kampfrichter für die Kämpfer, die sie in roten Trikots sahen, ziemlich konsequent mehr Punkte. Rot gewandeten Sportlern

Vorteil Rot: Taekwondo-Kämpfer gewinnen eher, wenn sie die richtige Farbe zugelost bekommen.

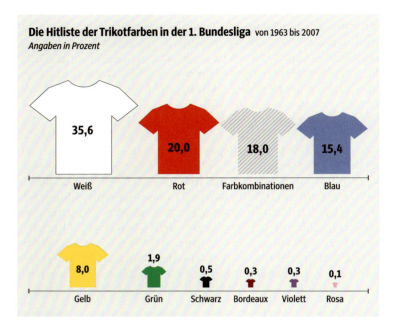

Die meisten Teams spielen in weißen Trikots.

schreiben sie mehr Aggressivität und Tatkraft zu und verteilen bessere Bewertungen.

In reinen Kampfsportarten lassen sich also klare Vorteile für die Rotträger ableiten, beim Fußball könnte sich aber auch ein negativer Effekt ergeben. Wenn nämlich Schiedsrichter dazu verleitet werden, in Zweikampfsituationen eher gegen Spieler in roter Arbeitskleidung zu entscheiden. Ob es diesen Zusammenhang tatsächlich gibt, wurde allerdings noch nicht untersucht.

Dafür haben Hill und Barton den vermeintlichen Rot-Vorteil für Fußballspiele im Zeitraum zwischen 1946 und 2003 in den ersten drei englischen Fußballligen analysiert, und sie kamen zu dem Ergebnis, dass der Vorteil allenfalls äußerst klein ist. Mannschaften mit roten Trikots gewinnen ungefähr 53 Prozent ihrer Heimspiele, Träger von blauen Trikots nur in 51 Prozent der Fälle. Am eindrucksvollsten ist noch der Befund, dass 60 Prozent der englischen Meister ein rotes Trikot trugen, was aber viel damit zu tun hat, dass die Hauptfarbe des FC Arsenal, von Manchester United und dem FC Liverpool, von drei der größten Klubs also, Rot ist.

Für die deutsche Eliteklasse lassen sich nicht einmal die kleinen Farbvorteile aus der englischen Liga nachweisen, und es gibt keine eindeutigen Ergebnisse zu möglichen Einflüssen der Trikotfarbe auf die Ergebnisse in der Bundesliga. Gleiches gilt übrigens auch, wenn man der Frage nachgeht, ob die Trikotfarben (weiß oder rot) einen Einfluss auf den Erfolg der Elfmeterschützen haben. Ergebnis: kein Rot-Vorteil, aber immerhin: Bei der Verteilung der deutschen Meistertitel liegt Rot vorne. 48,5 Prozent der Bundesliga-Titelträger waren im Untersuchungszeitraum in Rot gekleidet, während es, wie schon erwähnt, keinen blauen Deutschen Meister gab.

ROTLICHT UND GELBFIEBER

„Frühe gelbe Karten sind riskant"

Schiedsrichter-Lehrwart des DFB bis 2010: Eugen Strigel.

Zwischen 1987 und 1995 leitete Eugen Strigel 70 Bundesligaspiele. Anschließend war er bis 2010 Schiedsrichter-Lehrwart des Deutschen Fußball-Bundes und stellvertretender DFB-Schiedsrichter-Obmann. Auch jetzt ist er noch Mitglied in der DFB-Schiedsrichter-Kommission.

Herr Strigel, Studien zeigen, dass Schiedsrichter viele Fouls in der Anfangsphase eines Fußballspiels anders sanktionieren als später in der Partie. So eine uneinheitliche Regelauslegung kann Ihnen doch nicht gefallen, oder?
Eugen Strigel: Als uneinheitliche Regelauslegung sehen wir das nicht. Aber ein Schiedsrichter muss sich genau überlegen, in welchem Moment einer Partie er mit gelben Karten einsteigt. Wenn wir eindeutige Situationen haben – wir nennen das Pflichtverwarnungen –, muss die Karte natürlich kommen, in der ersten Minute genau so wie in der 93. Minute. Aber es gibt auch Fünfzig-zu-fünfzig-Situationen: Da empfehlen wir den Schiedsrichtern, situationsbedingt zu reagieren. Das heißt im Normalfall, er sollte Verwarnungen nicht zu früh aussprechen, damit die Messlatte für Verwarnungen nicht schon in der Anfangsphase auf einem Niveau liegt, das ihn später zu vielen weiteren gelben Karten zwingt.

In den Regeln steht davon aber nichts geschrieben.
Das stimmt. Aber wir lehren die Schiedsrichter, dass sie mit den Karten lieber sparsam umgehen sollten. Wir wollen nicht, dass es in einem Spiel 15 gelbe Karten gibt, von denen fünf überflüssig waren. Die gelbe Karte soll den Spielern und den Zuschauern signalisieren: Das ist jetzt das Limit, weiter geht's nicht, und jetzt kommt eben Gelb.

Dennoch hat jeder Schiedsrichter seinen eigenen Stil. Sind die Schiedsrichter sich darüber im Klaren, dass Mannschaften vorher besprechen, wie unfair sie bei welchem Unparteiischen spielen können, ohne Strafen fürchten zu müssen?

Wir wissen, dass manche Trainer und Mannschaften versuchen, sich auf den Schiedsrichter einzustellen. Es wird auch vorkommen, dass sie wissen: Heute können wir zwar mehr Fouls begehen, aber dafür nicht meckern – oder auch umgekehrt. Wenn ein Schiedsrichter nicht bekannt ist, dann versuchen die Spieler oft die Grenzen auszuloten. Darauf muss ein Schiedsrichter dann gefasst sein und eine klare Linie einhalten. Nicht zu großzügig, damit er das Spiel in den Händen behält und es nicht unfair wird, aber auch nicht zu streng mit vielen gelben Karten, denn dann verlieren die Verwarnungen an Wirkung.

Manchmal ein Nachteil – Schiedsrichter entscheiden bei großen Spielern schneller mal auf Foul.

Wahrnehmung und Täuschung

Zeitlupen sind etwas Wunderbares. Fußball ist ein derart rasantes Spiel geworden, dass sich viele Dinge mit bloßem Auge nicht klar erkennen lassen. Wäre das WM-Finale von 1966 mit der heutigen Technik aufgezeichnet worden, hätten TV-Zuschauer innerhalb weniger Sekunden zweifelsfrei gewusst, ob die Schiedsrichter beim berühmten Wembley-Tor richtig entschieden haben. Stadionbesuchern bleiben hingegen auch heute noch zahllose Details des Spiels verborgen.

Gleiches gilt für Schiedsrichter, die ebenfalls auf die begrenzten Wahrnehmungsfähigkeiten ihrer Sinne angewiesen sind. Jeder weiß, wie viele Fehlentscheidungen getroffen werden, aber ist es zumindest theoretisch möglich, dass die Unparteiischen alle Situationen richtig bewerten? Eher nicht, und das sollte niemanden wundern. Um zumindest fast immer richtig zu liegen, wären Fähigkeiten notwendig, die weder von den menschlichen Sinnesorganen noch von den Gehirnarealen, die Informationen verarbeiten, leistbar sind. Wahrnehmung findet eben auch im Gehirn und nicht nur über die Sinnesorgane statt.

Diese Täuschungsmanöver des Gehirns führen übrigens zu skurrilen Missgeschicken der Spieler, und natürlich kann dieses Wissen bewusst eingesetzt werden, um Gegner auf die falsche Fährte zu locken. Wenn ein Schiedsrichterassistent voreilig die Fahne hebt oder ein Stürmer den völlig freien Mitspieler übersieht, sind häufig Täuschungen im Spiel, die man niemanden vorwerfen kann. Und mit Hilfe dieses Wissens gelingt es Torhütern sogar manchmal, Elfmeterschützen zum Schuss in eine bestimmte Ecke zu bewegen.

Wie wird der Torhüter zum Elfmeter-Killer?

Seit Jahrzehnten rätseln die Torhüter dieser Welt, wie sich ihre Chancen verbessern lassen, wenn ein Schütze sie zum Elfmeterduell herausfordert. Es gibt Schlussleute, die legen umfangreiche Datenbanken an, denen sie entnehmen können, welcher Kontrahent am liebsten wohin schießt, irgendwann wurde sogar untersucht, wie sich die Trikotfarbe auf die Erfolgsaussichten auswirkt. Dabei gibt es einen kleinen Trick, der erstaunlich wirkungsvoll ist.

Experimente haben gezeigt, dass es möglich ist, den Schützen zum Schuss in eine bestimmte Ecke zu verleiten. Konkret wurde untersucht, welche Auswirkungen Gesten und die Position des Keepers im Tor auf den Elfmeterschützen haben. Versierte Fußballer und Fußball-Novizen traten jeweils 54 Mal zum Elfmeter an und wurden dabei mit unterschiedlichen Ausgangspositionen und Verhaltensweisen des Torhüters konfrontiert. Die Ergebnisse sind bemerkenswert.

Schon eine kleine vom Schützen nicht bewusst wahrnehmbare Verschiebung des Torwarts von etwa zehn Zentimetern nach links oder rechts bewirkt, dass Fußball-Anfänger in drei von vier Fällen (75 Prozent) in die vermeintlich offen angebotene Ecke zielen. Bei Spielern, die seit Jahren aktiv Fußball spielen, zeigt sich dieser Effekt sogar noch deutlicher; sie wählen in vier von fünf Fällen (80 Prozent) die angebotene Ecke. Offensichtlich ist bei diesen Probanden die Wahrnehmung von Lücken besser geschult. Verstärkt wird die Verlockung, auf die leicht geöffnete Seite zu schießen, wenn der Torwart zusätzlich mit der Hand in die entsprechende Ecke zeigt.

Schlussleute können den Schützen also durch ihr eigenes Verhalten so manipulieren, dass zumindest die Wahrscheinlichkeit eines gehaltenen Elfmeters steigt. Die Empfehlung an den Torwart könnte also lauten: „Stell dich ungefähr zehn Zen-

WAHRNEHMUNG UND TÄUSCHUNG

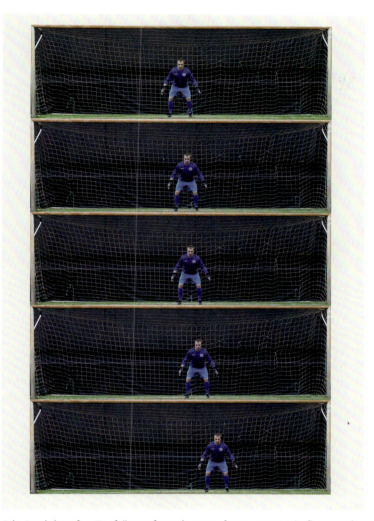

Die Position des Torhüters hat einen unbewussten Einfluss auf das Schussverhalten des Elfmeterschützen. Ganz oben steht der Torwart in der Mitte des Tores, danach ist er immer weiter leicht nach rechts verschoben. Im dritten Bild glauben die Schützen mehrheitlich, dass der Torwart in der Mitte steht, schießen aber den Ball nach links, wo tatsächlich auch mehr Platz ist.

timeter von der Mitte aus auf eine Seite des Tores, biete dem Schützen damit eine Ecke an, springe rechtzeitig ab, und du hältst fast jeden Schuss."

Dieser todsichere Trick ist aber nur eine von vielen aussichtsreichen Torhüterstrategien für die Elfmetersituation: So hat die Analyse von zahlreichen Elfmetern gezeigt, dass die Wahrscheinlichkeit eines Fehlschusses steigt, je länger ein Schütze auf die Ausführung des Schusses warten muss. Für den Torhüter heißt das, seine Chancen verbessern sich, wenn er es schafft, den Schuss hinauszuzögern, um den Schützen möglichst lange in seiner belasteten Stresssituation zu belassen.

Wenn es Torhütern außerdem gelingt, die Aufmerksamkeit des Schützen zu erregen, beispielsweise durch Gestikulieren, erhöht sich die Wahrscheinlichkeit, dass der Schütze den Ball in die Nähe des Körpers im Tor schießt. Menschen richten ihre motorischen Handlungen unbewusst auf sich bewegende Objekte aus. Hilfreich ist auch zu wissen, dass es ein wichtiges Schlüsselsignal gibt, an dem sich erkennen lässt, welche Torecke der Schütze anvisiert. Die Biomechanik des menschlichen

Klassiker: Dank des Zettels von Vorgänger Oliver Kahn hält Jens Lehmann bei der WM 2006 gegen Argentiniens Cambiasso.

Körpers führt dazu, dass die Fußspitze des Standbeines in dem meisten Fällen die Richtung anzeigt, in die der Schütze zielt.

Manchmal ist es einfach empfehlenswert, in der Mitte des Tores stehen zu bleiben. Grundsätzlich haben Torhüter immer das Bedürfnis zu agieren, also aktiv zu sein. Einfach stehen zu bleiben empfinden sie als passiv. Oft haben sie die Befürchtung, dass ein Verharren in der Tormitte bei den Zuschauern, den Journalisten oder auch unter den Trainern und den Mitspielern den Eindruck erzeugt, sie seien wenig engagiert und nicht „sportiv". Statistisch gesehen schießen aber immer mehr Spieler in die Mitte des Tores. Die Strategie, stehen zu bleiben, ist daher einfach eine dritte Option, die der Torwart ab und an beherzigen sollte, auch wenn es ihm psychisch schwerfällt.

Eine Auswertung von sehr vielen Elfmetern hat gezeigt, dass Rechtsfüßer aus ihrer eigenen Perspektive eher in die linke Torecke schießen und Linksfüßer umgekehrt ins rechte Toreck.

DER FUSSBALL – DIE WAHRHEIT

WAHRNEHMUNG UND TÄUSCHUNG

Der blinde Fleck

Es ist wahrlich kein rühmlicher Platz, den Youssef Mokhtari in der kollektiven Erinnerung der Anhänger des 1. FC Köln einnimmt. Nicht einmal ein ganzes Jahr stand der Deutsch-Marokkaner bei den Rheinländern unter Vertrag, und das hat viel mit jener denkwürdigen 71. Minute im Spiel gegen den FC Schalke 04 im Herbst 2005 zu tun. Die Kölner, die mal wieder akut vom Ausbruch einer Großkrise bedroht waren, führten 2:1, als Mokhtari alleine auf das Tor der Gelsenkirchener zustürmte. Matthias Scherz und Lukas Podolski waren mitgelaufen, ein simpler Querpass, und die Partie wäre mit an Sicherheit grenzender Wahrscheinlichkeit entschieden gewesen. Aber der Angreifer verzichtete auf das Abspiel, verfehlte das Tor und schuf eine Szene, die viele Beobachter rückblickend zum Schlüsselmoment der ganzen Saison erklärten.

Denn Schalke erzielte noch den Ausgleich, die Kölner verloren die übrigen Partien bis zur Winterpause, Trainer Uwe Rapolder wurde entlassen, Manager Andreas Rettig trat zurück, einige Monate später stieg der Klub mal wieder ab. Und am Ende waren sich fast alle Kölner einig, dass alles anders gekommen wäre, wenn Mokhtari quer gespielt hätte.

Rapolder war an jenem Nachmittag derart erbost, dass er seinen Spieler sofort vom Feld nahm und ihm nach der Partie auftrug, einen Aufsatz über Altruismus, Egoismus und soziale Kompetenz zu verfassen. Später erklärte Rapolder, er habe nur einen Scherz machen wollen, aber Mokhtari schrieb den Text. „Ich wollte alles richtig machen und bin der Depp geworden", fasste der Spieler sein Befinden zusammen und behauptete, er habe seine Mitspieler nicht gesehen. „Wäre es so gewesen, hätte ich natürlich abgespielt. Wer mich genau kennt, weiß, dass ich kein egoistischer Mensch bin." Aber das hat ihm natürlich niemand geglaubt.

Möglicherweise liegt die Ursache für Mokhtaris Versagen aber tatsächlich in einem Phänomen namens *Inattentional Blind-*

ness: Blindheit durch Unaufmerksamkeit. Nur wenn die Aufmerksamkeit auf einen bestimmten Bereich gerichtet ist, werden die Informationen, die im Blickfeld erhältlich sind, bewusst aufgenommen und verarbeitet. Und es scheint, als seien hierzu ganz bestimmte Aufmerksamkeitsprozesse erforderlich.

Experimente haben gezeigt, dass ein unerwartetes Objekt häufig einfach übersehen wird, wenn sich die Aufmerksamkeit einem anderen Objekt zuwendet. Im Falle Mokhtaris zum Beispiel dem Torhüter und der Torecke, die er treffen wollte. Es kommt sogar vor, dass ein unerwartetes Objekt selbst dann übersehen wird, wenn es sich mitten durchs Zentrum des visuellen Blickfeldes bewegt, das haben die beiden US-Psychologen Christopher Chabris und Daniel Simons in ihrem berühmten Gorilla-Experiment gezeigt: Sie ließen einen Mann im Gorillakostüm durch ein Basketballspiel laufen und präsentierten die auf Video aufgenommene Szene 200 Testpersonen. Die Probanden hatten die Aufgabe, die Pässe zu zählen. Und tatsächlich nahm mehr als die Hälfte der Versuchsteilnehmer den Gorilla gar nicht wahr. Obwohl er sich mitten durchs Feld bewegte.

Viele Betrachter waren offenbar so intensiv mit ihrer Aufgabe des Pässezählens beschäftigt, dass keine Aufmerksamkeitskapazitäten zur Wahrnehmung unerwarteter Dinge mehr verfügbar waren. Wer auf YouTube unter der Begriffskombination „Gorilla Experiment Basketball" sucht, findet ein kleines Video, das er einem Freund oder einem Kollegen vorspielen kann. Mit der Aufgabe, die Pässe des einen Teams zu zählen. Wahrscheinlich wird der Freund den Gorilla, der in der Mitte des Bildes auch noch stehen bleibt und mit den Fäusten auf die Brust trommelt, einfach übersehen.

Im Fußball führte die Entdeckung des Phänomens zur Erkenntnis, dass die Aufmerksamkeit durch bestimmte Hinweise von Trainern gezielt gesteuert werden kann. Experimente zum taktischen Entscheidungsverhalten zeigten, dass die Ausrichtung der Aufmerksamkeit durch einfachste Variation der Instruktionen gezielt beeinflusst werden kann und dies unmittelbare Auswirkungen auf die Qualität von taktischen Leistungen hat. Mit einem großen Aufmerksamkeitsfokus können unerwartete und möglicherweise bessere Lösungsvarianten wahrgenommen, genutzt und gelernt werden.

Es gibt übrigens auch andere reale Situationen, in denen diese Form der Blindheit durch Unaufmerksamkeit mit dramatischen Konsequenzen vorkommen kann. Wir übersehen beim Telefonieren im Auto Kinder, die die Straße überqueren wollen. Und vor Gericht sind zwei Zeugen nicht selten unterschiedlicher Auffassung darüber, welche Objekte sich an einem Unfallort befunden haben – obwohl beide anwesend waren und angaben, den Unfall genau beobachtet zu haben.

Schiedsrichter im Abseits

Fehlentscheidungen von Schiedsrichtern machen den Fußball „menschlich und damit emotional", hat der langjährige FIFA-Präsident Joseph Blatter in den frühen Jahren seiner Amtszeit gerne argumentiert, wenn die Fußballwelt wieder einmal über einen besonders folgenschweren Fauxpas eines Unparteiischen diskutierte. Immer wieder riefen Experten, Spieler, Trainer und Fans nach technischen Hilfsmitteln für die Schiedsrichter, Blatter jedoch meinte, die Einführung des Videobeweises, ja sogar der Einsatz von Torlinientechnologie würde dem Spiel sein „menschliches Antlitz entreißen".

In der Frage der Torlinientechnik hat der FIFA-Präsident seine Meinung geändert; Fehlentscheidungen in Abseitssituationen (die viel häufiger vorkommen und damit in ihrer Gesamtheit erheblich folgenschwerer sind) wird es aber noch eine Weile geben. Dabei existieren längst Unternehmen, die von sich behaupten, auch zuverlässige Abseitstechnologien entwickeln zu

WAHRNEHMUNG UND TÄUSCHUNG

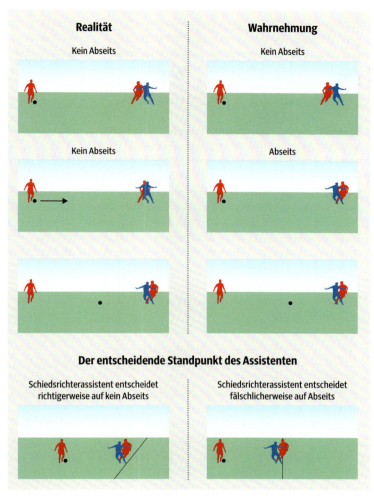

Oben: Die Assistenten tendieren dazu, sich bewegende Objekte (hier den Stürmer in Rot) nicht dort zu sehen, wo sie sich tatsächlich befinden (Realität), sondern ein Stück weiter vorne im Raum (Wahrnehmung). Unten: Je nachdem ob der Schiedsrichterassistent exakt auf der tatsächlichen Abseitslinie steht oder nicht, entscheidet er fälschlicherweise auf Abseits (oben) oder richtigerweise auf kein Abseits.

können. Mit solch einer Erfindung ließen sich zweifellos große Ungerechtigkeiten und eine Menge Ärger vermeiden. In den Partien großer Turniere wie etwa Welt- oder Europameisterschaften wird der Anteil der Abseitsirrtümer auf zehn bis 25 Prozent geschätzt, und das kann bei genauerer Betrachtung eigentlich niemanden verwundern.

Um eine Abseitsposition korrekt zu erkennen, müssen die Schiedsrichterassistenten an den Seitenlinien nämlich zahlreiche sich bewegende Objekte gleichzeitig im Blick haben. Objekte, die sich zudem relativ zueinander bewegen. Der Assistent mit der Fahne versucht den ballführenden Spieler, den Ball selbst, die Verteidiger und den (oder manchmal sogar mehrere) Adressaten für den Pass im Blick zu haben. Studien zeigen, dass das Auge jeweils 130 bis 160 Millisekunden benötigt, um zwischen zwei Objekten hin und her zu wechseln, ein sprintender Spieler kann in dieser Zeit mehr als einen Meter zurücklegen.

Hinzu kommt, dass eine Spielfeldhälfte eine große Fläche umfasst, so dass der Assistent viele Aktionen nur peripher wahrnehmen kann. Wenn ein langer Pass gespielt wird, wird es ihm in knappen Situationen immer schwerfallen, klar zu erkennen, ob sich ein Angreifer im Moment der Ballabgabe im Abseits befindet oder nicht. Grundsätzlich gibt es zu den Ursachen von Fehlern bei Abseitsentscheidungen derzeit zwei gängige Theorien.

Die eine Erklärung führt bestimmte Fehler beim Erkennen der Abseitsstellung auf den Umstand zurück, dass die Menschen generell dazu neigen, ein sich bewegendes Objekt nicht dort zu sehen, wo es sich tatsächlich befindet, sondern ein Stück weiter vorne im Raum, das zeigen psychologische Versuche (vgl. Abb. Seite 143 oben). Im Internet lässt sich dieser Effekt eindrucksvoll auf der Seite http://www.youtube.com/watch?v=DUBM-GG0gAk erleben.

Und nach der zweiten Theorie entstehen falsche Abseitsentscheidungen dadurch, dass der Linienrichter nicht exakt auf der Abseitslinie steht. In diesem Fall verzerrt sich seine Per-

WAHRNEHMUNG UND TÄUSCHUNG

spektive, denn seine „wahrgenommene Abseitslinie" entspricht nicht der tatsächlichen (vgl. Abb. Seite 143 unten).

Bislang ist nicht eindeutig erklärt, auf welche dieser beiden Erklärungen falsche Abseitsentscheidungen tatsächlich zurückzuführen sind, wahrscheinlich spielen beide eine Rolle. Klar ist allerdings, dass Schiedsrichterassistenten, die besonders gut darin sind, weit voneinander entfernte Reize (den Passgeber, den letzten Spieler in der Abwehr und den Akteur, der möglicherweise im Abseits steht) peripher wahrnehmen zu können, einen Vorteil bei ihrer Suche nach der richtigen Entscheidung haben. Das hohe Tempo, die großen Räume des Platzes und die Komplexität des Spiels machen jedoch korrekte Entscheidungen in manchen Situationen geradezu unmöglich, und vielleicht führt diese Erkenntnis irgendwann tatsächlich zur Einführung einer Abseitstechnologie. Denn ganz bestimmt wird in Zukunft nicht jeder FIFA-Präsident die Befürchtung haben, dass eine korrekte Umsetzung der Regeln den Fußball unmenschlicher macht.

Der große Nachteil

Wie in den vorangegangenen Kapiteln deutlich wurde, gibt es viele erstaunliche Faktoren, die einen Schiedsrichter in seinen Entscheidungen beeinflussen: das Publikum, der Verlauf eines Spiels, eingeschränkte Wahrnehmungsfähigkeiten und einiges mehr. Das vielleicht überraschendste Ergebnis hat jedoch ein Experiment hervorgebracht, in dessen Rahmen Schiedsrichtern Szenen vorgespielt wurden, in denen jeweils Fußballer in Zweikämpfen aufeinandertrafen, die sich in ihrer Körpergröße unterschieden und die am Ende des Duells auf dem Boden lagen.

Die Versuchspersonen wurden aufgefordert, wie im realen Spiel unmittelbar zu urteilen, wie es zum Sturz der Athleten kam:

WAHRNEHMUNG UND TÄUSCHUNG

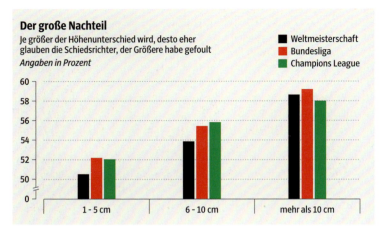

Die Balken zeigen die durchschnittliche Anzahl von Foulentscheidungen gegen den größeren Spieler in den untersuchten Zweikämpfen. Der Zufallswert liegt bei 50 Prozent, doch selbst geringe Unterschiede in der Körpergröße führen zu einer Häufung der Freistoßentscheidungen zugunsten kleinerer Spieler.

Foul? Schwalbe? Oder Zufall? Dabei zeigte sich, dass der jeweils größere Spieler mit einer deutlich höheren Wahrscheinlichkeit zum Foul-Verursacher erklärt wurde, während kleinere Spieler eher für Foul-Opfer gehalten werden. Das lässt vermuten, die Körpergröße werde unbewusst als Hinweis darauf gewertet, wer bei einem Zweikampf unfaire Mittel zur Anwendung bringt. Und eine weitere Studie, in deren Rahmen die beeindruckende Anzahl von 123 844 Fouls aus Fußballspielen der Ersten Bundesliga, der Champions League und von Fußball-Weltmeisterschaften ausgewertet wurden, stärkt diese These.

Die Auswertung dieser immensen Datenmenge ergab ebenfalls, dass die Schiedsrichter den größeren Spieler eher für den Foul-Verursacher halten, während die kleineren Fußballer mit einer höheren Wahrscheinlichkeit den Freistoß zugesprochen bekamen. Allerdings muss diesem Ergebnis erklärend hinzugefügt werden, dass der Größenunterschied zwischen dem Foul-Verursacher und dem Foul-Opfer im Mittel relativ klein war,

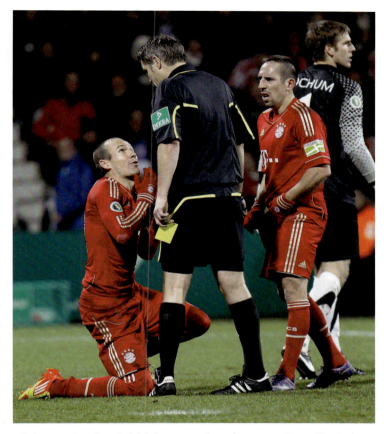

Klein zu sein oder sich klein zu machen, kann von Vorteil sein ...

durchschnittlich betrug die Differenz nur rund einen Zentimeter. Diese Differenz ist für einen Schiedsrichter im Spiel kaum wahrnehmbar. Daher wurden die Größen der Spieler nochmals separat betrachtet, und es zeigte sich, dass mit wachsenden Differenzen auch die Wahrscheinlichkeit steigt, dass die Aktion des größeren Spielers wegen Foulspiels abgepfiffen wird. Wenn der Unterschied zwischen den Athleten mehr als zehn Zentimeter beträgt, liegt die Wahrscheinlichkeit, dass der kleinere Spieler den Freistoß bekommt, bei immerhin fast 60 Prozent.

Der Schönste und vielleicht auch der Reichste von allen: Cristiano Ronaldo.

Schönheit und Reichtum

Von der Tatsache, dass auch kleine Underdogs sich an der Hoffnung erfreuen dürfen, hochfavorisierte Großklubs zu schlagen, geht ewiger Zauber aus. Viele Manager glauben an das Credo „Geld schießt Tore", aber das Schöne ist, dass ständig irgendein Team auftaucht, um das zu widerlegen. Trotz allem hat Reichtum in der Fußballwelt selbstverständlich eine gigantische Kraft. Und besonders reich sind im heutigen Fußball jene Klubs, die von Sponsoren oder superreichen Privatpersonen alimentiert werden. Von Chancen und Risiken solcher Kooperationen spricht auf den nächsten Seiten Ernst Tanner, der lange Zeit Geschäftsführer bei 1899 Hoffenheim war, bevor er zu Red Bull Salzburg wechselte.

Viele Anhänger finden solche Klubs mit Zugang zu speziellen Geldquellen allerdings nicht besonders sympathisch. Gekaufte Siege sind meist viel weniger schön als Erfolge, die auf einer besonderen Idee oder einer selbst geformten Kunstfertigkeit basieren. Schönheit im Fußball hat meist mit ganz außergewöhnlichen Fähigkeiten zu tun, mit Erfindungsreichtum und Improvisationskunst, wie sie beispielsweise der Straßenfußballer Neymar auf den abschüssigen Fahrbahnen seines Geburtsortes Praia Grande entwickelte.

Das Empfinden von Schönheit ist, wie in der Kunst, überaus subjektiv. Für manche Leute ist eine sauber ausgeführte Grätsche ein ästhetischer Hochgenuss, andere lassen sich eher von einem langen präzisen Pass begeistern oder von einem brillanten Kopfball. Aber warum finden Europäer andere Tore und Aktionen schöner als Araber? Und wieso schöpfen besonders schöne Fußballer ihre Potenziale offenbar nicht so konsequent aus wie weniger gut aussehende Spieler?

SCHÖNHEIT UND REICHTUM

Vom Straßenfußball
zur Kreativität

Neben dem Moment eines erfolgreichen Torschusses oder der behaglichen Aufregung, die eine Großchance erzeugt, gibt es unter Fußballzuschauern auch ein paar Variationen der Verzückung, die erst in zweiter Linie mit dem Phänomen Torgefahr zu tun haben. Eine Mixtur aus Willenskraft, Energie und Technik, die zum Gewinn eines Zweikampfes führt, kann ein Fußballstadion ebenso begeistern wie der Geistesblitz eines Spielers, der eine Aktion mit dem Ball in ein kleines Kunstwerk verwandelt.

In Afrika geht das mitunter so weit, dass das Publikum vollkommen sinnfreie Dribblings durch die eigene Hälfte überschwänglicher bejubelt als einen Pfostenschuss. Künstlerische Momente, über die Mitspieler, Trainer, Experten und Fans gleichermaßen staunen, tragen nun einmal viel zur Faszination bei, die das Spiel ausübt.

In den 1970er Jahren hat dieser Effekt Deutschlands Schöngeister in die Stadien gelockt. Die Ära, in der Günter Netzer und Franz Beckenbauer ihre fabelhaften Pässe schlugen und als Hollands Nationalmannschaft um Johan Cruyff ihren „totalen Fußball" spielte, trug dazu bei, dass dieser Sport seinen proletarischen Beigeschmack loswurde. Die spannende Frage, woher die Hochbegabten ihre allseits bewunderten Fähigkeiten haben, konnte aber bis heute niemand letztgültig beantworten.

Lange kursierte die Theorie vom Straßenfußballer, dessen Lernumfeld die Entwicklung kreativer Potenziale besonders begünstige. Unterschiedliche Studien belegen nun tatsächlich, dass das unangeleitete und möglichst freie Experimentieren in spielnahen und unstrukturierten Situationen die Kreativität in der Kindheit fördert (vgl. Seite 213ff.). Mittlerweile sind in den meisten Jugendabteilungen der Klubs stur vorgegebene Passfolgen und abgesprochene Laufwege ein Auslaufmodell unter den Übungsformen.

Bei erwachsenen Fußballspielern kann die Produktion origineller Entscheidungen vor allem von so genannten Hoffnungsinstruktionen angeregt werden. Dazu können im Training motivierende Formulierungen eingesetzt werden, die die Generierung von ungewöhnlichen Lösungen erhöhen. Also: „Versuche heute mal, viele überraschende Pässe zu spielen." und nicht: „Du musst heute mal viele überraschende Pässe spielen."

Solche einfachen Ansätze reichen vielen Trainern im hochgerüsteten Profifußball aber längst nicht mehr aus, um das kostbare Gut der Kreativität zu fördern. So wurde bei Borussia Dortmund ein Trainingsgerät namens Footbonaut installiert, ein geschlossener Kasten, in dem acht Ballmaschinen einen Trainierenden anspielen. Der Übende muss den Ball verarbeiten und in ein aufleuchtendes Feld weiterpassen. Das soll grundlegende Fertigkeiten wie Handlungsschnelligkeit und Wahrnehmungsfähigkeit optimieren und damit die Kreativität fördern. Der Nutzen einer solchen Maschine ist aber ebenso wenig wissenschaftlich erforscht wie die Idee, Fußballsimulationen auf Spielkonsolen könnten die Kreativität steigern.

Einer gegen alle: Künstler, Tänzer und Genie Lionel Messi.

Der erste Fußballer, dessen Schönheit zum Marketing-Instrument wurde: David Beckham.

Dieser Gedanke ist allerdings ziemlich spannend, denn Konsolenfußball gehört zu den Lieblingsbeschäftigungen junger Fußballer, die viel reisen und zahllose Abende in Hotelzimmern vor dem Bildschirm verbringen. Der renommierte Fußballautor Christoph Biermann berichtet in seinem spannenden Buch Die *Fußball-Matrix* vom Versuch, Lionel Messi mit dieser These zu konfrontieren. In einem persönlichen Gespräch verriet der über viele Jahre beste Fußballer der Welt, dass er nicht nur regelmäßig Fußball an der Konsole spiele, sondern auch seine eigene virtuelle Nachbildung in seiner eigenen Mannschaft, dem FC Barcelona. „Man sieht gewisse Dinge und versucht sie auf dem Platz nachzumachen", erzählte Messi über diese Art des Freizeitvergnügens, „aber manches davon ist unmöglich." An der Konsole ist Messi also noch besser als in der Wirklichkeit.

Die Idee, dass am Joystick das Gefühl für den Raum gefördert und die Erfindung neuer Tricks inspiriert werden könnte, ist zwar nicht belegt, aber es gibt durchaus wissenschaftliche Hinweise auf die Korrektheit dieser Theorie. Experimente haben gezeigt, dass Menschen, die regelmäßig Action-Computerspiele spielen, den überraschend erscheinenden Gorilla im gefilmten Basketballspiel (vgl. Seite 141) mit einer um den Faktor 16 erhöhten Wahrscheinlichkeit entdecken. Das Daddeln an der Konsole scheint demnach die Fähigkeit zu fördern, unerwartete Objekte zu erfassen. Und dies wiederum erhöht, wie wir wissen, die Wahrscheinlichkeit, unerwartete Lösungen auf dem Fußballplatz zu generieren.

Spielen attraktive Spieler schlechter?

Markus Daun gehört nicht zum Kreis jener unvergessenen Fußballspieler, die einen prominenten Platz in der Historie der Bundesliga für sich beanspruchen können. Der Mittelfeldspieler, der in seiner rund zehn Jahre währenden Erstligakarriere 88 Partien für Leverkusen, Bremen, Nürnberg, Duisburg und Aachen absolvierte, hat keine bleibenden Eindrücke hinterlassen, nur ein einziges Mal produzierte er dicke Schlagzeilen.

Ein Team von Wissenschaftlern um den Soziologieprofessor Ulrich Rosar hatte sich vorgenommen, mögliche Zusammenhänge zwischen der Leistung auf dem Rasen und dem Aussehen der Spieler zu ergründen. Und Daun wurde in einer Online-Umfrage, deren Teilnehmer Gesichtsporträts bewerten sollten, unter 483 Profis der Saison 2007/08 zum attraktivsten Spieler der Liga gewählt.

Das auf diesem Wege entstandene Schönheitsranking wurde dann mit den von der Impire AG erhobenen Leistungsdaten und Spielbeobachtungsergebnissen verglichen, und Rosar kam so zu seiner erstaunlichen These: „Hässliche Fußballer kicken besser als attraktive", titelten zahlreiche Publikationen nach der Veröffentlichung der Ergebnisse. Die Erklärung der Autoren: Weniger gut aussehende Spieler müssten mehr arbeiten und sich mehr anstrengen als attraktive Fußballer, denen es einfacher gemacht würde, in die Mannschaft zu kommen. Einige Spieler stünden eher nicht im Team, ginge es ausschließlich nach der Leistung.

Dieser Befund passt zu den zahllosen Studien, die zeigen, dass attraktivere Menschen für intelligenter gehalten werden, dass sie im Berufsleben und im Büro Vorteile haben, dass ihnen größere Kompetenzen zugeschrieben werden und dass sie grundsätzlich erfolgreicher sind. Es fällt nicht schwer, das nachzuvollziehen. Für den Fußball, wo die Wahrheit doch auf dem Platz liegt, hieße dann die Erfolgsempfehlung an die Trainer: Jeder frisch frisierte Schönling bleibt heute auf der Bank, während alle Frank Ribérys in die Startelf gehören (was auf je-

Von links nach rechts ins Glück: Deutschlands erstes Tor bei der WM 2006 gegen Costa Rica.

den Fall eine gute Empfehlung ist). Der Virtuose aus Frankreich landete in dem Schönheitswettbewerb tatsächlich weit hinten. Bleibt nur die Frage, wer Cristiano Ronaldo, dem unzweifelhaft Allerschönsten, sagt, dass sein Platz auf der Bank ist ...

Tore mit Handschrift

Es gibt diesen wunderbaren Dialog im Film *Looking for Eric*, als sich Steve Evets in der Rolle des Postboten Eric Bishop gemeinsam mit dem unvergessenen Fußballkünstler Eric Cantona auf die Suche nach dessen „wunderbarstem Moment von allen" begibt. „Es muss ein Tor gewesen sein", ruft Bishop und zählt einige der prächtigsten Cantona-Treffer auf, aber der Franzose schüttelt immer nur den Kopf. An seine vielen Tore kann er sich kaum erinnern, behauptet er. Irgendwann sagt die Legende von Manchester United: „Es war ein Pass." Ein Pass auf Denis Irwin, in einem Spiel gegen Tottenham Hotspur, „ein Geschenk, eine Opfergabe an den großen Gott des Fußballs", meint Cantona, der sich in diesem fabelhaften Film selbst spielt, als eine Art herbeiphantasierter Psychotherapeut für den labilen Bishop, der sein Leben nicht im Griff hat.

„Ich habe in jedem Spiel versucht, dem Publikum ein Geschenk zu machen", sagt Cantona, gelungene Pässe als Akt der Kommunikation, als Beitrag zu einem gemeinsamen Werk bedeuteten ihm immer mehr als Tore. Bishop staunt. Denn natürlich kann auch die Vorbereitung einen Treffer mit einer besonderen Grazie versehen, aber für die meisten Fans bleiben kunstvolle Torabschlüsse die eindrucksvollsten Momente von Schönheit. Es gibt herrlich anzusehende Fernschüsse, die im Winkel landen, virtuose Dribblings, die zu einem Treffer veredelt werden und zahllose andere Umstände, Entstehungsgeschichten oder Flugbahnen, die Toren eine exquisite Ästhetik verleihen. Und jeder kann hier mitreden, denn wie immer, wenn über Kunst diskutiert wird, ist die Sache höchst subjektiv. Welche Momente des Fußballs sind wirklich schön? Eine ziemlich überraschende Studie zeigt, dass offenbar der kulturelle Hintergrund des Betrachters eine entscheidende Rolle für das ästhetische Empfinden spielt.

So wurde zum Beispiel das 1:0 von Philipp Lahm im Eröffnungsspiel der Weltmeisterschaft 2006, das Deutschland schließlich mit 4:2 gegen Costa Rica gewann, mit großem Vorsprung zum schönsten Tor des Monats gewählt, was natürlich auch daran lag, dass es sich um einen sehr wichtigen Treffer handelte, der dem fiebernden Gastgeberland einen

Prägend für das ästhetische Empfinden: Lesen von rechts nach links.

ersten Freudentaumel verschaffte. Ein italienisches Forscherteam würde jedoch behaupten, dass dieser brillante Schuss von der linken Strafraumkante in den oberen rechten Winkel die deutschen Zuschauer weniger begeistert hätte, wenn die Flugbahn von der rechten Seite in den linken Winkel verlaufen wäre.

Die Wissenschaftler haben italienischen Probanden nämlich Fußballszenen mit sehenswerten Toren vorgespielt. Bei einigen Treffern verlief die Flugbahn des Balles von links nach rechts, bei anderen von rechts nach links. Nun sollten die Versuchspersonen angeben, wie attraktiv und schön sie diese Tore fanden. Es zeigte sich, dass Schüsse von der linken Seite, die die Torlinie nahe des rechten Pfostens passierten, als deutlich schöner empfunden wurden, und die Wissenschaftler lieferten eine erstaunliche Erklärung für diesen Befund.

Aufgrund des Verlaufes der fast überall in Europa verbreiteten lateinischen Schrift werden Bewegungen, die von links nach rechts verlaufen (beispielsweise auch im Kino, wenn Flugzeuge starten), in diesem Kulturkreis als harmonischer und flüssiger empfunden. Dieser Ablauf ist quasi ins Gehirn eingebrannt und prägt die Wahrnehmung auch in Situationen, die eigentlich gar nichts mit der Schrift zu tun haben. Das klingt zunächst nach einer ziemlich gewagten Erklärung, die sich aber recht einfach verifizieren ließ.

Wenn diese Annahme stimmt, müssten Menschen, die eine von rechts nach links verlaufende Schrift benutzen, die Anmut der Tore anders empfinden, und genauso war es in der Untersuchung. Die Forscher legten das gleiche Material Personen aus dem arabischen Kulturkreis vor, und diese fanden Tore mit Flugbahnen von rechts nach links wesentlich schöner. Der Einfluss der Kultur, in der wir leben, ist also auch schon bei so scheinbar einfachen Dingen wie die Beurteilung der Schönheit eines Tores nicht zu leugnen.

Um diesen Links-Rechts-Effekt zu untermauern, hat die gleiche Forschergruppe italienischen und arabischen Probanden dann auch noch Boxszenen vorgelegt. Nun sollte bewertet werden, wann ein Schlag als gewalttätiger wahrgenommen wird. Und tatsächlich: Italiener fanden Schläge von rechts nach links viel gewalttätiger und aggressiver als Schläge von links nach rechts, während die arabischen Personen genau umgekehrt urteilten. Bewegungen in der gewohnten Leserichtung werden demnach grundsätzlich als harmonischer und weniger aggressiv empfunden.

Und diese erstaunliche Theorie wird von den Ergebnissen einer amerikanischen Studie von Neurowissenschaftlern gestützt. Hier sollten Fußballschiedsrichter (die aus Kulturkreisen mit lateinischer Schrift stammten) TV-Bilder mit Tacklings bewerten: Foul oder kein Foul? Einer Gruppe wurden die Bilder in der originalen Bewegungsrichtung gezeigt, anderen Testpersonen spiegelverkehrt, also in umgekehrter Bewegungsrichtung. Und tatsächlich wurde bei Tacklings von links nach rechts seltener auf Foul entschieden als bei Aktionen mit einem Bewegungsverlauf entgegen der gewohnten Leserichtung. Interessant wäre jetzt nur noch zu erfahren, wie Japaner oder Chinesen urteilen, deren Schrift ja bekanntlich von oben nach unten verläuft.

Schießt Geld die Tore?

Eine der meistzitierten Phrasen aus dem stattlichen Fundus der Fußballweisheiten steht für ein großes Missverständnis. „Geld schießt keine Tore," hat Otto Rehhagel zu seiner Zeit als Trainer von Werder Bremen gesagt, und spätestens als ihm 1998 das Kunststück gelang, mit dem gerade erst aus der zweiten Liga aufgestiegenen 1. FC Kaiserslautern Deutscher Meister zu werden, bedeutete der Satz plötzlich: „Man kann auch mit einer Mannschaft ohne superteure Weltstars Großes erreichen und den FC Bayern hinter sich lassen." In München wurde Rehhagels Sentenz immer als Provokation verstanden, und nachdem der hochbezahlte Weltstar Arjen Robben in seinem ersten Spiel für den Rekordmeister gleich doppelt getroffen hatte, sagte Karl-Heinz Rummenigge, der Vorstandsvorsitzende der Münchner, trotzig: „Geld schießt doch Tore!"

Dabei war der Hintergrund von Rehhagels Wortkreation ein ganz anderer. Er wollte seine Vorgesetzten in Bremen damals davon abhalten, größere Geldbeträge auf dem Sparbuch zu horten, die Rücklagen sollten für Spieler ausgegeben werden. Eigentlich meinte er: „Geld auf dem Konto schießt keine Tore." Aber die Fehlinterpretation ist natürlich viel schöner, weil sie eine der Kernfragen des modernen Fußballmanagements aufwirft: Lassen sich Erfolge erkaufen, wenn man nur genug Geld investiert?

Bis zu einem gewissen Punkt durchaus, lautet die Antwort. Das zeigen Analysen zu den Zusammenhängen zwischen den Etats und den Tabellenplätzen. Dass ein Klub mit vielen Spielern, die

SCHÖNHEIT UND REICHTUM

Erfolg und Geld: Franz Beckenbauer und Dietmar Hopp.

einen hohen Marktwert besitzen, meist besser abschneidet als Vereine, die über geringere Mittel verfügen, lässt sich statistisch zeigen. Beispielsweise wird beim Blick auf die Bundesliga-Abschlusstabelle der Saison 2011/12 deutlich, dass sich unter den ersten fünf Plätzen des Tableaus nur ein Klub befand, der in diesem Sinne unerwartet in die Phalanx der Marktwertführer einbrach. Das war Borussia Mönchengladbach als Vierter mit einer vom Fachportal *transfermarkt.de* berechneten Marktwertsumme von 67 Millionen Euro. In der Marktwerttabelle lag die Borussia damit nur auf dem elften Rang.

Für Borussia Dortmund, den Deutschen Meister, wurde ein Marktwert von 158 Millionen Euro berechnet, Bayern als Zweiter hatte einen Marktwert von 333 Millionen, Schalke als Dritter brachte es auf 130 und Leverkusen als Fünfter auf 138 Millionen Euro. Die geringste Summe wies der FC Augsburg mit 29 Millionen auf, wobei es den Schwaben dennoch gelang, die Klasse zu halten. Es ist also durchaus möglich, mit bescheideneren (und vielleicht dann auch kreativeren) Mitteln verhältnismäßig erfolgreich zu sein. Das Gegenbeispiel war der 1. FC Köln, der mit 69 Millionen Euro auf Rang zehn der Marktwertliste stand, am Ende jedoch abstieg.

Marktwert und Endplatzierung in der Saison 2011/12

	Marktwert in Millionen Euro	Platzierung
Borussia Dortmund	158	1
FC Bayern München	333	2
FC Schalke 04	130	3
Borussia Mönchengladb.	67	4
Bayer 04 Leverkusen	138	5
VfB Stuttgart	94	6
Hannover 96	65	7
VfL Wolfsburg	110	8
Werder Bremen	113	9
1.FC Nürnberg	41	10
TSG Hoffenheim	90	11
SC Freiburg	55	12
1. FSV Mainz 05	50	13
FC Augsburg	29	14
Hamburger SV	100	15
Hertha BSC	46	16
1.FC Köln	67	17
1.FC Kaiserslautern	46	18

Auch Mannschaften mit geringerem Marktwert wie Hannover oder Gladbach können weiter vorne landen.

Es scheint, als komme es darauf an, Investitionen planvoll in Mehrjahres-Plänen einzusetzen, um nachhaltigen Erfolg auf einer gesunden wirtschaftlichen Basis zu erzielen. Bayern München ist natürlich das Paradebeispiel dafür, wie das funktioniert. Am Beispiel des Rekordmeisters wurde in der Saison 2011/12 aber auch deutlich, dass der mit Abstand größte Marktwert des Kaders keineswegs automatisch zum Meistertitel führt. Die Münchner landeten hinter dem BVB, dessen Kader nicht einmal halb so viel wert war.

Der exakte Tabellenplatz lässt sich also keineswegs vorhersagen, die Tabellenregion in der Regel allerdings schon. Wobei die oberen Tabellenbereiche anhand des Marktwertes noch ein Stück besser voraussagbar sind als die hinteren Ränge. Doch wie erklären sich die Unschärfen in der Voraussage? Welche

Geheimnisse stecken hinter Überraschungen wie der Meisterschaft des 1. FC Kaiserslautern 1998 oder auch dem fünften Tabellenplatz des SC Freiburg in der Saison 2012/13?

Zum einen könnte der Zufall eine Rolle spielen, der auch an vielen Toren beteiligt ist (vgl. Seite 94), und Zufälle lassen sich nun einmal schlecht voraussagen. Außerdem sind die Marktwertunterschiede zwischen den kleineren Klubs der zweiten Tabellenhälfte längst nicht so groß wie oben im Tableau. Die Kleinen sind sich in dieser Hinsicht ähnlicher als die Teams der oberen Tabellenhälfte. Daher ist es wesentlich komplizierter, vor dem Hintergrund des Marktwertes im unteren Bereich Voraussagen zu machen.

Wenn ein Klub mit einem 333-Millionen-Euro-Marktwert, sagen wir, seinen Wert um 30 weitere Millionen steigert, ergeben sich völlig andere Effekte als in einem Szenario, in dem ein kleiner Verein wie der FC Augsburg plötzlich mit einem Team antritt, dessen Marktwert sich um 30 Millionen erhöht, was einer Verdoppelung gleichkäme. Bayern München könnte allenfalls mit homöopathischen Auswirkungen auf die Punktausbeute rechnen, für den FC Augsburg (wenn er sich dies denn leisten könnte) wäre eine erheblich bessere Saison zu erwarten. Der schon mehrfach erwähnte Physikprofessor Andreas Heuer hat dies mit einer Faustregel ungefähr so formuliert: Eine Verdopplung des Marktwertes führt in einer Saison zu etwa zehn zusätzlichen Zählern, die Marktführer müssen also unglaublich viel mehr investieren, um ähnliche Punktegewinne zu erzielen, als diejenigen, die vergleichweise günstige Teams unterhalten.

Es kommt also darauf an, die eigenen Potenziale durch kluge, dem Marktwert angemessene Investitionen und Maßnahmen wie eine ambitionierte Nachwuchsförderung, eine intelligente Auswahl von Trainern und Spielern und die Zusammenarbeit mit Wissenschaftlern möglichst optimal auszureizen. Geld ist wichtig, aber nicht alles, es muss umsichtig investiert werden. Das gelingt nicht allen – das macht den Unterschied.

SCHÖNHEIT UND REICHTUM

„Die Vision des Klubs muss mit der des Sponsors deckungsgleich sein"

Immer die Finanzen im Blick: Ernst Tanner (Mitte).

Ernst Tanner ist ein Experte für die sensiblen Strukturen in Vereinen, die von besonders mächtigen Geldgebern profitieren, kontrolliert werden und oft auch abhängig sind. Während der Saison 2009/10 leitete der studierte Sportwissenschaftler das Nachwuchszentrum der von Software-Milliardär Dietmar Hopp alimentierten TSG Hoffenheim, bevor er zwei Jahre lang als Geschäftsführer fungierte. Im Sommer 2012 wechselte er zu Red Bull Salzburg, wo er als Leiter der Nachwuchsabteilung arbeitet. Wie in Hoffenheim gibt es hier mit dem Unternehmer Dietrich Mateschitz ebenfalls einen einflussreichen Großsponsor.

Herr Tanner, wie sieht aus Ihrer Sicht ein ideales Verhältnis zwischen einem Bundesligaverein und seinem Geldgeber aus?
Ernst Tanner: Salopp gesagt, tritt das ein, wenn der Klub mit dem Geld des Sponsors erfolgreich operiert. Aber das ist nur die halbe Wahrheit, weil Erfolg etwas sehr Vergängliches ist. Im Prinzip muss die Vision des Klubs mit der des Sponsors deckungsgleich sein. Dann kann für beide Seiten etwas sehr Fruchtbares entstehen.

Es gibt Vereine, in denen die Distanz zwischen besonders wichtigen Geldgebern und der sportlichen Leitung kleiner ist als anderswo. Wo liegen die Gefahren in solchen Konstellationen?
Trotz der bereits erwähnten Übereinstimmung der Interessen sollten sportliche Entscheidungen nicht von Sponsoren beeinflusst werden. Zudem sollte die Außendarstellung des Klubs in

sportlichen Belangen allein den dafür zuständigen Personen überlassen werden. Im Binnenverhältnis muss dafür die Kommunikation zum Sponsor besonders gepflegt werden.

Besteht im Alltag die Gefahr, mit den Regularien in Konflikt zu geraten, die Eingriffe von Sponsoren verbieten? Oder lässt sich das in der Praxis immer umgehen?
Das passiert quasi immer dann, wenn der Geldgeber in sportlichen Fragestellungen in der Öffentlichkeit auftritt. In der Praxis gibt es aber zahlreiche Umgehungsmöglichkeiten.

Ist es mittelfristig ein relevanter Faktor, dass Vereine, die einem bestimmten Sponsor besonders nahestehen, überregional oft ziemlich unbeliebt sind?
Das Problem liegt im plötzlichen Wettbewerbsvorteil, den diese Klubs haben. Das weckt Neid und Begehrlichkeiten. Es hat sich aber in der Vergangenheit gezeigt, dass dies mittelfristig keine allzu große Rolle mehr spielt, wie man an den Beispielen Leverkusen oder Wolfsburg sieht.

Wobei es immer wieder Kritik gibt, wenn sich in Hoffenheim oder Wolfsburg Geldgeber einmischen, die dem übergeordneten Konzern angehören und keine Angestellten der Fußballabteilung sind.
Das Problem ist, dass die meisten Profiabteilungen in Kapitalgesellschaften ausgegliedert sind und als solche geführt werden könnten, was für die nichtsportlichen Bereiche auch zutrifft. Allerdings ist der Treiber jedes Profiklubs die sportliche Abteilung, und da wird definitiv eine andere Kompetenz gebraucht. Daher ist es meist ein Nachteil, wenn sportliche Entscheidungen von nichtkompetenter Seite beeinflusst werden.

Findet hier ein Lernprozess statt? Wenn man nach Wolfsburg oder Salzburg schaut, könnte dieser Eindruck entstehen.
Zumindest im Hinblick auf die Einstellung sportlich ausgewiesen kompetenter Leiter scheint dies so. Allerdings wird man das erst später endgültig beurteilen können. Dafür war die Fluktuation der Führungskräfte im sportlichen Bereich bei beiden Klubs in der Vergangenheit einfach zu hoch.

Personifizierte Enttäuschung nach einem verschossenen Elfmeter: Simon Rolfes.

Druck und Versagen

Ein Resultat gibt es immer nach dem Abpfiff von Fußballspielen, aber das war es dann oft schon mit den Gewissheiten. Häufig werfen die 90 oder 120 Minuten weitere Fragen auf, von denen einige auf den folgenden Seiten beantwortet werden sollen. Wie konnte Deutschland an jenem Herbstabend 2012 gegen Schweden erst eine Stunde lang die allerhöchste Fußballkunst zelebrieren, um dann in der Schlussphase einen 4:0-Vorsprung zu verspielen? Litten die Deutschen seinerzeit unter einem Phänomen namens *Social Loafing*, Soziales Faulenzen? Welcher Wahnsinn trieb Zinedine Zidane zu seinem fatalen Kopfstoß gegen Marco Materazzi im WM-Finale von 2006? Und warum scheitern die Engländer immer im Elfmeterschießen? Die Psychologie liefert zwar keine letztgültigen Antworten, aber sie kann mit Hinweisen dienen, wie diese unvergessenen Momente zustande kamen.

Je bedeutsamer ein Fußballspiel ist und je mehr Druck sich aufbaut, desto schwerer ist es für viele Spieler, die eigenen Potenziale wirklich zu entfalten. Dass Fußballspiele im Kopf entschieden werden, trifft ganz besonders dann zu, wenn es um die großen Titel geht, dann, wenn ein einziger Fehlschuss historische Dimensionen haben kann. Das zeigt nicht zuletzt die detaillierte Analyse des Elfmeterschießens aus dem Champions-League-Finale von 2012, die der Sportpsychologe Geir Jordet vorgenommen hat.

Wobei beim „Finale Dahoam" zwischen dem FC Bayern und dem FC Chelsea in München auch der Spielort eine Rolle gespielt haben könnte. Je wichtiger ein Spiel, desto eher kann der vermeintliche Heimvorteil zu einem ernsten Problem werden, wie auf den folgenden Seiten ebenfalls deutlich wird.

Elfmeterschießen
ist kein Lotteriespiel

Jupp Heynckes wird wahrscheinlich auf ewig zum Kreis der größten deutschen Fußball-Lehrer zählen, der Trainer hat zahllose Titel gewonnen, darunter die beiden legendären Champions-League-Erfolge mit Real Madrid 1998 und dem FC Bayern 2013. Aber Heynckes trägt auch einen Teil der Verantwortung für eine traumatische Niederlage: das verlorene Elfmeterschießen der Münchner gegen den FC Chelsea im Champions-League-Finale 2012.

Die *Süddeutsche Zeitung* bezeichnete den dramatischen Showdown damals als „Attacke auf den Markenkern dieses Vereins" und analysierte weiter: „Das Elfmeterschießen hat, obwohl es immer auch ein Glücksspiel ist, vieles in Frage gestellt, was diesem Verein heilig ist: das so genannte Mia-san-mia, den Führungsspieler, das geheimnisvolle Bayern-Gen, selbst den Bayern-Dusel – es hat das über Jahrzehnte funktionierende Weltbild der Bosse erschüttert." Die Münchner haben an diesem Maiabend – zumindest vorübergehend – ihren weltweit gefürchteten Glauben an die eigene mentale Überlegenheit eingebüßt.

Rückblickend erscheint es da geradezu fahrlässig, dass Heynckes Elfmeterschießen als „Lotteriespiel" betrachtet und die Ansicht vertritt, dass sich diese hohe Kunst, die einstmals zu den Kernkompetenzen deutscher Spitzenteams zählte, nicht trainieren lasse. Den enormen Druck in Kombination mit der Erschöpfung nach 120 auf höchstem Niveau absolvierten Spielminuten und all den erlebten Wendepunkten, Erfolgsmomenten und Rückschlägen solch einer Partie könne man nicht im Training simulieren, glaubt Heynckes.

Aber das ist auch gar nicht notwendig, um die Spieler auf Extremsituationen vorzubereiten. Denn während eines Elfmeterschießens geschehen zahllose bedeutsame Dinge, die

Wer nicht übt, wird kein Meister: Schweinsteiger verschießt den entscheidenden Elfmeter im Champions-League-Finale 2012.

hervorragend geübt werden können. Aus sportpsychologischer Sicht lassen sich über mentales Training kognitive Routinen entwickeln, die helfen, den psychischen Druck zu verringern. Der Elfmeterschütze kann üben, seine Aufmerksamkeit auf bestimmte Knotenpunkte des Elfmeterschießens zu lenken, beispielsweise auf eine gewisse Anzahl von Schritten beim Anlauf oder das Aufsetzen des Standbeines vor dem Schuss.

Darüber hinaus gibt es strategische Faktoren, die ein Fußballspieler beachten kann. Eine dominante Körpersprache während der Vorbereitung auf den Strafstoß assoziiert im Unterbewusstsein des Torhüters das Bild eines positiv-dominanten Gegners, der seinen Elfmeter verwandeln wird. Forschungsergebnisse belegen einen klaren Zusammenhang zwischen den im Gehirn gespeicherten Personenschemata und der Reaktion auf Körpersprache. Bereits geringste Signale der Dominanz oder der Unterwürfigkeit aktivieren gespeicherte Vorstellungen. Damit verbunden sind die dazugehörige Einschätzung sowie die eigene Reaktion. Auf eine als dominant wahrgenommene Person reagiert das Gegenüber unterwürfig und umgekehrt.

Außerdem gibt es fußballspezifische Techniken, die sich nach einem gut strukturierten Training auch in Extremsituationen abrufen lassen. So gilt es als empfehlenswert, dass die Spieler vor dem Schuss entscheiden, wo genau sie hinschießen werden und dass sie bei diesem Entschluss bleiben. Bestenfalls wird der Blick in der ersten Phase des Anlaufs auf das Ziel gerichtet, beispielsweise links unten neben den Pfosten und im weiteren Verlauf auf den Ball. Wenn es möglich ist, sollte der Schütze zudem vermeiden, dass sein Standbein in die anvisierte Ecke zeigt.

Das alles sind zwar nur Kleinigkeiten angesichts der niemals nachstellbaren Drucksituation eines großen Finales, aber Kleinigkeiten sind bekanntlich entscheidend, wenn ein Spiel auf Messers Schneide steht.

Die Angst des Engländers beim Elfmeter

„Oh nein, nicht schon wieder – wir sind verflucht", schrieb die Tageszeitung *Daily Mirror,* nachdem die Engländer bei der Europameisterschaft 2012 mal wieder im Elfmeterschießen aus dem Turnier ausgeschieden waren, diesmal gegen Italien. Und der *Independent* ergänzte voller Fatalismus: „Aus zwölf Yards zu versagen, ist in den letzten Jahren zu einem Synonym für England geworden. So wie schwarze Taxen, die Monarchie und die Selbstironie."

Zwischen 1990 und 2012 musste die englische Nationalelf bei großen Turnieren insgesamt sechsmal zu einem Elfmeterschießen antreten, fünfmal waren die Turniere danach für das Team beendet. Keine Nation verlor häufiger, wenn es nach 120 Minuten unentschieden stand, das zeigt sich natürlich auch im Kleingedruckten des historischen Zahlenwerkes.

Tatsächlich treffen englische Spieler bei Welt- und Europameisterschaften nur etwa zu 68 Prozent, diese Quote liegt sieben Prozent unter dem Durchschnitt. Lediglich die Niederlande sind noch erfolgloser (67 Prozent). Und betrachtet man nur solche Schüsse, bei denen der Torwart in die richtige Richtung gesprungen ist, jene Versuche also, bei denen sich besonders deutlich zeigt, ob der Schuss gut oder schlecht ausgeführt war, dann liegen englische Spieler auf dem letzten Platz.

Über die Gründe für das Versagen am Kreidepunkt ist häufig und viel diskutiert wurden, und eine umfassende Erklärung gibt es natürlich nicht. Allerdings hat die Wissenschaft ein paar ziemlich interessante Ansätze geliefert, die zu den Ursachen führen könnten. Erstaunlicherweise scheint es einen Zusammenhang zwischen dem Team-Status und dem Versagen im Elfmeterschießen zu geben. Mit Team-Status ist gemeint, welches Standing die Spieler zum Zeitpunkt des Elfmeterschießens in der Welt hatten. Überraschenderweise nahmen sich gerade die namhaftesten Spieler weniger Zeit bei der Vorbereitung des Elfmeters, und sie waren weni-

Erfolgsquoten der Nationen bei abschließenden Elfmeterschießen.

DRUCK UND VERSAGEN

Zeit, die die verschiedenen Nationen von der Freigabe des Elfmeters benötigen, bis der Schütze den Ball berührt.

ger erfolgreich als Spieler aus Mannschaften mit einem geringeren Team-Status. Insbesondere die Stars aus England (aber auch Spanien), die bei den großen Turnieren immer besonders im Fokus stehen, scheiterten auffällig oft vom Punkt aus. Die Forschung legt die Vermutung nahe, dass das mit den schlechteren Selbstregulierungsstrategien dieser Spieler zusammenhängen könnte.

Mit diesem Begriff wird die Fähigkeit, sich zu kontrollieren und besonders bewusst zu agieren, beschrieben. Experimente zeigen, dass Spieler dem Torhüter keinesfalls den Rücken zudrehen sollten, nachdem sie den Ball auf dem Punkt platziert haben. Schützen, die sich rückwärts mit Blick auf den Torwart zu ihrer Startposition bewegen, haben deutlich größere Erfolgschancen. Dieses Verhalten vermittelt eine gewisse Stärke, der Schütze bleibt in der stressigen Situation, weicht nicht aus und wird sich durchsetzen. Der Torhüter glaubt zudem, dass der Spieler stark und selbstbewusst ist und wahrscheinlich treffen wird. Englische Fußballer wenden dem Torwart am häufigsten den Rücken zu und zeigen hier bereits eine gewisse Schwäche.

Zudem sollten sich die Spieler Zeit nehmen und nicht gleich beim Pfiff des Schiedsrichters loslaufen. Erfolgversprechender ist es, noch etwas zu warten, durchzuatmen, sich zu fokussieren und dann erst anzulaufen. Englische Spieler nehmen sich von allen Nationen am wenigsten Zeit zwischen dem Pfiff des Schiedsrichters und dem Treffen des Balles. Die Gründe für dieses Verhalten liegen allerdings im Dunkeln, wobei natürlich noch rätselhafter ist, warum dem Team noch niemand diese Grundlagen des Elfmeterschießens beigebracht hat.

Das Rätsel Zinedine Zidane

Es gibt wohl keinen großen Fußballspieler dieser Welt, der seine Karriere mit einer ähnlich dramatischen Pointe beendet hat wie Zinedine Zidane. Der Franzose, der um die Jahrtausendwende der wahrscheinlich beste Spieler der Welt war, der fast jeden großen Titel gewonnen hat, absolvierte seine letzte Partie, standesgemäß handelte es sich um das Finale der Weltmeisterschaft von 2006. Zidane hatte ein großartiges Turnier gespielt, mit einem Sieg seiner Franzosen gegen Italien hätte er seine atemberaubende Karriere krönen können, wahrscheinlich hätte es einige hundert Jahre gedauert, bis einem wirklich großen Fußballer wieder ein solch perfekter Abschied gelungen wäre. Doch dann rammte Zidane in der Verlängerung seinen Kopf gegen die Brust des Italieners Marco Materazzi. Er sah die rote Karte, Frankreich verlor, und das Karriereende des Mittelfeldspielers war zwar unglaublich spektakulär, aber auch ziemlich traurig. Die Fußballwelt rang um Fassung angesichts dieser unglaublichen Wendung, und dann begann sie mit ihrer Suche nach Erklärungen für die selbstzerstörerische Tat.

Besonders gefragt waren da natürlich Psychologen, die mit einer recht einflussreichen Theorie zum Phänomen Selbstkontrolle dienen konnten. Dieser Begriff beschreibt die Fähigkeit, automatisierte Handlungstendenzen, Emotionen oder Auf-

Auf dem Weg in die Unsterblichkeit? Zinedine Zidanes letzte Tat als Profifußballer.

merksamkeitsprozesse zu unterbinden und stattdessen alternative Handlungsprozesse einzuleiten. Leider ist dazu ein gewisser Energieaufwand erforderlich, zum Beispiel wenn Leute ihren Hungerimpuls beim Anblick eines leckeren Buffets kontrollieren wollen, weil sie sich vorgenommen haben abzunehmen. Oder wenn Läufer eigentlich vorhatten, joggen zu gehen, es auf der Couch aber einfach gemütlicher finden. Im Fußball lässt sich immer wieder beobachten, dass Spieler von irgendeiner belastenden Begebenheit verfolgt werden, zum Beispiel von der Wut über die schmerzhafte Attacke eines Gegners. Der Begriff Revanchefoul beschreibt eine Form der verlorenen Selbstkontrolle.

Zidane ist in jener 110. Minute von Materazzi beleidigt worden, und aus irgendwelchen Gründen konnte er seine Emotionen in diesem Augenblick nicht mehr kontrollieren. Oft werden die Mechanismen der Selbstkontrolle mit der Funktionsweise eines Muskels verglichen. Wenn der Muskel zu lange und intensiv belastet wurde, dann hat er keine Kraft mehr. Die Selbstkontrollhandlungen von Menschen basieren auf einer begrenzten Selbstkontroll-Ressource, quasi ein Kraftspeichers, der den Treibstoff liefert. Die Kapazität dieses Kraftspeichers kann allerdings vorübergehend erschöpft sein.

Und Menschen mit erschöpfter Selbstkontrolle (ausgelöst zum Beispiel durch Angst, Müdigkeit oder eine große angestaute Wut) können sich weniger gut konzentrieren, sie sind schlechter in der Lage, ihre Emotionen zu kontrollieren, reagieren aggressiver auf Provokationen, sind weniger ausdauernd bei unangenehmen Aufgaben und lassen sich schneller frustrieren. Personen mit einem größeren Selbstkontrollspeicher sind dagegen weniger stressanfällig, haben weniger körperliche und psychische Beschwerden, sind stärker sozial integriert, gewissenhafter und erbringen bessere akademische und sportliche Leistungen. Außerdem reagieren sie weniger impulsiv und weniger aggressiv. Zum Teil ist die Fähigkeit zur Gelassenheit von der Persönlichkeit abhängig. Allerdings deutet manches darauf hin, dass Selbstkontrolle durch bestimmte Trainingsformen oder eine gezielte Regeneration des erschöpften Speichers etwa durch Entspannungsübungen oder Musik verbessert werden kann.

Zidane hat häufiger einmal die Nerven verloren, insgesamt sah er während seiner Karriere zwölf rote Karten. Möglicherweise musste er in der Extremsituation des WM-Finales, das auch noch sein letztes Spiel als Profi sein sollte, ganz grundsätzlich eine enormes Maß an Selbstkontrolle aufbringen. Dies gelang bis zur 110. Minute, dann waren seine Ressourcen erschöpft, und es kamen mehrere Faktoren zusammen: Er war physisch müde, psychisch möglicherweise enttäuscht, da er wenige Minuten zuvor eine große Chance vergeben hatte, hatte Angst, bei seinem Abschied nicht Weltmeister zu werden. Dann kam die Beleidigung Materazzis, die zur inneren Explosion führte. Das ist zumindest eine Theorie, wobei es auch ganz andere Erklärungsansätze für den Kopfstoß gibt.

Flucht vor der Unsterblichkeit

An jenem Abend befand sich der belgische Romancier und Regisseur Jean-Philippe Toussaint im Berliner Olympiastadion und betrachtete das Finale, die berühmteste Szene der Partie bekam er jedoch erst am nächsten Tag in einer Aufzeichnung zu sehen. Die meisten Zuschauer vor Ort verfolgten ja den Ball, der sich ganz woanders befand, als Zidane seine unfassbare Tat beging. Dafür hat Toussaint einige Impressionen gesammelt, von denen die Millionen vor den Bildschirmen nichts sahen.

Zum Beispiel will er beobachtet haben, dass der französische Kapitän während der Verlängerung immer wieder „ungewollt seine Absicht, das Spielfeld zu verlassen und in die Kabine zurückzukehren", signalisiert habe. Als klarstes Indiz für diesen Fluchtreflex nennt Toussaint Zidanes Kapitänsbinde, „die er immer wieder ungeschickt zurechtrückt", was sich sicher auch völlig anders interpretieren lässt. Dass ein derart erfahrener Spieler nicht in der Lage ist, ein Problem mit der Binde zu lösen, erstaunt allerdings schon. Und in ihrer Gesamtheit liefert die Theorie in Toussaints kleinem Büchlein mit dem Titel *Zidanes Melancholie* eine Menge geistreicher Überlegungen zu dem spektakulären Kopfstoß gegen Marco Materazzi.

Zwar hat Toussaint in verschiedenen Interviews nach dem Erscheinen seines Textes betont, dass es sich um ein literarisches Essay handle, das keinerlei wissenschaftliche Ansprüche erhebe, aber seine psychoanalytische Argumentation ist nicht ohne Charme. Nach einer vergebenen Kopfballchance kurz vor der finalen Grenzübertretung seien Zidane „endgültig die Augen über die Abwendbarkeit seiner Ohnmacht" geöffnet worden, schreibt Toussaint. „Jetzt auf einmal widersetzt sich ihm die Form – für einen Künstler unerträglich. Man kennt die intimen Bande, die die Kunst mit der Melancholie verknüpfen. Und unfähig, sich mit einem weiteren Tor zu verewigen, verewigte er sich in unserer Erinnerung."

Und an anderer Stelle liefert der belgische Autor ein weiteres mögliches Motiv für die Wahnsinnstat. Zidane habe sich mit seinem Akt der Zerstörung einem Happy End verweigert und damit verhindert, eine Art übermenschlicher Mythos zu werden: „Bei ihm gab es immer diese Unmöglichkeit, seine Karriere zu beenden, es vor allem in Schönheit zu tun, denn in Schönheit aufzuhören bedeutet mehr, als nur aufzuhören, es bedeutet, selbst zur Legende zu werden: Den Weltmeister-Pokal zu schwenken bedeutet nicht mehr und nicht weniger, als den eigenen Tod zu akzeptieren, aber den eigenen Abgang zu vermasseln, lässt alle Perspektiven offen, die Zukunft im Dunkeln und dadurch lebendig." Natürlich kann niemand (wahrscheinlich nicht einmal Zidane selbst) wissen, wie sehr Toussaint sich mit seinen Überlegungen der Wahrheit nähert. Aber der Belgier liefert ein beeindruckendes Gemälde davon, wie komplex, verworren und selbstzerstörerisch psychische Vorgänge sein können, aus denen am Ende folgenreiche Taten werden.

Wenn die Nerven versagen

Nur noch eine letzte Runde mit 18 Löchern fehlte Greg Norman 1996, um das Masters in Augusta (USA), das wichtigste Golfturnier der Welt, zu gewinnen. Er lag am Beginn des Tages sehr komfortable sechs Schläge vor Nick Faldo, seinem Kontrahenten, ein Abstand, der für einen der besten Golfprofis seiner Zeit normalerweise locker reichen sollte, um das Turnier zu gewinnen. Sportjournalisten sprachen später von einem der schlimmsten Tage des Versagens, die ein Spitzensportler je erlebt habe. Greg Norman büßte nicht nur seinen deutlichen Vorsprung ein, sondern verlor das Turnier am Ende mit einem Abstand von fünf Schlägen auf Faldo, nachdem er in Situationen versagt hatte, die für einen Könner eigentlich geradezu grotesk einfach waren. Norman konnte sein normales Leistungsvermögen nicht einmal im Ansatz abrufen. Jener Tag bildet einen ähnlich dunklen Fleck in Normans Sportlerlaufbahn wie die Ereignisse des 9. August 1986 für Frank Mill.

Damals schrieb der Stürmer von Borussia Dortmund Sportgeschichte, als ihm während der Partie beim FC Bayern ein legendärer Pfostenschuss unterlief. Mill hatte Münchens Torhüter Jean-Marie Pfaff umspielt, lief auf das leere Tor zu, zögerte einen Moment, und als Pfaff dann angestürmt kam, wurde der Dortmunder so hektisch, dass er nur den Pfosten traf. Die

Szene verfolgt ihn bis heute, sie ist berühmter als jedes seiner 123 Bundesligatore.

Auf den ersten Blick erscheinen solche sensationellen Fehltritte rätselhaft, offenbar ist es weder Mill noch Norman gelungen, unter den Umständen dieser speziellen Momente eine eigentlich sehr einfache Aufgabe zu lösen. Norman versagte im Angesicht des größten Triumphes seiner Karriere, und um Mills Fauxpas zu verstehen, ist es hilfreich zu wissen, dass er sein erstes Spiel für den neuen Verein Borussia Dortmund absolvierte. Außerdem stand der Fußballer im Mittelpunkt des Interesses, weil es sich um eine Partie beim FC Bayern handelte, die sich immer irgendwie im Fokus des öffentlichen Interesses befindet. Es gab in der Bundesligageschichte noch spektakulärere vergebene Großchancen, man denke nur an Jakub Blaszczykowski, der 2010 in Freiburg, anders als Mill, zentral vor dem leeren Tor stand, der nicht von einem zurücksprintenden Torhüter verfolgt wurde und trotzdem drüberschoss. Aber das war eben kein Bayern-Spiel, und die Szene war insofern irrelevant, weil der BVB ohnehin gewann.

Welche Mechanismen hinter dieser Art des Versagens stecken, bleibt jedoch auch in diesem Fall eine interessante Frage. Nicht nur für die Sportler selbst und ihre Fans, sondern auch für Psychologen wie Roy Baumeister, der nach den Ursachen suboptimaler Leistungen forschte und den Begriff *Choking under Pressure* – Versagen unter Druck – prägte.

Im Sport existieren zahllose Faktoren, die Druck auf Athleten ausüben können, beispielsweise der Wettbewerb selbst, die Wichtigkeit einer zu erbringenden Leistung, ein Finale, ein Spiel, das über Abstieg oder Klassenerhalt entscheidet, die Anwesenheit von Zuschauern, die Höhe der Belohnung, die Erwartung einer kritischen medialen Berichterstattung und vieles mehr. Aber was geht im Kopf und im Körper eines Spielers wie Frank Mill vor, wenn er versagt? „Ich war zu schnell für den Ball," hat er einmal erklärt, aber die tieferen Ursachen für die mangelhafte Koordination sind nur schwer zu ergrün-

Berühmtheit unter den vergebenen Großchancen: Frank Mill scheitert am leeren Tor.

den. Wobei es wissenschaftliche Daten gibt, mit denen sich das Phänomen allgemeiner beschreiben lässt.

Der Versagensprozess zeichnet sich dadurch aus, dass es auf der einen Seite zu direkten körperlichen Veränderungen kommt, etwa zu einem erhöhten Herzschlag und zu erhöhter Muskelspannung. Und dass sich auf der psychischen Seite gravierende Aufmerksamkeitsveränderungen ergeben können, zum Beispiel, dass der Sportler sich eher ablenken lässt, aber auch, dass er zu stark auf sich achtet und darüber nachdenkt, wie die eigene Bewegung ausgeführt werden soll. Selbst ein erfahrener Fußballer kann dann nicht mehr korrekt wahrnehmen, ob sich vielleicht eine Unebenheit im Feld befindet oder wie schnell der Torhüter herbeieilt. Im Fall von Mill fällt außerdem auf, dass er vergleichsweise viel Zeit hatte, was möglicherweise dazu führte, dass er sich Gedanken machte, wie genau er den Ball ins Tor schieben wollte und damit seine Aufmerksamkeit auf Abläufe legte, die idealerweise automatisiert sein sollten.

Denn die Erfolgschancen wachsen, wenn gute Fußballer nicht darüber nachdenken, wie der Ball nun am besten getroffen werden soll. Der Blick sollte auf den Torwart und auf das Tor gerichtet sein, während die Bewegung automatisiert ausgeführt wird. Dies gilt allerdings nur für Experten, die die entsprechenden Abläufe sehr gut beherrschen. Alle erfahrenen Autofahrer kennen das: Bremsen, Kuppeln ... alles automatisiert, wenn man aber beim rückwärts Einparken beginnt, über diese Abläufe nachzudenken, gerät man schnell durcheinander.

Nun lässt sich einwenden, dass es in der Bundesliga doch jede Menge Druck gibt, weshalb gerade der FC Bayern dieser Theorie zufolge permanent versagen müsste. Schließlich ist dieser Klub dazu verdammt, alles zu gewinnen. Aber offenbar gehen einige Sportler und Mannschaften besser mit dem Druck um als andere. Der Golfer Norman zum Beispiel hat immer wieder in entscheidenden Momenten großer Turniere versagt, während andere Sportler über einen ausgeprägten Killerinstinkt verfügen und in den wichtigen Momenten besonders effizient agieren. Möglicherweise weil sie an den permanenten Druck gewöhnt sind und Routinen zum Umgang mit dieser Situation entwickelt haben.

Erstere können sich immerhin damit trösten, dass sich die Bewältigung solcher Stresssituationen schulen lässt, wobei es zunächst einmal darum geht zu erkennen, in welchen Formen der Druck in einem Wettkampf auftauchen kann. Außerdem sollten die eigenen Leistungserwartungen mit den öffentlichen Vorstellungen in Einklang gebracht werden, denn Spieler, die zweifeln, während die Öffentlichkeit mit einer Weltklasseleistung rechnet, bieten einen hervorragenden Nährboden für *Choking*. Gut ist, wenn Spieler im entscheidenden Wettkampf nicht mit unbekannten Situationen konfrontiert werden, was sich vermeiden lässt, indem bestimmte Stresssituationen im Training oder in Vorbereitungsspielen geübt werden. Dabei helfen automatisierte Rituale, die zuvor entwickelt wurden, um etwa bei Standardsituationen körperliche Erscheinungen wie den eigenen Herzschlag unter Kontrolle zu halten. Festgelegte, vertraute Handlungen helfen dabei, nicht über die Folgen des Tuns nachzudenken und automatisierte Bewegungsabläufe abzurufen.

Ein wunderbares Beispiel für einen konstruktiven Umgang mit solch einer Situation lieferte das deutsche Team bei der WM 2006. Dort lastete ein unglaublicher Druck auf der jungen Mannschaft und ihrem unerfahrenen, aber kreativen und innovativen Trainer Jürgen Klinsmann. Auch dank der Hilfe des Sportpsychologen Hans-Dieter Hermann ist es damals gelungen, die Mannschaft psychologisch auf das Turnier und den Druck vorzubereiten, woraufhin die Spieler den Druck in zusätzliche Energie umwandeln konnten.

Mit welchen Maßnahmen der Sportpsychologe das Team seinerzeit auf die spezielle Situation vorbereitet hat, mag er nicht verraten, aber wenn er sich an 2006 erinnert, liegt sofort ein Unterton der Begeisterung in seiner Stimme. „Natürlich bestand eine unserer Aufgaben darin, die besondere Position des Gastgebers zu nutzen", erzählt Hermann, „und wir haben auch abgeklärt, ob man da Druck rausnehmen muss. Aber da waren ein Kader, eine Spielergeneration, die genau zu diesem Moment passten. Die wollten dieses Erlebnis genau so haben, die haben es aufgesogen, die haben es genossen." Auch das gibt es also, zumal Nationalspieler daran gewöhnt sind, dass permanent besondere Leistungen von ihnen erwartet werden. „Und es ist ja nicht so, dass sich Druck unendlich steigern lässt", sagt Hermann.

Soziales Faulenzen

Es hat eine ganze Weile gedauert, bis Joachim Löw einigermaßen verstanden hatte, was sich da beim 4:4 der deutschen Nationalmannschaft gegen Schweden im Herbst 2012 ereignet hat. Die Partie, in der Deutschland bereits mit 4:0 führte, ist wahrscheinlich das rätselhafteste Drama der jüngeren deutschen Fußballgeschichte gewesen. „Ich finde im Moment auch keine Erklärung dafür", lautete der Kernsatz der Analyse des staunenden Bundestrainers im obligatorischen Fernsehinterview nach dem Schlusspfiff. Der Mann war genauso ratlos wie alle anderen, die gesehen hatten, wie das deutsche Team sich innerhalb weniger Minuten von einem atemberaubend aufspielenden Weltklasse-Kollektiv in eine wirre Verlierertruppe verwandelt hatte.

Einige Wochen später wusste Löw allerdings schon mehr. Die Mannschaft habe „eine halbe Stunde lang auf Weltklasse-Niveau agiert – und dann sehe ich in der Videoanalyse Spieler bei uns, die sich eine halbe Minute lang gar nicht mehr bewegen", hat der Bundestrainer nach einem Prozess der ausgiebigen Reflektion in einem Interview mit der *Frankfurter Rundschau* moniert. „Die defensiven Spieler haben sich gar nicht mehr angeboten", meinte Löw – ein typischer Fall von *Social Loafing*, von sozialem Faulenzen.

Grundsätzlich ist dieses Phänomen immer dort zu beobachten, wo Teamleistungen erbracht werden, bei denen der Beitrag des Einzelnen nicht transparent gemacht wird oder werden kann. Es gibt dazu ganz erstaunliche Studien: Wenn man einem Menschen die Aufgabe stellt, so fest wie möglich an einem Seil zu ziehen, dann kann man seine Leistung messen. Wenn nun zwei Menschen an einem Seil ziehen, dann lässt sich beobachten, dass jeder nur noch 93 Prozent der Kraft eines einzelnen Tauziehers einsetzt, bei einer Gruppengröße von drei nur noch 85 Prozent und bei acht Menschen nur noch jeweils 49 Prozent. Es scheint also so zu sein, dass Mannschaftssportler grundsätzlich dazu neigen, sich mehr oder weniger unbewusst auszuruhen, wenn sie wissen, dass andere helfen.

Sogar bei der Vorbereitung auf eine Aufgabe lässt sich dieses soziale Faulenzen beobachten, nämlich dann, wenn Menschen davon ausgehen können, dass es sich um eine Gruppenaufgabe handelt. Wenn sie glauben (allein dieser Gedanke reicht aus), dass sie gleich alleine gefordert werden und ihre Leistung genau zu beobachten ist, dann bereiten sie sich intensiver vor. Und wenn einige Gruppenmitglieder den Verdacht hegen, dass andere Mitspieler sozial faulenzen, neigen sie erst recht dazu, selbst weniger tun – ein fataler Teufelskreis.

Normalerweise ist so ein soziales Faulenzen im Fußball jedoch kaum wahrzunehmen, weder für die Gruppenmitglieder noch für die Fans. Wenn dies anders wäre, dann könnten sich die Spieler diese Art der Leistungsunterschlagung nicht erlauben, da sie sofort auffallen würde. Selbst im Extremfall des Schweden-Länderspiels wusste Löw erst nach ausgiebigem Videostudium Bescheid. Offenbar glaubten die Spieler damals einfach, dass sie nicht mehr verlieren können, sie fühlten sich nach 30 Minuten Zauberfußball und einer 4:0-Führung unglaublich stark, und dann hat sich unbewusst ein ungewöhnlich massives *Social Loafing* eingestellt. Jeder Spieler ist einige Schritte weniger gelaufen, und der Zufall hat dann sicher auch seinen Teil zum Spektakel beigetragen.

Eine Möglichkeit, das soziale Faulenzen abzuschwächen, bieten im Hochleistungsfußball die modernen Analyseverfahren, über die das individuelle Verhalten, etwa die Laufstrecken, die Laufintensitäten und die Anzahl der Sprints gemessen wird (vgl. Seite 42ff.). Die Tatsache, dass die Spieler ganz genau wissen, wie ihre persönliche Leistung erfasst wird, und dass ein

4:4 nach 4:0 – Deutschlands rätselhafte Metamorphose im Spiel gegen Schweden.

Untertauchen in der Gruppe damit kaum noch möglich ist, wirkt motivierend. Jenseits der strategischen Erkenntnisse, die die Trainerstäbe aus den Spieldaten generieren, dürfte also allein das Wissen über die Datenerhebung die Gefahr des sozialen Faulenzens mindern. Im oben erwähnten Schweden-Spiel half aber auch dieses Wissen nichts mehr. Nach einer Stunde Weltklasse-Fußball dachten vermutlich viele Spieler, es werde ohnehin keinen Anlass zu Kritik geben, da könne man sich auch erlauben, etwas weniger zu laufen.

Müde Körper, müde Köpfe

Im Spätsommer des Jahres 2010 meldete sich Philipp Lahm zu Wort und klagte in einem großen Zeitungsinterview sein Leid. Der Kapitän der Fußball-Nationalmannschaft war eigentlich gesund, die neue Saison hatte gerade erst begonnen, erholt fühlte er sich aber nicht. „Es tut einem nichts weh oder so", erzählte er, „man ist eigentlich wieder topmotiviert, aber irgendwie fehlt einem der Antrieb." Lahm hatte zwar drei Wochen Sommererholung hinter sich, aber die lange Vorsaison mit einem verlorenen Champions-League-Finale (0:2 gegen Inter Mailand) und der WM in Südafrika war noch längst nicht aufgearbeitet: „Am Ende hat man so viel hinter sich, was unheimlich anstrengend war, und plötzlich geht es wieder von vorne los. Wieder Leistung bringen, von der ersten bis zur neunzigsten Minute, ein Jahr lang. Das steht in so einem Moment wie ein Berg."

Lahm und sein FC Bayern hatten im Anschluss ein schweres Jahr, nach elf Spieltagen waren sie in der Bundesliga lediglich Neunter. Am Ende reichte es gerade noch für die Champions-League-Qualifikation. Die Spielzeiten nach großen Turnieren seien eben besonders hart für einen Klub wie die Bayern mit seinen vielen Nationalspielern, lautete die gängige Erklärung für die Probleme. Und die meisten Experten denken bei diesen Worten zuallererst an die körperliche Müdigkeit, die das Ergebnis der Dauerbelastung sein kann. Lahms Aussagen deuten hingegen an, dass die mentale Erschöpfung mindestens ebenso groß ist. Denn auch die Psyche braucht Regenerationszeiten, Erlebnisse müssen verarbeitet werden, es muss eine Freude auf neue Herausforderungen entstehen, doch dieser Prozess bleibt bei der Planung von Regenerationszeiten meist unberücksichtigt.

Das liegt auch daran, dass das psychische Befinden von Menschen nur schwer planbar ist. Manchmal kann eine mentale Überlastung schnell wieder verschwinden, selbst in Perioden kurz aufeinander folgender Wettkämpfe. In manchen Phasen regeneriert der Kopf sogar besser als der Körper. Dauert der Zustand der Überlastung allerdings länger an, folgt häufig ein deutlicher Leistungsabfall, was als Non-Funktionale Überlastungsreaktion bezeichnet wird. Und wenn in dieser Zeit keine Gegenmaßnahmen ergriffen werden, ist die Gefahr groß, dass die dritte Stufe der Erschöpfung erreicht wird: die so genannte Übertrainingsreaktion (die, wie oben beschrieben, auch durch viele kurz aufeinander folgende Wettkämpfe ausgelöst werden kann). Hier ergeben sich zum Teil massive Folgen bis hin zu depressiven Symptomatiken.

In einer sehr detaillierten Studie über einen längeren Zeitraum mit 94 Nachwuchsfußballern aus der ersten holländischen Nachwuchsliga, unter ihnen Mitglieder der Jugendauswahl-Mannschaften, wurde gezeigt, dass bereits zwei Monate vor der Diagnose einer Überlastungsreaktion, die sich in erheblichen Leistungsminderungen niederschlägt, reduzierte Werte mentaler Erholung auftraten, als Folge einer fehlenden Balance zwischen Erholung und Stressereignis.

In der Studie waren bei 7,4 Prozent der Teilnehmer die klassischen Symptome einer länger andauernden Überlastungsreaktion erkennbar, also ein starker Leistungsabfall, ein erhöhtes Stresserleben und eine höhere Herzschlagrate. Wenn keine Gegenmaßnahmen gegen diese Art der Erschöpfung ergriffen werden, ist eine Rückkehr zu alter Leistungsfähigkeit

Am Ende ...

stark gefährdet. Wie massiv die Leistungen der Spieler teilweise betroffen sind, zeigt eine belgische Studie, die die Erschöpfung von Fußballern im Erwachsenenbereich untersuchte. Hier kamen die Wissenschaftler zu dem Ergebnis, dass 30 bis 50 Prozent der Profis während einer Saison unter einer Überlastungsreaktion litten.

Und das kann auch daran liegen, dass sich die Dosierung der Erholungsphasen bislang fast ausschließlich an den Kenntnissen über die physischen Abläufe im Körper orientiert. Die Erholung, die der Kopf benötigt, wird nur selten berücksichtigt. Und der Wettkampfkalender mit Bundesliga, Europapokal, Nationalmannschaft und DFB-Pokal lässt ohnehin kaum Gestaltungsspielraum. Die besten Spieler müssen in der Regel über einen längeren Zeitraum alle drei Tage einen Wettkampf auf höchstem Niveau und in vollster Konzentration absolvieren, was für den längerfristigen Erhalt der Leistungsfähigkeit zu viel ist. Zahlreiche sportmedizinische Studien zeigen sogar, dass bereits ein wichtiges, hoch belastendes Wettkampfspiel zu sehr kurzfristigen körperlichen Folgen (Dehydrierung, Glykogenhaushalt) und zu einer deutlichen mentalen Erschöpfung führen kann.

Der gängige Lösungsansatz für das Problem ist ein breiter Kader, der es möglich macht, allen Spielern ausreichend lange Erholungszeiten zu gewähren. Das können sich aber nur die ganz großen Klubs leisten, deren Trainer auch noch den Mut haben müssen, in Phasen, in denen dringend Siege benötigt werden, wichtige Spieler zu schonen. Das ist eine hohe Kunst. Philipp Lahm musste in der eingangs erwähnten Saison übrigens alle Bundesliga- und Champions-League-Partien für die Bayern absolvieren. Es war eine der schwächsten Spielzeiten in der Karriere des Außenverteidigers.

Das eigene Team zur Niederlage klatschen

Jeder Fußballfan kennt diese erhebenden Momente, in denen sich eine magische Verbindung zwischen dem Publikum und der eigenen Mannschaft ergibt. Wenn die Kurve nach einem gelungenen Spielzug oder ein paar gewonnenen Zweikämpfen zu einer mächtigen Instanz wird, die Heimmannschaft beflügelt, den Gegner einschüchtert und damit zu einer Phase der fußballerischen Dominanz beiträgt. Solche Erlebnisse prägen sich ein, und oft überdecken die Erinnerungen an diese süßen Augenblicke den Alltag im Stadion. Denn natürlich erleben die Fußballzuschauer auch zahllose Heimniederlagen, für die sie sich selbstverständlich niemals mitverantwortlich fühlen.

Das wahrscheinlich denkwürdigste Beispiel für so eine Heimniederlage vor vielen Zuschauern ist das Finale der Fußball-Weltmeisterschaft 1950 in Rio de Janeiro zwischen Brasilien und Uruguay, das im berühmten Maracana-Stadion stattfand. Natürlich war die Partie mit 197 000 Besuchern ausverkauft, nie fand ein Fußballspiel vor einer größeren Kulisse statt, und die Leute im Maracana waren gewiss nicht leise. Doch Uruguay gewann 2:1, Brasilien verlor die Heim-WM, und beim Siegtreffer von Ghiggia „brach im Stadion ein Schweigen aus, das tosendste Schweigen der Fußballgeschichte", hat der uruguayische Literat Eduardo Galeano in seinem Buch *Der Ball ist rund und Tore lauern überall* geschrieben. Ein Publikum kann die eigene Mannschaft offenbar auch lähmen.

Grundsätzlich glauben die meisten Spieler und Zuschauer ja eher, dass die Heimmannschaft von einem lautstarken Publikum in einem vollen Stadion profitiert. Das war auch lange Zeit in der Wissenschaft die gängige Annahme. Die Unterstützung einer Mannschaft durch ihr Publikum rege die Spieler dazu an, sich mehr Mühe zu geben und erzeuge gleichzeitig eine soziale Ablehnung für die Auswärtsmannschaft. All dies drückt sich in den Ritualen des Publikums aus, im Anfeuern der eigenen Mannschaft und im Schmähen des Gegners.

Wissenschaftlich lässt sich diese Annahme mittlerweile allerdings nur schwer halten. Neuere Forschungen zeigen, dass die absolute Zuschaueranzahl, die Auslastung in einem Stadion, aber auch die Zuschauer-Verhaltensweisen kaum oder gar nicht mit dem Spielausgang in Zusammenhang stehen. Besonders eindrucksvoll wurde dies während der Saison 2006/07 in Italiens Serie A erkennbar, als 20 Begegnungen aus Sicherheitsgründen ohne Zuschauer ausgetragen wurden. Ein Vergleich zwischen diesen Partien der betroffenen Mannschaften mit jenen Begegnungen, die vor Publikum ausgetragen wurden, ergab: Nichts war anders. Für das Spielergebnis und den Heimvorteil war es unerheblich, ob das Stadion leer oder voll war.

Und auch in der Fußball-Bundesliga zeigt sich, dass es für Sieg oder Niderlage kaum relevant ist, wie viele Zuschauer anwesend sind. Es sind sogar ein wenig mehr Leute im Stadion, wenn zuhause verloren wird – und dies liegt nicht nur daran, dass starke Auswärtsmannschaften besonders viele Zuschauer anziehen. Wie die Abbildung auf Seite 190 zeigt, war in den vergangenen Jahrzehnten zu beobachten, dass zwar immer mehr Zuschauer in die Stadien kommen, der Heimvorteil in der Liga aber kontinuierlich an Bedeutung verliert.

Gut gemeint, aber fast ohne Wirkung: Der Support eines engagierten Publikums.

Das ist überraschend, schließlich berichten die Spieler immer wieder von der wichtigen Rolle der Fans, insbesondere wenn zuhause gewonnen wurde. Bei diesem Verhalten handelt es sich um den allzu verständlichen Impuls, diejenigen Fans zu loben, die einen bei einem Sieg unterstützt haben. Kaum ein Fußballer wird ein Publikum hingegen jemals öffentlich für sozialen Druck verantwortlich machen, dabei liegt hier der entscheidende Punkt: Wenn die Bedeutung der Zuschauer für den Heimvorteil untersucht werden soll, müssen natürlich positive und negative Einflüsse gewichtet werden. Und dabei wird erkennbar, dass sich im eigenen Stadion Leistungseinbußen ergeben können, obwohl Spieler und Zuschauer hoch motiviert sind. Der englische Fachausdruck für diesen Effekt lautet (wie auf Seite 176ff. beschrieben): *Choking under Pressure* –

DRUCK UND VERSAGEN

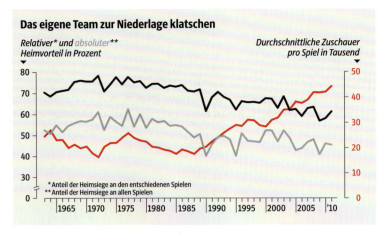

Die Entwicklung des Heimvorteils in der 1. Fußballbundesliga von 1963 bis 2011 sowie die Entwicklung der durchschnittlichen Zuschaueranzahl im gleichen Zeitraum: Die Achse auf der linken Seite zusammen mit der roten Linie zeigt die durchschnittliche Zuschaueranzahl in der jeweiligen Saison. Die rechte Achse zeigt den Heimvorteil. Die schwarze Linie bezeichnet den so genannten relativen Heimvorteil (der Anteil gewonnener Heimspiele an den entschiedenen Spielen, also ohne Unentschieden). Die graue Linie zeigt den absoluten Heimvorteil, also den Anteil gewonnener Heimspiele an allen Spielen.

Versagen unter Druck. Zum einen kann es passieren, dass Spieler glauben, alle Vorteile zuhause auf ihrer Seite zu haben, was zu einem Verlust der Konzentration auf das Wesentliche führen kann. Bei anderen Spielern kann diese Situation hingegen zu Bedenken und Selbstzweifeln führen.

Die klassische, schon 30 Jahre alte Untersuchung der *Choking under Pressure*-Forschung stammt von den beiden amerikanischen Psychologen Roy Baumeister und Andrew Steinhilber. Sie behaupten, dass die Erwartung von Erfolg in Situationen, in denen der Akteur eine neue, erwünschte soziale Identität erlangen kann (also zum Beispiel den Gewinn der Meisterschaft), zu Leistungsminderungen führen kann. Zudem kann es passieren, dass der Athlet sich in Gedanken schon mit der Siegesfeier beschäftigt und mit dem Gefühl, wie es wäre, Champion zu sein. Das lenkt die Aufmerksamkeit von der eigentlichen Aufgabe ab. Darüber hinaus, das haben zahlreiche spätere Untersuchungen herausgearbeitet, kann er natürlich auch umgekehrt unter wenig hilfreichen negativen Gedanken leiden, wie etwa der Vorstellung, was passiert, wenn die sicher geglaubte Meisterschale doch verloren wird. Und wie peinlich es ist, den Fans und dem Verein als Verlierer gegenüberzutreten.

Demnach steigt in den allerwichtigsten Momenten die Wahrscheinlichkeit negativer Leistungen. Als Beleg führen die beiden Forscher die Finalergebnisse der World Series von 1924 bis 1982 im Baseball und die Final- und Halbfinal-Ergebnisse der NBA von 1967 bis 1982, also im Basketball, an. In den beiden amerikanischen Ligen wird der Champion nach einem Modus *Best of Seven* ermittelt, das heißt, der Sieger des Finales und Halbfinales muss je vier Spiele gewonnen haben. Der Heimnachteil vergrößert sich mit der steigenden Bedeutung einer Begegnung, jedenfalls wurden die letzten Spiele (Spiel fünf, sechs oder sieben) häufiger von der Gastmannschaft gewonnen. Auch wenn dies ältere Ergebnisse sind und das eine oder andere in späteren Untersuchungen modifiziert wurde, zusammenfassend lässt sich schließen: Je wichtiger das Spiel, umso wahrscheinlicher können unerwartete Leistungseinbußen der Heimmannschaft eintreten.

Bei Welt- und Europameisterschaften im Fußball trugen die enormen Erwartungen wahrscheinlich viel dazu bei, dass die Gastgeber der großen Turniere seit 2006 regelmäßig früh im Turnier auf der Strecke blieben. Mittlerweile sollen die Heimmannschaften ja nicht einfach nur Gegner besiegen, sondern zusätzlich einen größeren gesellschaftspolitischen Auftrag schultern. Seit 1998 hat keine Fußballnation mehr eine Welt- oder Europameisterschaft im eigenen Land gewonnen, und die Gastgeber der jüngsten Turniere in der Schweiz, in Österreich, in Südafrika, der Ukraine und in Polen sind sämtlich in der Vorrunde ausgeschieden.

DRUCK UND VERSAGEN

„Eile erhöht die Wahrscheinlichkeit eines Fehlschusses"

Experte für Elfmeter: Geir Jordet.

Geir Jordet ist Professor an der Norwegian School of Sport Sciences in Oslo und ein Spezialist in vielen Fragen der Sportpsychologie. Neben seiner wissenschaftlichen Arbeit berät er verschiedene europäische Fußballklubs in der Frage, wie sich die Erkenntnisse der Psychologie in der Praxis am wirkungsvollsten nutzen lassen. Das Verhalten beim Elfmeter ist nur ein kleiner Aspekt seiner Arbeit, aber niemand kann die großen Elfmeterschießen der Fußballhistorie akribischer sezieren als Jordet.

Herr Jordet, deutsche Mannschaften hatten lange Jahre den Ruf, in Elfmeterschießen bei großen Wettbewerben praktisch unschlagbar zu sein. Dann kam das Champions-League-Finale von 2012. Bayern München verlor ausgerechnet gegen die Engländer, die eigentlich nie gewinnen. Was ist da los gewesen?
Geir Jordet: Im Grunde begann dieses Elfmeterschießen schon mit dem Strafstoß, den Arjen Robben in der Verlängerung verschossen hat. Es fällt auf, dass Robben länger als zwei Minuten warten musste, bis geklärt war, ob es überhaupt Elfmeter gibt. Erst dann konnte er mit seiner Vorbereitung beginnen. Nachdem er den Ball platziert hatte, musste er weitere zehn Sekunden warten, bis der Schiedsrichter die Freigabe erteilte. Die Analysen historischer Daten zeigen, dass die Chancen zu treffen auf 60 bis 70 Prozent sinken, wenn der Schütze länger als drei Sekunden auf den Schiedsrichterpfiff warten muss.

Das Elfmeterschießen begann gut für die Bayern. Philipp Lahm hatte noch im Halbfinale verschossen, im Endspiel traf er. Was hat er besser gemacht?

Seine Körpersprache war viel ruhiger. Er hat sich Zeit genommen, den Ball auf den Punkt zu legen. Und obwohl er recht schnell auf den Schiedsrichter reagierte, fixierte sein Blick immer den Ball. Gegen Real hat er den Schiedsrichter angeschaut, während er auf den Pfiff wartete. Ich hatte den Eindruck, Lahm war im Finale viel weniger in Eile als in Madrid.

Mario Gomez und Manuel Neuer waren ebenfalls erfolgreich, dann kam Ivica Olic, der ganz schwach geschossen hat. Was haben Sie bei ihm beobachtet?
Sein Schuss ist typisch für Probleme, die entstehen, wenn Spieler sich zu sehr beeilen. Er hat sich nur sehr wenig Zeit genommen, den Ball zu platzieren. Dieses Verhalten erhöht statistisch ganz klar die Wahrscheinlichkeit eines Fehlschusses. Dann musste er sieben Sekunden auf die Freigabe warten. Es war zu sehen, wie schwer ihm das Warten fiel, er machte einen Schritt auf den Ball zu, als wollte er den Schiedsrichter animieren, endlich das Signal zu geben. Und als der dann pfiff, hatte Olic seinen Anlauf schon begonnen, das führt sehr häufig zu Fehlschüssen. Insgesamt machte der Schütze den Eindruck, als habe er die lästige Angelegenheit einfach nur hinter sich bringen wollen.

Entscheidend war dann aber Bastian Schweinsteigers Elfmeter, der am Pfosten landete.
Dieser Fehlschuss lässt sich nicht besonders gut mit meinen üblichen Analysen erklären. Er nimmt sich genug Zeit, den Ball auf den Punkt zu legen, und auch nach dem Pfiff des Schiedsrichters. Genau dieses Verhalten erhöht eigentlich die Chancen, einen guten Schuss hinzubekommen. In der Schussvorbereitung gibt es keine großen Unterschiede zum entscheidenden Elfmeter, den Schweinsteiger im Halbfinale gegen Real Madrid verwandelt hat. Allerdings hat er sich offenbar für eine andere Strategie entschieden. Gegen Real schien er vor seinem Schuss gewusst zu haben, wohin er schießt, die Ausführung war geprägt von großer Entschlossenheit. Gegen Chelsea unterbricht er seine Anlaufbewegung, um den Torhüter anzugucken. Auf mich wirkt es merkwürdig, wenn jemand die Art seiner Ausführung ändert, obwohl er beim letzten Mal erfolgreich war.

Hat sich öfter nicht im Griff: Italiens Nationalspieler Mario Balotelli.

Harmonie und Drama

Der Köder muss dem Fisch schmecken – nicht dem Angler", hat Helmut Thoma, der ehemalige Programmchef des TV-Senders RTL, einmal gesagt, um Formate zu rechtfertigen, die dem Vorwurf ausgesetzt waren, allzu niveaulos zu sein. Mit dieser Begründung lässt sich jede Menge Schund rechtfertigen, natürlich auch der Voyeurismus, der Teile der Fußballberichterstattung prägt. Wobei die grellbunte Berichterstattung, die ihren Siegeszug in den 1990er Jahren begann, viel zum gegenwärtigen Fußballboom beigetragen hat. Und wer weiß schon, ob nicht auch Akademiker eine Ohrfeige am Mittelkreis in Wahrheit spannender finden als die Frage, ob ein Trainer in der 70. Minute auf ein 4-3-3-System umgestellt hat und damit den Sieg bringenden Einfall hatte?

Klar ist, dass der Fußball ohne die medial pointierten Kontroversen und Konflikte längst nicht so unterhaltsam wäre. Das Drama gehört genauso zum Konzept der gigantischen Unterhaltungsmaschinerie wie die großen Gänsehaut-Momente, das Erlebnis als Teil einer großen Menge Gleichgesinnter zu feiern. Ein inbrünstig singendes Stadion kann ein unvergessliches Ereignis sein. Musik ist seit vielen Jahren Teil des Fußballs und wirkt sich möglicherweise sogar ziemlich direkt auf das Spiel aus.

So wie natürlich das Verhalten der Schiedsrichter, die Spielräume lassen, die die Regeln mitunter bis an die Grenzen ausdehnen. Erstaunlich ist, dass es klar erkennbare Mechanismen gibt, nach denen die Unparteiischen die Möglichkeiten des Regelwerks ausreizen: Sie betreiben ein so genanntes *Game-Management*. Ist es den Schiedsrichtern möglicherweise wirklich wichtiger, ein Spiel harmonisch zu leiten, als die Vorgaben des Regelwerks durchzusetzen?

Die Lust am Konflikt

Borussia Dortmunds Trainer Jürgen Klopp war am Ende der Pressekonferenz nach der Bundesligapartie des BVB gegen Bayern München im Mai 2013 mächtig genervt. „90 Minuten Fußball und keine Frage zum Spiel, da muss ich sagen: Ich ziehe den Hut vor euch", sagte er voller Ironie zu den Journalisten. Auf seinem Gesicht lag ein Ausdruck tiefer Verachtung. Denn die Fragen der Reporter hatten ausschließlich in eine Richtung gezielt: Es ging um ein ziemlich aggressives Wortgefecht, das Klopp sich im Laufe der Partie mit Matthias Sammer, dem Sportdirektor des FC Bayern, geliefert hatte.

In der folgenden Berichterstattung spielte der sportliche Verlauf der Begegnung tatsächlich kaum noch eine Rolle, was sicher auch daran lag, dass die Bayern bereits als Meister feststanden und Dortmund schon für die Champions-League qualifiziert war. Während der Konflikt an der Seitenlinie ein perfekt passendes Bild zum Kampf um die Hegemonie im deutschen Fußball lieferte, den die beiden Klubs (die wenige Wochen später auch noch ein Champions-League-Finale gegeneinander bestreiten sollten) austrugen. Aber wurde diese totale Fokussierung auf ein inhaltlich ziemlich belangloses Ereignis, in dem es um einen Platzverweis für den Münchner Rafinha ging, auch den Bedürfnissen der Zuschauer und Leser gerecht?

Das lässt sich natürlich nur schwer überprüfen, aber Alfred Draxler, der stellvertretende Chefredakteur der *Bild*-Zeitung, ein erfahrener Journalist, der innerhalb der Redaktion hauptsächlich für den Sport zuständig ist, glaubt: Ja! „Wir haben als Journalisten das getan, was wir als Journalisten tun sollten: Wir haben die Ereignisse des Spiels auf ein Thema zugespitzt und personalisiert, und das Thema war in der damaligen Saison das Duell Dortmund gegen Bayern." Es ist verständlich, dass einem Trainer wie Klopp, der am allerliebsten über Fußball spricht, so eine Pointierung weniger gefällt. Und auch Journalisten fragen sich, ob sie ihren Ansprüchen an Seriosität und

Gezielte Provokationen auf Augenhöhe: Matthias Sammer und Jürgen Klopp.

Ausgewogenheit gerecht werden, wenn sie so einen vermeintlichen Randaspekt in den Mittelpunkt ihrer Geschichten stellen. Aber vieles deutet darauf hin, dass sie in diesem Fall zumindest die Bedürfnisse der Rezipienten befriedigen konnten.

Denn „im Fußball oder im Sport sind alle Themen attraktiv, die Emotionen hervorrufen", sagt Draxler. „Das ist der Jubel oder die Freude mit einem Sieger, die Trauer mit einem Verlierer. Und das ist eben manchmal der Voyeurismus bei einem Konflikt." Dieser Mechanismus ist menschlich, trifft gewiss nicht nur auf die Leser der *Bild* zu und lässt sich wissenschaftlich nachweisen.

In einem besonders anschaulichen Experiment zu diesem Thema betrachteten drei verschiedene Zuschauergruppen ein aufgezeichnetes Tennismatch, allerdings mit unterschiedlichen Kommentierungen. Ein Kommentator erweckte den Eindruck, dass hier Freunde gegeneinander spielen würden, andere Zuschauer erhielten die Information, dass es sich um „Intimfeinde" handle, und einer dritten Gruppe wurde gar nichts über die Beziehung der Spieler mitgeteilt. Wie erwartet, fanden die Zuschauer jene Version des Spiels am attraktivsten und vergnüglichsten, in der die angeblichen Feinde gegeneinander antraten. Obwohl alle genau dieselben Bilder gezeigt bekamen und die Spannung des reinen Wettkampfes natürlich ebenfalls identisch gewesen ist.

Man könnte nun einwenden, Tennis sei vielleicht nicht so aufregend wie Fußball, und Zuschauer könnten ein bisschen mehr Aufregung rund um das Spiel gebrauchen. Daher wurden ganz ähnliche Versuche mit Eishockey und American Football durchgeführt, das Ergebnis blieb gleich: Zuschauer (Männer noch viel stärker als Frauen) finden die Bildausschnitte viel vergnüglicher, wenn in den Kommentaren der Reporter die Härte des Spiels, die Aggressivität und die Konflikte zwischen den Spielern und den Teams betont werden.

Auf den ersten Blick mögen diese Befunde harmlos wirken, aber natürlich kann die Veröffentlichung von Streit und Ärger die Beteiligten sehr verärgern oder gar verletzen. Und wenn es in Fußballmannschaften zwischenmenschliche Schwierigkeiten gibt, die an die Öffentlichkeit gelangen, kann das massive Auswirkungen auf den Verlauf einer Saison haben. Insofern stellt die Erkenntnis, dass das Vergnügen an der Rezeption sportlicher Wettbewerbe größer ist, wenn das Publikum von persönliche Konflikten oder Krisen zwischen den Sportlern und Vereinen weiß, eine Herausforderung für die Berichterstatter dar. Sie wollen ihren Zuhörern, Zuschauern oder Lesern möglichst interessante Geschichten liefern, wissen, dass Konflikte besonders spannend sind, sollten aber gleichzeitig aufpassen, einigermaßen rücksichtsvoll mit den Protagonisten des Spiels umzugehen.

Die Darstellung einer zünftigen Prügelei in einer Diskothek, an der ein Fußballprofi beteiligt war, ist höchst unangenehm für die Beteiligten, aber durchaus verkaufsfördernd für das berichtende Medium. Das führt zwangsläufig zu Interessenskonflikten, für die jeder Sender und jede Zeitung eigene Lösungsstrategien entwickeln. Das Besondere am Sport ist allerdings, dass es Konflikte gibt, deren Darstellung tatsächlich niemanden stört.

So ist das Derby zwischen Borussia Dortmund und Schalke 04 immer ein Topspiel, auch wenn die Klubs gerade irgendwo im Niemandsland der Tabelle herumdümpeln. Die Konflikte so genannter Erzrivalen werden von vielen Fans geradezu zelebriert und von der Berichterstattung mächtig angeheizt. Und die Erinnerung an die legendären Feindschaften zwischen den Trainern Christoph Daum und Jupp Heynckes, zwischen Daum und Uli Hoeneß, dem langjährigen Manager des FC Bayern, der sich auch gerne öffentlich mit Willi Lemke, dem ehemaligen Manager von Werder Bremen, stritt, sorgt noch heute für Erheiterung.

Solange sie gewaltfrei bleiben, sind die meisten Auseinandersetzungen spannend und aufregend, sie machen den Fußball emotionaler, versetzen den Zuschauer in positive Erregung. Wenn es in der Bundesliga mächtig zur Sache geht, steigt das Interesse, aber es gibt auch Ärger, der die Attraktivität schnell zerstören kann: Wettskandale, Schiedsrichterbestechungen, systematisches Doping von Spielern und ähnliche Krisen führen, so paradox es klingen mag, zunächst zu einem durchaus attraktiven Schaudern. Aber nur am Anfang. Irgendwann ergibt sich eine Reaktion der Abkehr, denn auch die größte Lust am Voyeurismus kann nicht die Glaubwürdigkeit einer Sportart ersetzen.

Die Magie der Welle

Auf allen Ebenen durchdringen wissenschaftliche Erkenntnisse den Fußball, das wissen inzwischen fast alle Fans, Journalisten, Trainer und die Leser dieses Buches sowieso. Wie sich allerdings zwei komplexe Formeln wie die folgenden mit dem eigentlich so einfachen Ballspiel in Verbindung bringen lassen, erschließt sich nicht jedem auf den ersten Blick:

1 $\quad w_{ij} = N_i [1 + w_0 + (1 - w_0) \cos(\pi - \varphi_{ij})] \exp(-r_{ij} / R)\, \Theta(R - r_{ij})$

2 $\quad W_i = \sum_{j,aktiv} w_{ij}$

Verschmelzen mit der Masse: tausend Hände, eine Welle.

Für den Mathematik-Laien ist so ein Zahlenwerk natürlich kaum verständlich. Aber dieses physikalische Kauderwelsch beantwortet tatsächlich die Frage, ob und wie Zuschauer in einem Stadion zu einer La Ola, einer Welle, zusammenfinden und wie sich diese ausbreitet.

Davon hat der amerikanische Cheerleader Krazy George Henderson natürlich noch nichts gewusst, als er am 15. Oktober 1981 das Publikum in Oakland am Rande einer Partie der American League Championship Series, der zweiten Liga im Baseball, dazu animierte, die erste Welle der Sportgeschichte aufzuführen. Jedenfalls behauptet Henderson selbst, er sei der Erste gewesen, was andere Quellen bestreiten. Wie dem auch sei, klar ist, dass die Welle in den frühen 1980er Jahren in den USA entstand, weshalb die in einigen Ländern verbreitete Bezeichnung *Mexican Wave* nicht ganz korrekt ist. Doch bei der Fußball-WM in Mexiko 1986 wurde die La Ola erstmals einem großen internationalen Publikum bekannt und begann ihren Siegeszug um die ganze Welt.

Das Prinzip ist einfach: Die Zuschauer stecken sich gegenseitig an, werfen nacheinander ihre Arme in die Luft, was dazu führt dass eine hübsch anzusehende Welle aus in die Luft fliegenden Extremitäten übers Zuschauermeer wogt. Nun ist es allerdings so, dass sich nicht alle Besucher unmittelbar anstecken lassen, es gibt aktive und inaktive Zuschauer. Aktive Zuschauer müssen die inaktiven mitreißen, damit die Welle funktioniert. Genau diesen Vorgang beschreibt das mathematische Modell, das vor zehn Jahren von drei Physikern um Dirk Helbing in einem weltbekannten Beitrag in der Zeitschrift *Nature* veröffentlicht wurde. Die Wissenschaftler betrachten den Zuschauer als Zelle in einem so genannten zellulären Automaten-Modell. Im Internet lässt sich die Funktionsweise dieses Modells unter der Webadresse http://angel.elte.hu/localglobal/ betrachten, wobei es natürlich schöner ist, die Welle im Stadion zu beobachten, die sich in unserer rechtshändigen Kultur übrigens immer von links nach rechts bewegt.

Doch warum sind die Besucher von Großveranstaltungen derart fasziniert von dem Spielchen, dass sie immer wieder begeistert einsteigen, wenn eine Gruppe irgendwo in einer Ecke mit dem Ritual beginnt? Der naheliegendste Grund ist wohl, dass sich hier auch für die eher inaktiven Zuschauer, die nicht in der Kurve stehen und singen, eine hervorragende Gelegenheit bietet, gefahrlos mit der Masse zu verschmelzen und sich mit Gleichgesinnten zu synchronisieren. Außerdem können Zuschauer in Phasen aktiv sein, in denen auf dem Rasen nicht viel passiert.

Die Initialzündung für einen solchen Synchronisierungsprozess muss jedoch von einem Anstifter kommen. Meist handelt es sich um kleinere Gruppen, von denen die Ansteckung ausgeht, wobei in den Fanblöcken längst nicht jeder die Welle mag. Unter den Puristen auf den Stehrängen gilt die La Ola als typisches Merkmal der Eventisierung des Fußballs, der Vorwurf lautet: Hier feiern sich Zuschauer lediglich selbst und geben darüber ihre konkrete Verbindung zum Spiel auf. Das ist ein Grund dafür, dass das Phänomen in einigen Stadien nur noch sehr selten zu beobachten ist.

Für jenen Teil des Publikums, der sich eher passiv verhält, ist die Welle aber eine schöne Möglichkeit, für einen Augenblick die eigene Individualität zu verlieren und mit der Masse verschmelzen, was die *Die-Hard-Fans*, die jedes Lied mitsingen und jeden Rhythmus mitklatschen, ohnehin ständig erleben. Im Gegensatz zu diesen Formen der Selbstdarstellung lässt sich die La Ola aber besser psychologisch und mathematisch erklären, was letztlich auch der Sicherheit dient.

Denn das Wissen über die Mechanismen hinter solchen Massenphänomenen hilft zu verstehen, wie sich Einzelne in großen Menschenmengen verhalten, was wichtig ist, um Panik zu vermeiden und die Zuschauerströme im Stadion zu lenken. Stadionarchitekten und all jene, die für die Sicherheit von Großveranstaltungen mitverantwortlich sind, profitieren davon. Denn gemeinsam ist all diesen Phänomenen, dass es um Synchronisation und die Auflösung des Individuums in der Masse geht. Und dieser Vorgang ist in der Regel überaus faszinierend.

You'll Never Walk Alone

Eigentlich hatten jene finalen Minuten der Vorrundenpartie zwischen Spanien und Irland bei der Europameisterschaft 2012 längst jede Bedeutung verloren. Der Favorit aus Südeuropa führte 4:0, die Sache war erledigt, das Publikum am Fernseher fieberte dem Abpfiff entgegen. Viele Zuschauer hatten längst umgeschaltet, doch diese Untreuen verpassten einen der denkwürdigsten Momente des Fußballjahres. In der 87. Minute erhoben 20 000 irische Fans ihre biergetränkten Stimmen und sagen voller Pathos und Stolz den herzzerreißenden Klassiker *Fields of Atherny*. Es war sofort klar, dass dies ein besonderer Augenblick war, die sensibleren unter Europas TV-Kommentatoren schwiegen minutenlang und verschafften dem TV-Publikum ein großartiges Erlebnis. Rührend, bewegend, Kitsch in seiner besten Form. Und die sportlich chancenlosen Iren waren plötzlich die Lieblinge der EM.

Es ist ein Moment gewesen, der all jenen Fußballinteressierten, die selbst nie im Stadion musizieren, in Erinnerung rief, dass

Gesänge rund um den Fußball mehr sind als eine hübsche Geräuschkulisse gegen die Langeweile. In einer Zeit, in der immer weniger Leute in der Kirche singen, wo die Weihnachtsbeschallung von der CD kommt und viele Kinder sich mit Einschlafmusik aus dem Lautsprecher vom Tag verabschieden, ist der Fußball einer der letzten Orte, an denen voller Leidenschaft und Inbrunst gesungen wird. Gesänge sind ein bedeutsamer Faktor bei der Entstehung von Gefühlen beim Fußball, sie prägen Stimmungen, und das wissen natürlich auch die Verantwortlichen beim Schweizer Fernsehen.

Als die Fans im Mai 2013 während der ersten zehn Minuten eines Derbys zwischen dem FC Zürich und dem Grasshopper Club aus Protest gegen geplante Repressionen schwiegen, unterlegte das Schweizer Fernsehen die Bilder in seiner Zusammenfassung mit einer Tonspur, die später im Spiel aufgezeichnet wurde. „Um den Beitrag möglichst attraktiv zu gestalten, wurden die Fan-Gesänge nachträglich in die Zusammenfassung hineingeschnitten", erklärte ein TV-Funktionär den kleinen Medienskandal.

Musik und Gesänge sind also ein elementarer Bestandteil des Stadionerlebnisses, aber das war längst nicht immer so. Das erste eigenständige Lied, das es in die Stadien geschafft hat, ist der Klassiker des Fußball-Liedgutes überhaupt, er wurde 1945 als Finale für ein Broadway-Musical namens *Carousel* komponiert: *You'll Never Walk Alone*. 1960 coverten Gerry Mardsen und Gerry and the Pacemakers diesen mitreißenden Song und spielten ihn im Liverpooler Cavern Club. Das Stück kam großartig an und stürmte die Top Ten, die vor den Spielen im Stadion an der Anfield Road abgespielt wurden. Als der Song dann plötzlich nicht mehr in den Charts war, rief die berühmte Liverpooler Stehplatztribüne „The Kop" der Legende nach: „Wo ist unser Song?" Der Stadion-DJ wusste, was zu tun war, spielte *You'll Never Walk Alone*, seither ist das Lied die Hymne des Klubs und trat seinen Siegeszug um die ganze Fußballwelt an. In England wird der Song aber immer noch ausschließlich von den Fans des FC Liverpool gesungen.

Inzwischen haben natürlich alle Vereine und Fans ihre eigenen Lieder und Gesänge, die das Gefühl von Besonderheit und Gemeinsamkeit produzieren. Für den englischen Verhaltensbiologen Desmond Morris handelt es sich hier um Stammesrituale, die die Spieler als Mitglieder des eigenen Stammes antreiben sollen. Die Erzeugung solch einer vibrierenden Atmosphäre versetzt die Beteiligten im Stadion in einen wohligen Erregungs- und Stimmungszustand, der dann, gepaart mit einem spannenden Geschehen auf dem Rasen, zu einem unvergesslichen Erlebnis werden kann. Es entsteht eine tiefe, körperlich empfundene Verbindung, die sich durch das synchrone Verhalten der Masse und zur Musik passende Choreographien verstärkt.

Besonders intensiv ist dieser Zauber in den ersten Minuten nach wichtigen Toren. In diesen Phasen des Spiels wird häufiger gesungen als in anderen Momenten. Das haben die beiden deutschen Musikwissenschaftler Reinhard Kopiez und Guido Brink herausgefunden, wobei die Gesänge und die anderen akustischen Signale der Fans eher nicht zu einem Vorteil für die Heimmannschaft führen (vgl. Seite 185ff.). Und das liegt auch daran, dass eine aufgeladene Atmosphäre motivierend auf die Gäste wirkt. „Ich finde das geil. Ich bin gerne der Buhmann, das pusht mich", hat der Schalker Mittelfeldspieler

*Des Planeten berühmteste Bühne für Fußballgesänge: „The Kop"
an der Liverpooler Anfield Road.*

Jermaine Jones einmal gesagt, als er während eines Spiels bei Borussia Mönchengladbach bei jeder Aktion ausgepfiffen und beschimpft worden war.

Neben der Freude gibt es also andere Motive zu singen, beispielsweise um einen Gegner zu schmähen, zur Überwindung von Trauer nach einem Gegentor oder als Ausdruck von Wut nach bitteren Niederlagen. Und nicht zuletzt dienen die Lieder des Publikums dazu, Phasen der Langeweile im Stadion zu überbrücken.

In England wurde in den 1970er Jahren schon einmal gezählt, wie viele Songs und Kurzgesänge während eines Spiels im Schnitt zu hören sind. 147 Lieder mit unterschiedlichsten Botschaften konnten ermittelt werden. Meist geht es bei den Liedern jedoch darum, sich während des Spiels in eine positive Stimmung zu bringen und in einem Erregungszustand zu halten. Und Möglicherweise nimmt diese Form des *Mood-Managements* sogar Einfluss auf das Spiel. Eine Studie der Universität Salzburg hat nämlich gezeigt, dass sich während des gemeinsamen Musizierens von Gitarristen auch deren Hirnwellen synchronisieren, was das Zusammenspiel harmonisiert. Eine Forschergruppe aus Köln und Hannover wollte nun wissen, ob Musik sich auch positiv auf das Zusammenspiel von Fußballern auswirkt.

Dazu ließen sie zwei Teams 30 Minuten lang gegeneinander kicken, im ersten Drittel gänzlich ohne Musik. Im zweiten Drittel spielten die Mannschaften mit drahtlosen Kopfhörern über die sie eine exakt synchronisierte Musik vorgespielt bekamen, die der Komponist Matthias Hornschuh eigens zu diesem Zweck geschrieben hatte. Und zwar in einem Tempo von 140 Beats pro Minute, was der durchschnittlichen Sprintgeschwindigkeit eines Fußballers entspricht. In den letzten zehn Minuten hörten die Spieler jeweils verschiedene Musikstücke mit völlig unterschiedlichen Rhythmen. Die Sportler selbst hatten keine Ahnung, was die anderen hörten und was auf sie zukommen würde. Und tatsächlich: Mit dem synchronen Sound auf den Ohren waren die Spieler deutlich besser – der einzelne Akteur gab den Ball schneller ab, und es waren mehr Spieler an einer Passkette beteiligt.

Aber den armen Iren hätte wohl auch das nicht mehr geholfen gegen die Feinrhythmiker aus Spanien, deren Passspiel auch ohne Musik auf dem Ohr eine atemberaubende Harmonie entwickeln kann.

Gefangen in der Geschichte des Spiels

Natürlich sollten Unparteiische jede Spielsituation unabhängig vom Kontext wahrnehmen und nach den Regeln beurteilen, aber dieses Vorhaben scheint in der Realität praktisch nicht umsetzbar zu sein. Das Gefühl, ein Schiedsrichter habe eine so genannte Konzessionsentscheidung getroffen, korrigiere also mit einem bestimmten Pfiff Fehler, die ihm zuvor unterlaufen sind, ist weit verbreitet in den Stadien.

Die Konzessionsentscheidung ist aber nur die extremste Form einer verzerrten Beurteilungssystematik, und nicht selten finden die beteiligten Spieler und Trainer, aber auch Journalisten, die das Spiel kommentieren, diese Art der Fehlerhaftigkeit sogar irgendwie fair. Dann wird von „ausgleichender Gerechtigkeit" gesprochen, obgleich die Bezeichnung „doppelte Ungerechtigkeit" natürlich ebenso treffend wäre.

Es handelt sich um einen Mechanismus, der wenig verwundert, denn häufig erfahren Schiedsrichter noch während der Spiele, dass ihnen ein folgenschwerer Fehler unterlaufen ist. Manche lassen sich in der Halbzeit explizit über die Korrektheit ihrer Entscheidungen informieren, außerdem wissen die Trainer und die Auswechselspieler an der Seitenlinie meist ziemlich schnell, ob die TV-Bilder einen Pfiff als fehlerhaft entlarven. Und das wird dann auch mal ins Spiel hineingerufen oder in Gesprächen mit den vierten Offiziellen erwähnt, die über Funk mit den anderen Unparteiischen verbunden sind.

Erste Untersuchungen zum Phänomen Konzessionsentscheidung im Fußball weisen ebenfalls darauf hin, dass es den Schiedsrichtern keineswegs gelingt, alle Situationen unabhängig von ihrer Vorgeschichte zu bewerten. Sie treffen ihre Entscheidungen zweifellos im Kontext des Spiels. Studien zeigen etwa, dass vergleichbare Foulszenen im Strafraum völlig unterschiedlich beurteilt werden, je nachdem ob derselben Mannschaft bereits ein Elfmeter zugesprochen wurde oder nicht. Hat ein Team bereits einen Strafstoß erhalten, wird nach einem weiteren Foul im Strafraum praktisch nie ein zweiter Elfmeter gepfiffen. Wurde der gegnerischen Mannschaft hingegen bereits ein Elfmeter zugesprochen, steigt die Häufigkeit der zuerkannten Elfmeter massiv an.

In einem recht komplizierten Experiment zu diesem Phänomen wurden unterschiedlichen Schiedsrichtergruppen mehrere Szenen aus einem Spiel gezeigt, die bewertet werden sollten. Die erste Gruppe bekam zwei klare Elfmetersituationen für Team A vorgespielt, und jene Probanden, die den ersten

Elfmeter gegeben hatten, neigten eindeutig dazu, auf den zweiten Strafstoßpfiff zu verzichten. Bei den Bildern, die eine zweite Gruppe zu sehen bekam, wurde die erste dieser Strafstoßszenen weggelassen, das Ergebnis: 34 Prozent der Probanden, die das erste Foul gar nicht gesehen hatten, die also auch noch keinen ersten Elfmeter verhängt hatten, reagierten auf die Bilder vom zweiten Foul mit einer Strafstoßentscheidung. Alleine das Weglassen einer Szene führte also zu einem gewaltigen Unterschied in der Bewertung einer identischen Spielsituation. Dieser erstaunliche Befund wirft die Frage auf, ob irgendwelche inneren Widerstände Schiedsrichter davon abhalten, in einem Spiel zwei Elfmeter für eine Mannschaft zu pfeifen, und die Antwort lautet ganz klar: Ja!

Den anderen Probanden wurde die elfmeterwürdige Situation für Team B unter die vorgeführten Spielausschnitte gemischt. 42 Prozent der Schiedsrichter, die schon einen Elfmeter für Team A verhängt hatten werteten den harten Zweikampf im Strafraum als Foul, während die selbe Szene nur von 23 Prozent der Unparteiischen, die auch Team A noch keinen Elfmeter zugesprochen hatten, für ein Foul gehalten wurde. Demnach wächst die Bereitschaft zum Elfmeterpfiff, wenn die andere Mannschaft zuvor schon einen Strafstoß zugesprochen bekam.

Die Ursachen für dieses Phänomen sind allerdings noch ungeklärt. Vielleicht entscheiden Unparteiische im Sinne des so genannten *Game-Managements*. Dieser Begriff bezeichnet ein Gefühl für den Spielverlauf und das Bedürfnis, die Begegnung flüssig und gerecht zu leiten. Grundsätzlich haben gute Schiedsrichter nämlich den Wunsch, nicht allzu massiv ins Geschehen einzugreifen, der alte Spruch, dass die besten Spiele für Schiedsrichter jene sind, in denen sie niemandem besonders auffallen, wird bis in alle Ewigkeit gelten. Wenn ein Schiedsrichter jedoch zwei Elfmeter für eine Mannschaft pfeift, nimmt er erheblich Einfluss auf den Ausgang der Partie, das widerspricht seinem Wunsch nach Unauffälligkeit und Zurückhaltung.

HARMONIE UND DRAMA

Die Wahrscheinlichkeit, dass ein Schiedsrichter in einem Spiel zwei Elfmeter für eine Mannschaft pfeift, ist eher gering. Dafür passiert es erstaunlich häufig, dass eine Mannschaft einen Elfmeter zugesprochen bekommt, wenn der Gegener zuvor auch einen Strafstoß erhalten hat.

Außerdem entstehen nicht selten Diskrepanzen zwischen strenger Regelauslegung und der Sorge um Gerechtigkeit. Wenn etwa in vielen knappen Situationen gegen die eine Mannschaft gepfiffen wurde oder einem Team ein zweifelhafter Elfmeter zugesprochen wurde, wuchs offenbar das Bedürfnis, im Sinne einer fairen Spielleitung auch einmal andersherum zu entscheiden. Das wissen natürlich Trainer, Manager und Spieler, die durch Klagen während der Partien über eine Häufung vermeintlicher Ungerechtigkeiten Schiedsrichter beeinflussen wollen und wahrscheinlich auch können.

Schiedsrichterpfiffe werden also oft erst durch ihre Vorgeschichte verständlich, wobei hier nicht immer bewusste Überlegungen der Unparteiischen im Spiel sind. Vielmehr handelt es sich um automatische Prozesse, in deren Verlauf ein gewisses Vorwissen wirksam wird. Und diese Vorgänge können eben auch dafür sorgen, dass die Schiedsrichter Hemmungen haben, in einem Spiel zwei Elfmeter für eine Mannschaft zu pfeifen.

Hobby mit fließendem Übergang zum Irrsinn: Fußballfans lieben seltsame Rituale.

Risiko und Nebenwirkungen

Ein wenig um die Ecke zu denken kann hilfreich sein, im Leben wie auch im Fußball. Christian Streich ist ein besonders kunstvoller „Um-die-Ecke-Denker". Der langjährige Jugendtrainer aus Freiburg, der sich nach seinem Wechsel in die Bundesliga im Januar 2012 als brillanter Fußball-Lehrer für die Profiabteilung entpuppte, ist ein Experte für all die Trugschlüsse, Versuchungen und Irrwege, mit denen junge Spieler konfrontiert werden. Die Nebenwirkungen des großen Traumes von der Profikarriere sind häufig fatal. Streich erklärt im Interview, welche Fallen am sensiblen Übergang vom Jugend- in den Erwachsenenfußball lauern.

Wobei zahllose Spieler schon viel früher erkennen müssen, dass es nichts wird mit der Karriere bei Schalke 04, ja dass selbst das Niveau der Spieler von Darmstadt 98 unerreichbar bleiben wird. Und das hat ganz offenkundig nicht nur mit Talent und Ausbildung zu tun, sondern mit ganz anderen Risiken. Man braucht schon das Glück, im richtigen Monat geboren zu sein, sonst hilft es auch nicht, wenn in den allerersten Lebensjahren die richtigen Reize gesetzt wurden. Denn es scheint, dass Kinder bis zum Alter von sieben Jahren eher Spielformen ausüben sollten, in denen sich Fußballkompetenz gewissermaßen als Nebenwirkung ergibt.

Und alle, die sich am Ende einen anderen Beruf als den des Profis suchen müssen, können dem Fußball ja immer noch als Fans verbunden bleiben. Wobei das ziemlich riskant zu sein scheint. Es kann zwar sehr schön sein, das Herz an einen Fußballklub zu vergeben, manche Menschen richten bekanntlich ihre ganze Lebensplanung an den Spielplänen der großen Wettbewerbe aus. Aber gesund fürs Herz ist dieses Hobby nicht.

RISIKO UND NEBENWIRKUNGEN

Steinbock und Wassermann setzen sich durch

Zu Beginn des Jahrtausends hat sich der Wörterbuchverlag Pons für einige Zeit der schönen Aufgabe gewidmet, die Wortschöpfungen des Jahres zu küren, und gleich zu den ersten Preisträgern im Jahr 2001 gehörte Franz Beckenbauer. Das bayerische Multitalent hatte in einer Kolumne für die *Bild*-Zeitung den Begriff „Rumpelfußball" kreiert, der erschreckend treffend beschrieb, in welch einem verheerenden Zustand die Nationalmannschaft und die besten deutschen Spieler den Entwicklungen an der Weltspitze hinterherhechelten. Die Erfindung des Begriffs „Rumpelfußball" war gewissermaßen der rhetorische Höhepunkt einer Entwicklung, die den deutschen Fußball gerettet hat, heute wissen wir das. Denn nach dem desaströsen Abschneiden bei der Europameisterschaft 2000, als die DFB-Elf mit einem erschütternden 0:3 gegen die Ersatzmannschaft von Portugal aus einem Turnier ausgeschieden war, für das Trainer Erich Ribbeck den an allen halbwegs zeitgemäßen Fußballstandorten ausgestorbenen Libero reanimiert hatte, reifte die Einsicht, dass sich in Deutschland ein paar grundlegende Dinge ändern müssten.

In aller Eile beschloss der Deutsche Fußball-Bund eine kleine Reform, deren wichtigste Folge die Professionalisierung des Stützpunktsystems für Talente gewesen ist, bevor dann 2002 die große Revolution über die Fußballna-

Sternzeichen Steinbock: René Adler.

tion fegte. Zum einen wurden alle Erst- und Zweitligisten verpflichtet, professionell geführte und finanziell gut ausgestattete Leistungszentren zu unterhalten, und zum anderen werden seit diesem Moment des Umdenkens enorme Anstrengungen unternommen, um mit Hilfe umfangreicher Sichtungen in verschiedenen Stufen möglichst viele Fußball-Talente zu finden und optimal zu fördern.

Sternzeichen Wassermann: Rafael van der Vaart.

Die erste Stufe kann als eine Art Basisförderung beschrieben werden und findet in den in Vereinen, Kindergärten und Schulen statt. Die zweite Stufe der Talentförderung basiert auf der Förderung durch die DFB-Stützpunkte und auf der Arbeit zahlreicher Eliteschulen des Fußballs. Im nächsten Schritt greift dann die Eliteförderung, hier bilden die Jugendabteilungen der Lizenzvereine und die Junioren-Nationalmannschaften den Kern des Fördersystems. Und die letzte Stufe der Förderung, Stufe vier, widmet sich dann dem schwierigen Übergang in den Spitzenfußball.

Vermutlich ist die Gesamtheit dieser Maßnahmen mit einem ausgeklügelten Stufensystem verantwortlich für den deutschen Fußballaufschwung. Ob mit diesen Umwälzungen allerdings eine recht erstaunliche Ungerechtigkeit beseitigt werden kann, bleibt abzuwarten. Die Rede ist vom so genannten *Relative Age Effect*, der in zahlreichen Studien in verschiedensten Sportarten dokumentiert ist. Auch für die Erste Fußball-Bundesliga.

Wenn im Jugendbereich feste Stichtage definiert werden, die bestimmen, wann Spieler in höhere Altersstufen aufrücken, werden die Kinder aus bestimmten Geburtsmonaten mitunter massiv benachteiligt. Eigentlich wäre ja anzunehmen, dass aus allen Monaten etwa dieselbe Anzahl von Spielern in der

RISIKO UND NEBENWIRKUNGEN

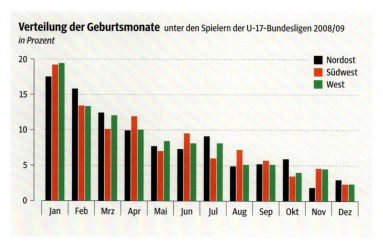

Fußball-Talente, die in den letzten Monaten des Jahres geboren werden, haben geringere Chancen, zu Talentfördermaßnahmen ausgewählt zu werden.

Bundesliga oder den Auswahlmannschaften ankommen und dass sich die Geburtstagsverteilung der Gesamtbevölkerung widerspiegelt. Die Chancen, Fußballprofi zu werden, sollten also nicht davon abhängen, in welchem Monat die Spieler geboren wurden. Doch das ist nicht der Fall.

Die Analyse der Geburtstage von über 4000 Spielern der Ersten Bundesliga von 1963/64 bis 2006/07 machte eine erhebliche Verzerrung sichtbar: Je kürzer ein Kind nach dem Stichtag für die Versetzung in die nächsthöhere Klasse geboren wurde (früher 1. August, seit 1997 1. Januar), desto größer sind seine Chancen, es bis in die Bundesliga zu schaffen.

Und auch im Nachwuchsbereich in der ersten Liga der U 17 lässt sich dieser Effekt eindrücklich nachweisen, wie eine weitere Studie zeigt. Hier wurden 911 Nachwuchsspieler der Saison 2008/09 und ihre Geburtstage registriert, all diese Talente hatten es in ihrer jungen Karriere mit dem Stichtag 1. Januar zu tun. Die Abbildung zeigt das imposante Ergebnis.

Fast 50 Prozent der Spieler sind im ersten Quartal geboren, also nahe am Stichtag. Wer im Dezember geboren ist, hat demnach deutlich geringere Chancen auf eine Karriere, die weit nach oben führt. Die Ursachen hierfür liegen wahrscheinlich im Fördersystem und seiner Stichtagsregelung. Die älteren Spieler (die im ersten Quartal des Jahres geboren wurden) sind den jüngeren im körperlichen Vergleich häufig überlegen und haben damit bessere Chancen, wichtige Positionen in den Teams einzunehmen und sich am Ende durchzusetzen. In diesen frühen Jahren machen einige Monate Unterschied in der Entwicklung viel aus. Und weil Eltern, die für ihr Kind eine erfolgreiche Fußballkarriere in Betracht ziehen, die seltsamsten Dinge tun, gibt es sicher schon die ersten Sprösslinge, deren Geburtstag sich unter Berücksichtung des *Relative Age Effects* ergeben hat.

Erst spielen, dann üben

Viele Eltern, oder wahrscheinlich sollte man besser sagen: Väter, können es kaum erwarten, ihre kleinen Söhne zum Fußballtraining zu schicken. An den Seitenlinien der Sportplätze, wo Übungen für Vier- bis Siebenjährige angeboten werden, versammeln sich Ehrgeizlinge aller Ausprägungen und betrachten mit einer Mischung aus Stolz und Sorge ihre Jungs (und seltener auch Mädchen), die häufig viel lieber mit Stöcken im benachbarten Wald spielen würden.

Das geht natürlich nicht, jede Trainingseinheit ist wichtig für die Karriere, glauben viele Fußballeltern. Aber da täuschen sie sich. Heute lässt sich mit großer Gewissheit sagen, dass Fußballspieler und natürlich auch Spielerinnen im Gegensatz zu den Jugendathleten von Individualsportarten wie Leichtathletik, Turnen oder Schwimmen keineswegs im Kindergartenalter mit einem sportartspezifischen Training beginnen sollten.

In den ersten Lebensjahren geht es nämlich zunächst um die Entwicklung allgemeiner koordinativer, motorischer und kognitiver Kompetenzen.

Darüber hinaus ist das Alter zwischen vier und sieben die wichtigste Phase, um kreative Potenziale im Umgang mit Sportspielgeräten zu entwickeln. Denn entsprechend vielseitige Denkstrategien können in späteren Trainingsphasen nicht mehr so effizient geschult werden. Erfahrungsberichte von Kreativspielern deuten darauf hin, dass Kindheitserfahrungen mit vielen verschiedenen Sportspielen den Ideenreichtum und die Vielseitigkeit der erwachsenen Sportler steigern. Zudem legen Bewegungsbiographie-Studien von Nationalmannschafts- und Bundesligaspielern nahe, dass sich das unangeleitete Ausprobieren von Sportspielgeräten aller Art im Kindesalter positiv auf die kreativen Potenziale der späteren Profis ausgewirkt hat.

In großen Studien über mehrere Jahre wurde beispielsweise untersucht, welchen Einfluss Handballspielen, Fußballspielen, Hockeyspielen oder eine allgemeine ballsportbezogene Ausbildung auf die Entwicklung von Kreativität bei Kindern im Alter von sechs Jahren hat. Die Ergebnisse sprechen im Ganzen für eine sportspielübergreifende Ausbildung zur Förderung von grundlegenden Kreativitätsanteilen im Vorschulalter und gegen ein zu spezifisches Fußballtraining.

Sinnvoll ist, verschiedene motorische Ausführungsformen (Hand, Fuß, Tennis- oder Hockeyschläger) einzusetzen, um die Kinder zu veranlassen, unterschiedliche Aufgabenstellungen immer wieder auf eine andere – neue – Art anzugehen. Dieser Phase sollte sich dann ein Abschnitt der sportartspezifischen Entwicklung anschließen, ein Training, das häufig nicht unbedingt freudvoll ist. Es werden immer größere Trainingsumfänge absolviert, Techniken auch unter hoher Belastung monoton wiederholt, bis sie automatisiert sind. Tag für Tag, Woche für Woche. „Wir gehen auf den Trainingsplatz, damit wir samstags im Spiel ein kleines bisschen Leichtigkeit

RISKO UND NEBENWIRKUNGEN

Ausgebildet zum Straßenfußballer: Mario Götze.

zeigen können", sagt der Bundesligatrainer Christian Streich (vgl. Interview, Seite 225ff.) und ergänzt: „Nur wenn man vorher wie ein Berserker in die letzten Details gegangen ist, wird man manchmal mit kleinen Momenten der Leichtigkeit belohnt. Das ist wie bei einem großen Musiker, der Geige spielt - wenn er leicht Geige spielt und alle das Gefühl haben, man kann ein bisschen fliegen. Dann hat der geübt wie ein Schwein."

Experten veranschlagen rund zehn Jahre oder, anders gesagt, 10 000 Stunden solcher sportartspezifischen Übungsformen, die erforderlich sind, um ein internationaler Spitzensportler zu werden. Talent alleine reicht also keinesfalls. Und selbstverständlich müssen nicht nur Profifußballer diese Trainingsjahre durchlaufen, sondern auch Leichtathleten, Gewichtheber, Radsportler oder Musikvirtuosen und viele andere Künstler, die mit einer ganz besonderen Fertigkeit in der Weltspitze anlangen möchten. Anders als Ballsportler benötigen Individualsportler jedoch nicht dieses hohe Maß an Kreativität. Auch deshalb wird der Leistungshöhepunkt in Sportarten wie Schwimmen und Turnen schon im Jugendalter oder im sehr frühen Erwachsenenalter mit

Viele Wochenenden für ein Hobby – ein Kuttenfan mit den Insignien seiner Leidenschaft.

15 bis 20 Jahren erreicht – nach zehn Jahren harten, monotonen Übens. Spitzenfußballer hingegen benötigen sowohl Kreativität als auch Technik und Automatismen. Die Grundlagen hierzu werden im Kindesalter mit den richtigen Trainingsformen gelegt.

Treu, treuer, Die Hard

Frank Niemann ist eine kleine Berühmtheit, weil er der Besitzer des wohl bekanntesten Banners der deutschen Fußballgeschichte ist. Seit 1996 befestigt er vor fast allen Spielen des Hamburger SV und der Nationalmannschaft an gut sichtbaren Stellen im Stadion sein Transparent mit den Worten „Air Bäron" (als Hommage an den ehemaligen HSV-Stürmer Karsten Bäron), immer wieder fällt das Banner Millionen von TV-Zuschauern auf. Seit 1994 hat Niemann kein großes Turnier mit der DFB-Elf verpasst, ob auswärts oder zuhause. Selbstredend nimmt er die 300 km nach Hamburg zu den Heimspielen und die Anfahrt zu den Auswärtsspielen seines HSV in Kauf, immer mit dem Ziel, alle 34 Spiele in einer Saison zu sehen. Er ist ein so genannter *Die-Hard-Fan* – ganz im Stile von Bruce Willis, der sich in den gleichnamigen Filmen von nichts in seinem Vorhaben und in seiner Liebe erschüttern lässt.

Dieser Gruppe der Fußball-Anhänger gehören Menschen an, die ihr Leben lang und eventuell sogar über den Tod hinaus (einige Klubs bieten ihren Fans ein entsprechendes Rundum-Paket mit dazugehörigen Begräbnissen an) zu ihrer Mannschaft halten. Sie sind die treuesten aller Fans, deren Alltagsleben in erheblicher Weise durch den Fußball und ein bestimmtes Team beeinflusst wird. Sehr eindrücklich hat der Schriftsteller Nick Hornby, ein hingebungsvoller Fan des Londoner Fußballklubs FC Arsenal, in seinem autobiographischen Roman *Fever Pitch* einen solchen Lebensentwurf beschrieben.

Die-Hard-Fans stehen im Kontrast zu den *Fair-Weather-Fans*, die sich vom Erfolg anlocken lassen, wenn im Verein die Sonne scheint. Sobald die Siege ausbleiben, suchen sie schnell wieder das Weite und wenden sich einem anderen Verein, einem anderen Sport oder gar einer ganz anderen Freizeitbeschäftigung zu. Auf den Stehplätzen der Bundesliga-Stadien wird über *Fair-Weather-Fans* deshalb oft die Nase gerümpft, während *Die-Hard-Fans* sich gerne als echte Fans betrachten.

Weil ihre Verbindung zum Verein so eng ist, dass sie auch ins Stadion gehen, wenn ein Spiel nach dem anderen verloren geht, wenn der Fußball grausam anzusehen ist und ein eisiger Wind durch eine halbleere Arena fegt. *Die-Hard-Fans* investieren nicht nur Geld, sondern wie auch Frank Niemann viel Zeit für Auswärtsfahrten oder Fanclub-Treffen. Und sie empfinden sich häufig als Vertreter der sogenannten Fankultur, die es zu schützen gilt, weil sie in den Augen von Leuten wie Philipp

Markhardt von der Kommerzialisierung, von den Verhaltens-
regeln in den modernen Stadien und von den Restriktionen der
Vereine bedroht ist.

Markhardt ist ebenfalls Anhänger des Hamburger SV und
Wortführer der Ultra-Gruppierung *Chosen Few* (Ultras bilden
einen Teil der großen Gruppe der *Die-Hard-Fans*, vgl. Seite
58ff.), und er hat ziemlich elitäre Vorstellungen davon, was sich
unter dem Begriff Fankultur subsumieren lässt. „Public Viewing gehört mit Sicherheit nicht dazu", wird er in einem Artikel
auf *ZEITONLINE* zitiert, „das ist ein Event, das von professionellen Veranstaltern auf die Beine gestellt wurde, um ordent-
lich Geld zu machen."

So denken viele *Die-Hard-Fans*, die Energie und Lebenszeit darauf verwenden, sich mit ihren Klubs zu befassen. Zwar ist die
Gesamtheit der Stadionbesucher beinahe so heterogen wie die
Bevölkerung, und die Frage, wer nun der Bewahrer der Fankultur
ist, wird sehr kontrovers diskutiert (vgl. Interview Andreas Rettig, Seite 224f.), aber für Soziologen und Sportwissenschaftler
sind *Die-Hard-Fans* offenkundig sehr interessante Forschungs-
objekte, weil sie sich mitunter ziemlich speziell verhalten.

Befragungen haben ergeben, dass diese besonders hinge-
bungsvollen Anhänger sich ganz grundsätzlich für etwas Besonderes halten, außerdem verfügen sie über ein höheres
kollektives Selbstwertgefühl als andere Personen. Gegenüber den Fans der gegnerischen Mannschaft verhalten sie
sich eher aggressiver als Personen mit niedriger Identifikation, und sie geraten häufiger als andere Fans in gewalttätige
Auseinandersetzungen. Die Wissenschaft bestätigt also viele
Klischees, die über besonders leidenschaftliche Stadionbesucher kursieren, auch was die Gefühle der Anhänger zu ihren
Klubs betrifft.

So wächst die emotionale Abhängigkeit der Fans von Erfolgen
und Niederlagen mit ihrer Identifikation. Nach Siegen zeigen
sie starke positive Emotionen, nach Enttäuschungen fühlen

RISKO UND NEBENWIRKUNGEN

Rot bis auf die Haut: Ein Fan des 1. FC Kaiserslautern.

sie sich schlecht. Fans, die eine Verbindung zu ihrem Klub eingehen, riskieren, dass sie sich wegen eines Spiels, das andere betreiben, traurig und niedergeschlagen fühlen, aber genau hier liegt auch der ganz große Reiz. Denn diese Gefühle gehen weit über den eigentlichen Sport hinaus, sie greifen bei *Die-Hard-Fans* in das normale Leben und den Alltag ein.

In einer Befragung berichteten deutsche Männer unmittelbar nach Siegen der DFB-Elf während der Weltmeisterschaft 1982 über eine größere Lebenszufriedenheit als vor dem Spiel. Und in einer Studie, die kurz vor dem ersten Irak-Krieg durchgeführt wurde, zeigte sich, dass die negative Stimmung von Fans nach verlorenen Spielen ihrer Mannschaft dazu führte, einen Krieg der USA mit dem Irak und große Verwüstungen für wahrscheinlicher zu halten als nach gewonnenen Spielen.

Sogar die Chancen auf eigenen persönlichen Erfolg außerhalb des Sports werden von Fans mit hoher Identifikation in einen Zusammenhang mit den Ergebnissen ihrer Teams gesetzt. Nachdem Anhänger eine Niederlage ihrer Basketballmannschaft am Fernsehschirm live miterlebt hatten, schätzten sie ihre eigenen Leistungen in einer Aufgabe, die sie danach lösen sollten, skeptischer ein als Personen, die ein erfolgreiches Spiel ihrer Mannschaft am Fernsehschirm miterlebten. Und es gibt noch eine ganze Reihe weiterer kognitiver Verzerrungen: Fans erklären den Erfolg ihres Teams häufig mit persönlichen

DER FUSSBALL – DIE WAHRHEIT

(internalen) Faktoren wie mit der Stärke ihrer Mannschaft oder den Fähigkeiten der Athleten. Wenn der eigene Klub verliert, wird dies dagegen häufig mit äußeren (externalen) Faktoren wie Pech oder schwachen Schiedsrichterleistungen erklärt. Ihre Ursachensuche führt zu verzerrten Ergebnissen. Näheres zu diesem Mechanismus ist im Unterkapitel „Erklärungsnöte, Ausflüchte, Selbsttäuschung" (Seite 110ff.) zu finden.

Und schließlich: Fans glauben, dass sie ihrer Mannschaft durch eigene Aktionen helfen können und damit einen maßgeblichen Anteil am Erfolg haben. Sie wollen ihren Klub mit maximalen Mitteln unterstützen, und manche Fans setzen aufwändige Choreographien oder zahlreiche optische Hilfsmittel wie Konfettiregen, bengalische Feuer und Fahnenmeere ein. Auch der koordinierte Gesang mit einem Vorsänger, dem Capo, spielt hier eine große Rolle.

Sogar außerhalb des Spiels versuchen sie durch konkrete Verhaltensweisen, auf die Geschicke des Klubs einzuwirken, etwa wenn aus Protest ein Mannschaftsbus am Wegfahren gehindert wird oder Zuschauer lautstark den Rauswurf des Trainers fordern. Fans sind der festen Überzeugung, dass sie persönlich durch ihr Verhalten das sportliche Geschehen beeinflussen können. Dass dieser Einfluss tatsächlich nur klein ist und wie er sich sogar ins Gegenteil verkehren kann, wurde bereits auf den Seiten 185ff. erklärt. Aber eine echter *Die-Hard-Fan* wäre kein Fan, wenn er nicht an sich und seinen Einfluss glauben würde: bis über den Tod hinaus.

Herzrasen

So ein Leben als Fußballfan ist eine ziemlich gefährliche Angelegenheit. Anhänger, die dieser Leidenschaft einen großen Teil ihrer Lebenszeit widmen, sind häufig auf Achse, zu Heimspielen, aber mehr noch zu Auswärtsfahrten. Da lauern die Gefah-

RISKO UND NEBENWIRKUNGEN

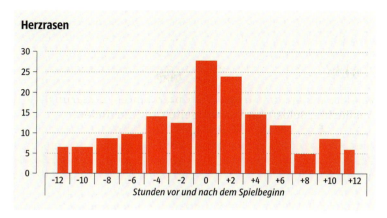

Kardiovaskuläre Ereignisse vor, während und nach Betrachtung der Spiele der deutschen Nationalmannschaft bei der Weltmeisterschaft 2006.

ren schon bei An- oder Abfahrt, auf der Autobahn, im Flugzeug. Zudem gibt es alle möglichen Gefahren in den engen und hoch gebauten Arenen, es kann zu Stürzen, Knochenbrüchen und anderen Unfällen kommen. Diese Bedrohung ist im Übrigen wesentlich höher einzuschätzen, als Opfer einer Gewalttat durch Hooligans oder andere prügelnde Stadionbesucher zu werden. Im Folgenden soll es aber um eine Gesundheitsgefahr gehen, die kaum jemand im Sinn hat, wenn er sich dem Vergnügen des Fußballguckens zuwendet: um das so genannte kardiovaskuläre Ereignis, also den Herzinfarkt oder gar den Herztod im Umfeld von Fußballspielen.

Schon auf der Fahrt ins Stadion sind viele Zuschauer einer großen Enge ausgesetzt, in vollgepackten Sonderzügen, Bussen oder Straßenbahnen, und im Stadion wird es kaum besser. Die Enge auf den Stehtribünen der großen Bundesliga-Arenen ist für viele Leute geradezu beängstigend. Um sich dort zwei Stunden wohl zu fühlen, bedarf es eines hervorragenden Trainingszustandes. Und ältere Leute sieht man auf diesen Plätzen ohnehin nur selten. Hinzu kommt bei vielen Besuchern eine gehörige Portion Alkohol, und dann wird gefiebert, gelitten, gehofft, gesungen, gebrüllt und gehüpft. Kurzum: Viele Fans – und dieser Befund gilt längst nicht nur für die Treuesten auf den Stehplätzen – befinden sich in einem hohen Erregungs- und Stresszustand. Das lässt sich natürlich auch messen.

Mediziner haben während der Fußball-WM 2010 in Südafrika den Speichel von spanischen Fans untersucht, vor, während und nachdem sie das Endspiel ihrer Mannschaft gegen die Niederlande sahen. Beim Public Viewing wurden weitere Proben entnommen, ebenso wie bei Anhängern, die die Partie zuhause verfolgt haben. Dabei fiel zunächst einmal auf, dass eine deutlich erhöhte Konzentration des Sexualhormons Testosteron gefunden wurde (bei Männern noch einmal erheblich mehr als bei Frauen). Eigentlich wird dieses Hormon in hohen Dosen ausgeschüttet, wenn der eigene soziale Status oder das heimische Territorium gegen Angreifer verteidigt werden muss. Also in Situationen, in denen Dominanz und eine erhöhte Aggressivität erforderlich sind. Zweck dieser natürlichen Reaktion ist die Bereitstellung von zusätzlichen Energien.

Wenn die Aufregung zu groß wird: Auch Fans geraten mitunter an die Grenzen ihrer körperlichen Leistungsfähigkeit.

Darüber hinaus wiesen die spanischen Mediziner eine stark erhöhte Konzentration von Cortisol im Speichel der Versuchsteilnehmer nach, ein Zeichen für sehr großen Stress, den die Fans während des Spiels offenbar erlebten. Und mit zunehmender Dauer des Finales stieg die Ausschüttung von Cortisol noch einmal deutlich an. Schlecht trainierte Menschen, die vielleicht auch noch rauchen und betrunken sind, geraten demnach beim Fußball in eine Situation, die viele Mediziner für ziemlich risikobehaftet halten, und diese Vermutung passt zu den Ergebnissen einer Studie aus dem Jahr 2006.

Während der Weltmeisterschaft in Deutschland wurde am Klinikum München untersucht, ob die Aufregung vor, nach und während Betrachtung der Spiele möglicherweise zu einer Häufung von kardiovaskulären Vorfällen führt. Die Mediziner wollten wissen, zu welchen Zeitpunkten an den Spieltagen der deutschen Mannschaft wie viele Herzattacken aufgetreten sind. Das erstaunliche Ergebnis: Rund um den Anpfiff kam es zu einer deutlichen Häufung von Herzsymptomen, und während die Spiele liefen, war die Infarktgefahr ebenfalls erhöht.

Die große Erregung wird einerseits als positiv empfunden. Emotionen wie Freude und Trauer, Gefühle, die unmittelbar und körperlich spürbar sind, sind schön und Bestandteil der Faszination am Fußball. Aber wie fast alles Schöne im Leben birgt auch diese Leidenschaft durchaus ein paar Gefahren.

RISIKO UND NEBENWIRKUNGEN

„Als Singular funktioniert der Begriff Fankultur nicht"

Deutsche Fußball Liga-Geschäftsführer Andreas Rettig.

Herr Rettig, die so genannten Die-Hard-Fans betrachten sich oft als Bewahrer der „wahren" Fankultur. Sind diese Leute die Kerngruppe der Stadionbesucher?
Andreas Rettig: Es ist ein Trugschluss, zu glauben, es gäbe die eine Fankultur. Aus meiner Sicht gibt es Fankulturen. Ich selber bin auch Fußballfan, aber mir sind andere Dinge wichtig als dem 16-Jährigen auf dem Stehplatz. Es gibt viele gesellschaftliche Gruppen in den Stadien, die alle eine eigene Art haben, ihre Verbindung zum Fußball zu leben.

Wissen Sie überhaupt genau, wer in die Bundesliga-Stadien kommt?
Wir führen in jedem Jahr repräsentative Befragungen unter den Besuchern durch und können tatsächlich sagen, dass sich beim Fußball heute ein Abbild der Gesellschaft wiederfindet, mit zwei Ausnahmen: Frauen sind, gemessen an der Gesamtbevölkerung, noch unterrepräsentiert. Außerdem ist der Anteil der Menschen mit Migrationshintergrund kleiner.

Erwarten Sie, dass das so bleibt, oder gehen Sie davon aus, dass sich die Zusammensetzung des Publikums weiter verändert?
Die Menschen werden immer älter, und wenn unsere Analyse richtig ist, sich also die Struktur der Gesellschaft im Stadion spiegelt, dann werden auch die Zuschauer älter. Mit der Konsequenz, dass Dinge wichtig werden, an die wir heute nicht denken: Schriftgrößen auf der Anzeigetafel, die Steilheit der Tribünen, zusätzliche Geländer, eine Anreise ohne allzu lange Fußwege und vieles mehr.

Und entsprechend gediegen wird die Stimmung in 30 Jahren sein. Würde ich so weit in die Zukunft schauen können, wäre ich Prophet geworden. Das lässt sich nicht seriös beurteilen, aber sicher ist, dass es zu jeder Zeit in der Bundesliga Fans gab, die sich als die Stimmungsmacher begreifen – immer im Geiste der jeweiligen Zeit. War die Bundesliga in den 1960er-Jahren von einer gediegenen Stimmung geprägt? So wie sich der Fußball permanent weiterentwickelt, so tun es auch die Stadionbesucher und die Fans mit ihrer Anfeuerungskultur. Und: Unterschätzen Sie die älteren Leute nicht!

„Echtes Interesse an den Mitspielern hilft, besser Fußball zu spielen"

Christian Streich war über viele Jahre einer der erfolgreichsten Jugendtrainer in Deutschland. Mit der U 19 des SC Freiburg gewann er einmal die Deutsche Meisterschaft und dreimal den DFB-Pokal, bevor er dann Ende 2011 zum Cheftrainer der Bundesligamannschaft befördert wurde. Dort setzte er konsequent auf von ihm selbst ausgebildete Spieler und startete eine märchenhafte Phase des Erfolges. Es heißt, kaum jemand finde einen besseren Zugang zu jungen Fußballern, die noch ein paar letzte entscheidende Schritte gehen müssen, damit der Traum von der Profikarriere nicht mit einer großen Enttäuschung endet.

Blick in die Fußballerseele: Der Freiburger Trainer Christian Streich.

Herr Streich, es heißt immer, der Übergang von den Jugendabteilungen zu den Erwachsenen sei sehr schwierig, viele hoch

veranlagte Spieler blieben hier auf der Strecke. Der SC Freiburg war hier lange besonders erfolgreich. Wo liegt das Geheimnis?
Christian Streich: Zunächst haben wir hier den Standortvorteil, dass es bei uns leichter ist, in die erste Mannschaft zu kommen als beispielsweise beim VfL Wolfsburg, wo der Profikader einfach mit prominenten Namen besetzt ist. Weniger offensichtlich, aber sehr wichtig ist die Tatsache, dass die Durchlässigkeit bei den Trainern ebenfalls hoch ist.

Warum ist das gut? Man könnte ja auch sagen, neue Impulse von außen inspirieren die Arbeit.
Der große Vorteil ist, dass die Spieler sehr genau wissen, wie ich und die anderen Trainer denken, auch im pädagogisch-psychologischen Bereich. Es gibt grundlegende Dinge, die Spieler nicht mehr lernen müssen, wenn sie bei uns ausgebildet wurden. Das setzt Kapazitäten für die eigentliche Arbeit frei. Wir versuchen, in den 90 Minuten Training, die wir jeden Tag haben, möglichst keine Zeit liegen zu lassen, weil die Ballannahme oder die Passschärfe nicht so gut sind. Das ist für die Spieler aus unserer Fußballschule eine Selbstverständlichkeit. Es geht um Akribie, und die haben die Spieler verinnerlicht. Neue Leute, die uns nicht kennen, brauchen länger, bis sie an den Dingen arbeiten können, auf die es uns wirklich ankommt. Bei einer einheitlichen Philosophie durch alle Mannschaften eines Vereins geht es mehr um solche kleinen Details als um die Frage, ob jetzt ein 4-4-2- oder ein 4-2-3-1-System gespielt wird. Außerdem hilft es wahnsinnig, wenn wir die Spieler als Menschen kennen und sie uns.

Es heißt immer, in Freiburg herrsche ein zwischenmenschlich herzlicheres und wärmeres Klima als anderswo. Ist das auch ein Aspekt des Erfolges der Freiburger Fußballschule?
Ich weiß nicht genau. Dieses Image kommt vielleicht daher, dass wir glauben, irgendeine Form von Interesse an den Mitspielern hilft, besser Fußball zu spielen. Uns ist es wichtig, dass die Spieler und die Trainer wissen wollen, was das für Menschen sind, mit denen sie zusammenspielen. Denn wenn dieses Interesse bei vielen Spielern auf dem Platz vorhanden ist, dann gibt das eine stärkere Bindung, dann spielt die Mann-

schaft besser Fußball. Es kann zwar trotzdem sein, dass elf zusammengewürfelte Spieler gegen die gewinnen, die verbunden sind, weil sie einfach besser sind. Aber dieser soziale Aspekt wird in einem Umfeld, das von einer zunehmenden Individualisierung geprägt ist, immer wichtiger.

Eine moderne Variante des Elf-Freunde-Mythos?
Das ist ja das Lustige: Einerseits lassen sich die Spieler als Einzelsportler managen, und andererseits wird die Familie immer wichtiger. Auf den tätowierten Körpern der Spieler steht überall Oma, Papa, Mama, Frau und Kinder. Aber warum stehen da die ganzen Brüder drauf? Die haben einfach die Sehnsucht nach jemandem, auf den sie sich verlassen können. Klubs werden gewechselt, es gibt ständig Angebote und Optionen, daraus ergibt sich die Frage: Wo gehöre ich eigentlich wirklich dazu?

Woran scheitern die Spieler, die es in Freiburg nicht schaffen?
Die meisten schaffen es nicht, weil es nicht genug Arbeitsplätze gibt. Es gibt ein paar Plätze, und um die bewerben sich ganz viele. Aber für die, die wirklich stark genug sind, gibt noch eine weitere sehr große Schwierigkeit beim Sprung in die Bundesliga: Diese Spieler waren in der Jugend immer Stammspieler, sie haben ständig gegen Bayern, Leverkusen und Stuttgart gespielt. Dann kommen sie in unsere zweite Mannschaft, zu den Amateuren, und sitzen da im ersten Jahr ständig auf der Bank.

Die Ablösung fühlt sich an wie ein Absturz?
Ja. Wenn die Jungs dann nicht sofort in der Stammelf landen, glauben sie, sie sind tausende Kilometer von ihrem Ziel entfernt. Dabei sind sie ganz nah dran. In Wahrheit ist es so: Der eine spielt wegen ein paar Winzigkeiten, und der andere sitzt gerade eben ganz knapp auf der Bank. Damit umzugehen und geduldig zu bleiben, ist sehr schwierig. Die große Frage ist, was die Spieler in den beiden Jahren, in denen sie durchhalten müssen, machen, ob sie hinterher körperlich und mental wirklich fit sind. Oder ob sie sich ständig sagen: ‚Die Welt ist ungerecht!' Natürlich, aber wenn man sich die ganze Zeit nur damit auseinandersetzt, dann wird man irgendwann depressiv.

Literaturverzeichnis

Glauben und Wissen
Heimatgefühle Pollard, R., & Pollard, G. (2005). Long-term trends in home advantage in professional team sports in North America and England (1876–2003). Journal of Sports Sciences, 23, 337-350. · Heuer, A. (2012). Der perfekte Tipp. Weinheim: Wiley. · Riedl, D., Staufenbiel, K., Strauss, B., Heuer, A., & Rubner, O. (submitted). The global home advantage in soccer.

Die breite Brust Bandura, A. (1997). Self-efficacy: The exercise of control. New York: Freeman. · Carron, A. V., Hausenblas, H. A., & Eys, M. (2005). Group dynamics in sport. FIT: Morgantown, WV. · Feltz, D., Short, S.E., & Sullivan, P.J. (2007). Self-Efficacy in Sport. New York: Human Kinetics. · Heuer, A. (2012). Der perfekte Tipp. Weinheim: Wiley. · Kane, T. D., Marks, M. A., Zaccaro, S. J., & Blair, V. (1996). Self-efficacy, personal goals, and wrestlers' self-regulation. Journal of Sport and Exercise Psychology, 18, 36-48. · Neave, N., & Wolfson, S. (2003). Testosterone, territoriality, and the ,home advantage'. Physiology and Behavior, 78, 269-275.

Hinspiel auswärts? Ganz egal! Eugster, M. J. A., Gertheiss, J., & Kaiser, S. (2011). Having the second leg at home – advantage in the UEFA champions league knockout phase? Journal of Quantitative Analysis in Sports, 7, 1-11.

Voodoo, Hexer, blaue Pullover Damisch, L., Stoberock, B., & Mussweiler, T. (2010). Keep your fingers crossed! How superstition improves performance. Psychological Science, 21, 1014-1020. · Beitrag aus 11 Freunde vom 13.1.2012, Sternzeichen, Shuttle-Bus und Kondome. http://www.11freunde.de/artikel/25-dinge-ueber-aberglaube-im-fussball. Zugriff am 13.7.2013 · Interview mit Anthony Baffoe vom 13.2.2012 aus 11 Freunde. http://www.11freunde.de/interview/anthony-baffoe-ueber-hexerei-und-elfmeterschiessen. Zugriff am 13.7.2013.

Kunst und Intelligenz
Das Spiel lesen Hagemann, N., Lotz, S., & Cañal-Bruland, R. (2008). Wahrnehmungs-Handlungs-Kopplung beim taktischen Entscheidungstraining – eine exploratorische Studie. E-Journal Bewegung und Training, 2, 17-27. · Williams, A. M., Davids, K., & Williams, J. G. (1999). Visual perception and action in sport. London, UK: E. & F. N. Spon.

Macher und Denker Beckmann, J., & Trux, J. (1991). Wen lasse ich wo spielen? Persönlichkeitseigenschaften und die Eignung für bestimmte Positionen in Sportspielmannschaften. Sportpsychologie, 5, 18-21. · Effenberg, S. (2012). Ich habs allen gezeigt. Hamburg: Bastei.

Ist die Nationalmannschaft zu brav? Bem, S. L. (1981). Gender schema theory: A cognitive account of sex typing source. Psychological Review, 88, 354. · Strauss, B., Köller, O., & Möller, J. (1996). Geschlechtsrollentypologien – die empirische Überprüfung des balancierten und des additiven Modells. Zeitschrift für Differentielle und Diagnostische Psychologie, 17, 67-83. · Christoph Biermann im Interview mit Matthew Benham, in: 11 Freunde #137, April 2013, S. 78-83, 11 Freunde Verlag, Berlin.

Die ahnungslosen Experten Andersson, P., Edman, J., & Ekman, M. (2005). Predicting the World Cup 2002 in Soccer: performance and confidence of experts and non-experts. International Journal of Forecasting, 21, 565-576. · Andersson, P., Memmert, D., & Popowic, E. (2009). Forecasting Outcomes of the World Cup 2006 in Football: Performance and Confidence of Bettors and Naïve Laypeople. Psychology of Sport & Exercise, 10, 116-123. · Forrest, D., Goddard, J., & Simmons, R. (2005). Odds-setters as forecasters: the case of English football. International Journal of Forecasting, 21, 551-564.

Computer, die das Spiel entschlüsseln Perl, J. (2004). A Neural Network approach to movement pattern analysis. Human Movement Science, 23, 605-620. · Perl, J., Grunz, A., & Memmert, D. (2013). Tactics in soccer: an advanced approach. International Journal of Computer Science in Sport, 12, 33-44. · Perl, J., & Memmert, D. (2011). Net-Based Game Analysis by Means of the Software Tool. SOCCER. International Journal of Computer Science in Sport, 10, 77-84.

Freunde und Feinde

Elf Freunde müsst ihr sein Carron, A. V., Hausenblas, H. A., & Eys, M. A. (2005). Group Dynamics in Sport. Morgantown, WV: Fitness. · Leinemann, J. (1997). Ein Leben, eine Legende. Hamburg: Rowohlt. · Schlicht, W., & Strauss, B. (2003). Sozialpsychologie des Sports. Göttingen: Hogrefe. · Wilhelm, A. (2001). Im Team zum Erfolg. Lengerich: Pabst.

Bandenspiele Tippenhauer, H.-D. (2012). Der Einfluss von Führungsspielern in der Fußball-Bundesliga. Münster: Lit-Verlag.

Die dunkle Seite Bliesener, T. (2006). Sport und Hooligans. In H. Haag & B. Strauss (Hrsg.), Themenfelder der Sportwissenschaft (S. 319-336). Schorndorf: Hofmann. · Kerr, J. H. (1994). Understanding Soccer Hooliganism. Buckingham: Open University Press. · Pilz, G.A. (2012). Zuschauergewalt im Fußball – Vorurteile und Diskriminierung: Hooligans, Ultras und Hooltras. In B. Strauss (Hrsg.), Sportzuschauer (S. 215-239). Göttingen: Hogrefe.

Wenn normale Bürger ausrasten Le Bon, G. (1895). Die Psychologie der Massen (S. 15). Stuttgart: Alfred Körner. · Rabbie, J. M., & Horowitz, M. (1969). Arousal of ingroup-outgroup bias by a chance win or loss. Journal of Personality and Social Psychology, 13, 269-277. · Schlicht, W., & Strauss, B. (2003). Sozialpsychologie des Sports. Göttingen: Hogrefe. · Tajfel, H. (1982). Social psychology of intergroup relations. Annual Review of Psychology, 33, 1-39. · Zimbardo, P. G. (1969). The human choice. Individuation, reason, and order versus deindividuation, impulse, and chaos. In D. Levinde (Hrsg.), Nebraska Symposium on Motivation (pp. 237-307). Lincoln, ME: University of Nebraska Press.

Macht und Ohnmacht

Vom Turnvater-Jahn-Prinzip zur flachen Hierarchie Alfermann, D., & Würth, S. (2009). Gruppenprozesse und Intergruppenbeziehungen. In W. Schlicht & B. Strauss (Hrsg.), Grundlagen der Sportpsychologie, Bd. 1 (S. 719-778). Göttingen: Hogrefe. · Carron, A. V., Bray, S. R., & Eys, M. (2007). Gruppen und Expertise im Sport. In N. Hagemann, M. Tietjens & B. Strauss (Hrsg.), Psychologie der sportlichen Höchstleistung (S. 175-191). Göttingen: Hogrefe. · Schlicht, W., & Strauss, B. (2003). Sozialpsychologie des Sports. Göttingen: Hogrefe. · Jörg Kramer im Interview mit Uli Hoeneß, in: Der Spiegel 8.10.2012.

Der Trainer, das Multitalent Apitzsch, T. (2011). Kompetenzprofile von Trainern und Sportmanagern im Leistungssport. Dissertationsschrift. Köln: DSHS. · König, S. (2008). Die Strukturen der Sieger – Überlegungen zu einer Theorie der Mannschaftsführung in Sportspielen. In A. Woll, W. Klöckner, M. Reichmann & M. Schlag (Hrsg.), Sportspielkulturen erfolgreich gestalten. Von der Trainerbank bis in die Schulklasse (S. 25-38). Hamburg: Czwalina.

Wer schießt den Elfer? Plessner, H., Unkelbach, C., Memmert, D., Baltes, A., & Kolb, A. (2009). Regulatory Fit as a Determinant of Sport Performance. Psychology of Sport & Exercise, 10, 108–115.

Herr über die Zeit Dohmen, T. J. (2008). The influence of social forces: Evidence from the behavior of football referees. Economic Inquiry, 46, 411-424. · Riedl, D., Strauss, B.,

Heuer, A., & Rubner, O. (in Revision). Finale Furioso. PLoS ONE. · Sutter, M., & Kocher, M. G. (2004). Favoritism of agents – the case of referees' home bias. Journal of Economic Psychology, 25, 461-469.

Schein und Sein

Darf der Gefoulte selber schießen? Kuss, O., Kluttig, A., & Stoll, O. (2007). „The fouled player should not take the penalty himself": An empirical investigation of an old German football myth. Journal of Sports Sciences, 25, 963-967. · Bornkamp, B., Fritsch, A., Kuss, O., & Ickstadt, K. (2008). Penalty specialists among goalkeepers: A nonparametric bayesian analysis of 44 years of german bundesliga. In B. Schipp & W. Krämer (Hrsg.), Statistical inference, econometric analysis and matrix algebra (pp. 63-67). Heidelberg: Springer.

Der Lauf, den es nicht gibt Avugos, S., Köppen, J., Czienskowski, U., Raab, M., & Bar-Eli, M. (2013). The „hot hand" reconsidered: A meta-analytic approach. Psychology of Sport and Exercise, 14, 21-27. · Ayton, P., & Braennberg, A. (2008). Footballer's fallacies. In P. Andersson, P. Ayton, & C. Schmidt (Hrsg.), Myths and Facts about Football (p. 23-38). Cambridge: Cambridge Publishers. · Gilovich, F., Vallone, R., & Tversky, A. (1985). The hot hand in basketball: On the misperception of random sequences. Cognitive Psychology, 17, 295-314. · Heuer, A. (2012). Der perfekte Tipp. Weinheim: Wiley. · Heuer, A., & Rubner, O. (2009). Fitness, chance, and myths: An objective view on soccer results. European Physical Journal B, 67(3), 445-458.

Zufall, Schicksal, Glück und Pech Heuer, A. (2012). Der perfekte Tipp. Weinheim: Wiley. · Lames, M. (1999). Fußball – Ein Chaosspiel? In J.-P. Janssen, A. Wilhelm & M. Wegner (Hrsg.), Empirische Forschung im Sportspiel – Methodologie, Fakten und Reflektionen (S. 141-156). Kiel: Christian-Albrechts-Universität zu Kiel. · Loy, R. (2012). Zufall im Fußball – Eine empirische Untersuchung zur Art und Auftretenshäufigkeit zufälliger Ereignisse im Verlauf von Fußballspielen. In C. T. Jansen, C. Baumgart, M. W. Hoppe & J. Freiwald (Hrsg.), Trainingswissenschaftliche, geschlechtsspezifische und medizinische Aspekte des Hochleistungsfußballs. Beiträge und Analysen zum Fußballsport XVIII (S. 28-38). Hamburg: Czwalina.

Neuer Trainer, neues Glück? Heuer, A., Müller, C., Rubner, O., Hagemann, N., & , Strauss, B. (2011). Usefulness of Dismissing and Changing the Coach in Professional Soccer. PLoS ONE 6: e17664. doi:10.1371/journal.pone.0017664.

Sich im Ruhme anderer sonnen Cialdini, R. B., Borden, R. J., Thorne, A., Walker, M. R., Freeman, S., & Sloan, L. R. (1976). Basking in reflecting glory: Three (football) field studies. Journal of Personality and Social Psychology, 34, 366-375. · Cialdini, R. B., & Richardson, K. D. (1980). Two indirect tactics of image management: Basking and blasting. Journal of Personality and Social Psychology, 39, 406-415. · Snyder, C. R., Lassegard, M. A., & Ford, C. E. (1986). Distancing after group success and failure: Basking in reflecting glory and cutting of reflecting failure. Journal of Personality and Social Psychology, 51, 382-388. · Strauss, B. (2012). Die Welt der Zuschauer. In B. Strauss (Hrsg.), Sportzuschauer (S. 7-18). Göttingen: Hogrefe. · Tedeshi, J. T., Madi, N., & Lyakhovitzky, D. (1998). Die Selbstdarstellung von Zuschauern. In B. Strauss (Hrsg.), Zuschauer (S. 93-109). Göttingen: Hogrefe. · Zeh, R., & Hagen, L. (2006). Fußball als Wahlentscheider?: Wie die deutsche Nationalmannschaft politische Popularität beeinflusst. In C. Holtz-Bacha (Hrsg.), Fußball – Fernsehen – Politik (S. 193-213). Wiesbaden: VS Verl. für Sozialwiss.

Gewinnen ist nicht alles Kahneman, D., & Tversky, A. (1979). Prospect theory: An analysis of decision under risk. Econometrica, 47, 263-291. · Moschini, G. (2010). Incentives and outcomes in a strategic setting: The 3-points-for-a-win system in soccer. Economic Inquiry, 48, 65-79. · Strauss, B., Hagemann, N., & Loffing, F. (2009). Die

Drei-Punkte Regel in der deutschen 1. Fußballbundesliga und der Anteil unentschiedener Spiele. Sportwissenschaft, 39, 16-22. **Erklärungsnöte, Ausflüchte, Selbsttäuschung** Lau, R. R., & Russell, D. (1980). Attributions in the sports pages. Journal of Personality and Social Psychology, 39, 29-38. · Strauss, B., Senske, S., & Tietjens, M. (2009). Attributionen in Sportkommentaren. In H. Schramm & M. Marr (Hrsg.), Die Sozialpsychologie des Sports in den Medien. (S. 74-92). Köln: Herbert von Halem Verlag. · Weiner, B. (1974). Achievement motivation and attribution theory. Morristown: General Learning Press.

Rotlicht und Gelbfieber

Das Publikum zeigt Gelb Nevill, A. M., Balmer, N. J., & Williams, A. M. (2002). The influence of crowd noise and experience upon refereeing decisions in football. Psychology of Sport and Exercise, 3, 261-272. · Unkelbach, C., & Memmert, D., (2010). Crowd noise as a cue in referee decisions contributes to the home advantage. Journal of Sport and Exercise Psychology, 32, 483-498.
Wenn der Schiedsrichter Gelb gibt Memmert, D., Unkelbach, C., Ertmer, J., & Rechner, M. (2008). Gelb oder kein Gelb? Persönliche Verwarnungen im Fußball als Kalibrierungsproblem. Zeitschrift für Sportpsychologie, 15, 1-11. · Unkelbach, C., & Memmert, D. (2008). Game-Management, Context-Effects and Calibration: The case of yellow cards in soccer. Journal of Sport & Exercise Psychology, 30, 95-109.
Trainingseinheit Sex Gebauer, G (2006). Die Poetik des Fußballs (S. 29-30). Frankfurt a.M.: Campus. · Johnson, W. (1968). Muscular performance following coitus. Journal of Sex Research, 4, 247-248. · Jokela, M., & Hanin, Y. L. (1999). Does the individual zones of optimal functioning model discriminate between successful and less successful athletes? A meta-analysis. Journal of Sports Sciences, 17(11), 873-887. · McGlone, S., & Shrier, I. (2000). Does sex the night before competition decrease performance? Clinical Journal of Sport Medicine: Official Journal of the Canadian Academy of Sport Medicine, 10, 233-234. · Schumacher, T. (1987). Anpfiff (S. 109-123). München: Droemersche Verlagsanstalt.
Der Sieger trägt rot Attrill, M. J., Gresty, K. A., Hill, R. A., & Barton, R. A. (2008). Red shirt color is associated with long-term team success in English football. Journal of Sport Sciences, 26, 577-582. · Frank, C. (2009). Trikotfarbe und Spielergebnisse in der Fußball-Bundesliga (Unveröffentlichte Staatsexamensarbeit). Münster: AB Sportpsychologie. · Furley, P., Dicks, M., & Memmert, D. (2012). Nonverbal Behavior in Soccer: The Influence of Dominant and Submissive Body Language on the Impression Formation and Expectancy of Success of Soccer Players. Journal of Sport & Exercise Psychology, 34, 61-82. · Hagemann, N., Strauss, B., & Leißing, J. (2008). When the referee sees red... Psychological Science, 19, 769-771. · Hill, R. A., & Barton, R. A. (2005). Red enhances human performances in contests. Nature, 435, 293.

Wahrnehmung und Täuschung

Wie wird der Torwart zum Elfmeter-Killer? Memmert, D., Hüttermann, S., Hagemann, N., Loffing, F., & Strauss, B. (2013). Dueling in the Penalty Box: Evidence-Based Recommendations on How Shooters and Goalkeepers Can Win Penalty Shootouts in Soccer. International Review of Sport and Exercise Psychology, 6, 209-229. · Weigelt, M., Memmert, D., & Schack, T. (2012). Kick it like Ballack: The effects of goalkeeping gestures on goal-side selection in experienced soccer players and soccer novices. Journal of Cognitive Psychology, 24, 942-956.
Der blinde Fleck Memmert, D. (2005). „Ich sehe was, was du nicht siehst!" – Das Phänomen Inattentional Blindness im Sport. Leistungssport, 5, 11-15. · Memmert, D., & Furley, P. (2007). "I spy with my little eye!" – Breadth of Attention, Inattentional Blind-

ness, and Tactical Decision Making in Team Sports. Journal of Sport & Exercise Psychology, 29, 365-347.

Schiedsrichter im Abseits Oudejans, R. R. D., Verheijen, R., Bakker, F. C., Gerrits, J. C., Steinbrueckner, M., & Beek, P. J. (2000). Errors in judging "offside" in football. Nature, 404, 33. · Ryall, E. (2012). Are there any Good Arguments Against Goal-Line Technology? Sport, Ethics and Philosophy, 6, 439-450.

Der große Nachteil Van Quaquebeke, N. & Giessner, S. R. (2010). How Embodied Cognitions Affect Judgments: Height-Related Attribution Bias in Football Foul Calls. Journal of Sport and Exercise Psychology, 32, 3-22.

Schönheit und Reichtum

Vom Straßenfußball zur Kreativität Biermann, Ch. (2009). Die Fußball-Matrix. Köln: Kiepenheuer & Witsch. · Memmert, D. (2010). Creativity, Expertise, and Attention: Exploring their Development and their Relationships. Journal of Sport Science, 29, 93-104. · Memmert, D., Hüttermann, S., & Orliczek, J. (im Druck). Decide like Lionel Messi! The Impact of Regulatory Focus on Divergent Thinking in Sports. Journal of Applied Social Psychology. · Vallett, D., Lamb, R., & Annetta, L. (2013). The gorilla in the room: The impacts of video-game play on visual Attention, Computers in Human Behavior 29, 2183-2187.

Spielen attraktive Spieler schlechter? Rosar, U., Hagenah, J., & Klein, M. (2010). Physische Attraktivität und individuelles Leistungsverhalten oder: Warum und wann unattraktive Männer die besseren Fußballer sind. Soziale Welt, 61, 51-68.

Tore mit Handschrift Kranjec, A., Lehet, M., Bromberger, B., & Chatterjee, A. (2010). A sinister bias for calling fouls in soccer. PLoS ONE, 5(7). · Maass, A., Pagani, D., & Berta, E. (2007). How beautiful is the goal and how violent is the fistfight? spatial bias in the interpretation of human behavior. Social Cognition, 25, 833-852.

Schießt Geld die Tore? Frick, B. (2005). „...Und Geld schießt doch eben Tore..." Sportwissenschaft, 35, 250-270. · Heuer, A. (2012). Der perfekte Tipp. Weinheim: Wiley.

Druck und Versagen

Elfmeterschießen ist kein Lotteriespiel Memmert, D., Hüttermann, S., Hagemann, N., Loffing, F., & Strauss, B. (in press). Dueling in the Penalty Box: Evidence-Based Recommendations on How Shooters and Goalkeepers Can Win Penalty Shootouts in Soccer. International Review of Sport and Exercise Psychology.

Die Angst des Engländers beim Elfmeter Jordet, G. (2009). Why do English players fail in soccer penalty shootouts? A study of team status, self-regulation, and choking under pressure. Journal of Sports Sciences, 27, 97-106.

Das Rätsel Zinedine Zidane Englert, C., & Bertrams, A. (2012). Anxiety, ego depletion, and sports performance. Journal of Sport and Exercise Psychology, 34, 580-599. · Süddeutsche Zeitung, 26.8.2012, Andreas Burkert, „Blick auf die Haarwurzeln", Seite 41.

Flucht vor der Unsterblichkeit Toussaint, J.-P. (2007). Zidanes Melancholie. Frankfurt a.M.: Frankfurter Verlagsanstalt.

Wenn die Nerven versagen Baumeister, R. F. & Showers, C. J. (1986). A review of paradoxical performance effects: Choking under pressure in sports and mental tests. European Journal of Social Psychology, 16, 361-383. · Beilock, S. (2011). Choke: What the Secrets of the Brain Reveal About Getting It Right When You Have To. New York: Atria Books. · Strauss, B. (1997). Choking under pressure: Positive öffentliche Erwartungen und Leistungsminderungen. Zeitschrift für Experimentelle Psychologie, 44, 636-655.

Soziales Faulenzen Høigaard, R., & Ommundsen, Y. (2007). Perceived social loafing and anticipated effort reduction among young football (soccer) players: An achievement goal perspective. Psychological Reports, 100, 857-875. · Kravitz, D. A., & Martin,

B. (1986). Ringelmann rediscovered: The original article. Journal of Personality and Social Psychology, 50, 936-941. · Ohlert, J. (2009). Teamleistung. Social Loafing in der Vorbereitung auf eine Gruppenaufgabe. Hamburg: Dr. Kovac. · Ringelmann, M. (1913). Recherches sur les moteurs animés: Travail de l'homme. Annales de l'Institut National Agronomique, 7, 1-40. · Frankfurter Rundschau, 22.12.12, Seite 25 Jan-Christian Müller interviewt Joachim Löw.

Müde Körper, müde Köpfe Brink, M. S., Visscher, C., Coutts, A. J., & Lemmink, K. A. P. M. (2012). Changes in perceived stress and recovery in overreached young elite soccer players. Scandinavian Journal of Medicine and Science in Sports, 22, 285-292. · Naessens, G., Chandler, T. J., Kibler, W. B., & Driessens, M. (2000). Clinical usefulness of nocturnal urinary noradrenaline excretion patterns in the follow-up of training process in high-level soccer players. Journal of Strength and Conditioning Research, 14, 125-131. · Ndlec, M., McCall, A., Carling, C., Legall, F., Berthoin, S., & Dupont, G. (2012). Recovery in soccer: Part I-post-match fatigue and time course of recovery. Sports Medicine, 42, 997-1015. · Christof Kneer im Interview mit Philipp Lahm aus der Süddeutschen Zeitung vom 8.10.2010.

Das eigene Team zur Niederlage klatschen Baumeister, R. F., & Steinhilber, A. (1984). Paradoxical effects of supportive audiences on performance under pressure: The home field disadvantage in sports championships. Journal of Personality and Social Psychology, 47, 85-93. · Galeano, E. (1995). Der Ball ist rund und Tore lauern überall (S. 112). Zürich: Unionsverlag. · Strauss, B. (1999). Wenn Fans ihre Mannschaft zur Niederlage klatschen. Lengerich, Pabst. · Van de Ven, N. (2011). Supporters Are Not Necessary for the Home Advantage: Evidence From Same-Stadium Derbies and Games without an Audience, Journal of Applied Social Psychology, 41, 7785-7792.

Harmonie und Drama

Die Lust am Konflikt Bryant, J., Raney, A. A., & Zillmann, D. (1981). Sports television. In B. Strauss, M. Kolb & M. Lames (Hrsg.), sport-goes-media.de. Zur Medialisierung des Sports (S. 51-74). Schorndorf: Hofmann.

Die Magie der Welle Farkas, I., Helbing, D., & Vicsek, T. (2002). Mexican waves in an excitable medium, Nature 419, 131-132. · Heuer, A. (2012). Der illusion of violence. London: Dent. · kalischer Sicht. In B. Strauss (Hrsg.), Sportzuschauer (S. 95-112). Göttingen: Hogrefe.

You'll Never Walk Alone Effenberg, A. (2013). SoundSoccer. http://sonification-online. com/forschung/sound-soccer/Zugriff am 13. Juli 2013 · Kopiez, R., & Brink, G. (1998). Fußball-Fangesänge. Würzburg: Königshausen. · Kuhlhoff, B. (2012). Interview mit Gerry Marsden: „Eine Schnulze für Liverpool", aus 11 Freunde Spezial: „You'll never walk alone" (S. 48-49). · Marsh, P. (1978). Aggro: the illusion of violence. London: Dent. · Morris, D. (1981). The soccer tribe. London: Cape. · Sänger, J., Müller, V. & Lindenberger, U. (2012). Intra- and interbrain synchronization and network properties when playing guitar in duets. Frontiers in Human Neuroscience, 6 (312). · Schaffert, N., Mattes, K., & Effenberg, A. O. (2010). A sound design for acoustic feedback in elite sports Lecture Notes in Computer Sciences, 594, 143-165.

Gefangen in der Geschichte des Spiels Plessner, H., & Betsch, T. (2001). Sequential Effects in important Referee Decisions. Journal of Sport & Exercise Psychology, 23, 254-339.

Risiko und Nebenwirkungen

Steinbock und Wassermann setzen sich durch Augste, C., & Lames, M. (2011). The relative age effect and success in german elite U-17 soccer teams. Journal of Sports Sciences, 29, 983-987. · Cobley, S. P., Schorer, J., & Baker, J. (2008). Relative age effects in professional german soccer: A historical analysis. Journal of Sports Sciences, 26, 1531-1538. ·

DFB (2009). Talente fordern und fördern. Konzepte und Strukturen vom Kinder- bis zum Spitzenfußball. Münster: Philippka-Sportverlag.
Erst spielen, dann üben Côté, J., Baker, J., & Abernethy, B. (2007). Practice and play in the development of sport expertise. Handbook of Sport Psychology (pp. 184-202). Hoboken, NJ: Wiley. · Ericsson, A., Krampe, R., & Tesch-Römer, C. (1993). The role of deliberate practice in the acquisition of expert performance. Psychological Review, 100, 363-406. · Memmert, D., Baker, J., & Bertsch, C. (2010). Play and Practice in the Development of Sport-Specific Creativity in Team Ball Sports. High Ability Studies, 21, 3-18. · Memmert, D., & Roth, K. (2007). The Effects of Non-Specific and Specific Concepts on Tactical Creativity in Team Ball Sports. Journal of Sport Science, 25, 1423-1432.
Treu, treuer, Die Hard Hornby, N. (1992). Fever Pitch. London: Gollancz. · Hirt, E. R., Zillmann, D., Erickson, G. A., & Kennedy, C. (1992). Costs and benefits of allegiance: Changes in fans' self-ascribed competencies after team victory versus defeat. Journal of Personality and Social Psychology, 63, 724-738. · Schlicht, W. & Strauss, B. (2003). Sozialpsychologie des Sports. Göttingen: Hogrefe. · Schwarz, N., Strack, F., Kammer, D., & Wagner, D. (1987). Soccer, rooms, and the quality of your life: Mood effects on judgements of satisfaction with life in general and with specific domains. European Journal of Social Psychology, 17, 69-79. · Schweitzer, K., Zillmann, D., Weaver, J.B., & Luttrell, E.S. (1992). Perception of threatening events in the emotional aftermath of a televised college football game. Journal of Broadcasting and Electronic Media, 36, 75-82. · Spannagel, Lars: Wer sind die echten Fans? Aus ZeitOnline, Zugriff 27.1.12, 14:56 Uhr. · Wann, D. L., & Branscombe, N. R. (1990). Die-hard and fair-weather fans: Effects of identification on BIRGing and CORFing tendencies. Journal of Sport and Social Issues, 14, 103-117.
Herzrasen Dickhuth, H.-H., Schumacher, Y. O., Röcker, K., König, D., & Korsten-Reck U. (2012). Sportzuschauer aus medizinischer Sicht: physische und psychische Gesundheit. In B. Strauss (Hrsg.), Sportzuschauer (S. 109-122). Göttingen: Hogrefe. · van der Meij, L., Almela, M., Hidalgo, V., Villada, C., IJzerman, H., van Lange, P. A. M., & Salvador, A. (2012). Testosterone and cortisol release among spanish soccer fans watching the 2010 world cup final. PLoS ONE, 7(4). · Wilpert-Lampen, U., Leistner, D., Greven, S., Pohl, T., Sper, S., Völker, C., Güthlin, D., Plasse, A., Knez, A., Küchenhoff, H., & Steinbeck, G. (2008). Cardiovascular events during world cup soccer. New England Journal Medicine, 358, 475-483.

Quellenverzeichnis Infografiken

Seite 11 vgl. Riedl, D., Staufenbiel, K., Strauss, B., Heuer, A., & Rubner, O. (submitted). The global home advantage in soccer.
Seite 20 vgl. Eugster, M. J. A., Gertheiss, J., & Kaiser, S. (2011). Having the second leg at home – advantage in the UEFA champions league knockout phase? Journal of Quantitative Analysis in Sports, 7, 1-11. (modifiziert nach Abb. 1, S. 4)
Seite 31 vgl. Hagemann, N., Lotz, S. & Cañal-Bruland, R. (2008). Wahrnehmungs-Handlungs-Kopplung beim taktischen Entscheidungstraining – eine exploratorische Studie. E-Journal Bewegung und Training, 2, 17-27. (Abb. 1, S. 20) · Williams, A. M., Davids, K., & Williams, J. G. (1999). Visual perception and action in sport. London, UK: E. & F. N. Spon. (modifiziert nach Abb. 5.4, S. 160)
Seite 44 vgl. Grunz, A., Memmert, D., & Perl, J. (2009). Analysis and Simulation of Actions in Games by Means of Special Self-Organizing Maps. International Journal of Computer Science in Sport, 8, 22-36. (modifiziert nach Abb. 1, S. 23) · Perl, J., Grunz, A.

& Memmert, D. (2013). Tactics in soccer: an advanced approach. International Journal of Computer Science in Sport, 12, 33-44. (modifiziert nach Abb. 5, S. 40)

Seite 56 vgl. Tippenhauer, H.-D. (2011). Der wahrgenommene Einfluss von Führungsspielern in der Fußball-Bundesliga. Münster: unveröffentlichte Promotionsschrift modifiziert nach Abb. 21, S. 119)

Seite 77 vgl. König, S. (2008). Die Strukturen der Sieger – Überlegungen zu einer Theorie der Mannschaftsführung in Sportspielen. In A. Woll, W. Klöckner, M. Reichmann, & M. Schlag (Hrsg.), Sportspielkulturen erfolgreich gestalten. Von der Trainerbank bis in die Schulklasse (S. 25-38). Hamburg: Czwalina. (modifiziert nach Abb. 1, S. 27)

Seite 100 vgl. Heuer A., Müller C., Rubner O., Hagemann N., & B. Strauss (2011). Usefulness of Dismissing and Changing the Coach in Professional Soccer. PLoS ONE 6: e17664. doi:10.1371/journal.pone.0017664. (modifiziert nach Abb. 3)

Seite 109 vgl. Strauss, B., Hagemann, N., & Loffing, F. (2009). Die Drei-Punkte Regel in der deutschen 1. Fußballbundesliga und der Anteil unentschiedener Spiele. Sportwissenschaft, 39, 16-22. (Um neue Daten erweiterte und neu gestaltete Abb.)

Seite 119 vgl. Unkelbach, C., & Memmert, D., (2010). Crowd noise as a cue in referee decisions contributes to the home advantage. Journal of Sport and Exercise Psychology, 32, 483-498. (erstellt nach Daten, S. 489)

Seite 122 vgl. Memmert, D., Unkelbach, C., Ertmer, J. & Rechner, M (2008). Gelb oder kein Gelb? Persönliche Verwarnungen im Fußball als Kalibrierungsproblem. Zeitschrift für Sportpsychologie, 15, 1–11. (erstellt nach Tabelle 1, S. 4)

Seite 130 vgl. Frank, C. (2009). Trikotfarbe und Spielergebnisse in der Fußball-Bundesliga (Unveröffentlichte Staatsexamensarbeit). Münster: AB Sportpsychologie. (modifiziert nach Abb. 21, S. 67, vor Datenreduzierung)

Seite 137 vgl. Weigelt, M., Memmert, D. & Schack, T. (2012). Kick it like Ballack: The effects of goalkeeping gestures on goal-side selection in experienced soccer players and soccer novices. Journal of Cognitive Psychology, 24, 942-956. (modifiziert nach Abb. 2, S. 6)

Seite 146 vgl. Van Quaquebeke, N. & Giessner, S. R. (2010). How Embodied Cognitions Affect Judgments: Height-Related Attribution Bias in Football Foul Calls. Journal of Sport and Exercise Psychology, 32, 3-22. (modifiziert nach Abb. 1, S. 9)

Seite 160 vgl. Heuer, A. (2012). Der perfekte Tipp. Weinheim: Wiley. (erstellt nach Tabelle 4.1. aus S. 50)

Seite 169 vgl. Jordet, G. (2009). Why do English players fail in soccer penalty shootouts? A study of team status, self-regulation, and choking under pressure. Journal of Sports Sciences, 27, 97-106. (modifiziert nach Abb. 1, S. 100)

Seite 170 vgl. Jordet, G. (2009). Why do English players fail in soccer penalty shootouts? A study of team status, self-regulation, and choking under pressure. Journal of Sports Sciences, 27, 97-106. (modifiziert nach Abb.2, S. 102)

Seite 188 vgl. Riedl, D., Staufenbiel, K., Strauss,B., Heuer, A., & Rubner, o. (submitted). The global home advantage in soccer.

Seite 207 vgl. Plessner, H. & Betsch, T. (2001). Sequential Effects in important Referee Decisions. Journal of Sport & Exercise Psychology, 23, 254-339. (erstellt nach Daten, S. 257)

Seite 212 vgl. Augste, C., & Lames, M. (2011). The relative age effect and success in german elite U-17 soccer teams. Journal of Sports Sciences, 29, 983-987. (modifiziert nach Abb. 2, S. 985)

Seite 221 vgl. Dickhuth, H.-H., Schumacher, Y. O., Röcker, K., König, D., & Korsten-Reck U. (2012). Sportzuschauer aus medizinischer Sicht: physische und psychische Gesundheit. In B. Strauss (Hrsg.), Sportzuschauer (S. 109-122). Göttingen: Hogrefe. (aus Wilpert-Lampen, U. et al. (2008), modifiziert nach Abb. 2, S. 115)

ANHANG

Bildnachweis

AFP: 197 Alessandra Schellnegger: 53; ddp: 147, 167, 225 dpa/picture alliance: 8, 14, 23, 24, 28, 35, 46, 48, 65, 66, 68, 73, 74, 80, 82, 84, 89, 91, 103, 111, 113, 114, 116, 124, 129, 134, 138/139, 148, 151, 152, 154, 159, 164, 172 181, 187, 192, 202/203, 208, 210, 211, 216, 219, 224; Herbert Steffe: 98; imago: 95, 108, 127, 132, 156, 162, 177, 184, 189, 215, 222; SZ-Photo: 50

Die Autoren

Daniel Memmert, seit 2009 Professor und Institutsleiter am Institut für Kognitions- und Sportspielforschung der Deutschen Sporthochschule Köln. Seit 2012 Mit-Herausgeber der *Zeitschrift für Sportwissenschaft*.

Bernd Strauß, seit 1998 Professor für Sportpsychologie der Universität Münster. Seit 2011 Editor-in-Chief der internationalen Zeitschrift *Psychology of Sport and Exercise*. Präsident der deutschen Gesellschaft für Sportpsychologie.

Daniel Theweleit arbeitet als Journalist und Autor für die *Berliner Zeitung,* die *Süddeutsche Zeitung*, *Spiegel Online* und den *Deutschlandfunk*. Der inhaltliche Schwerpunkt liegt auf der Bundesliga und dem internationalen Fußball.

Der Fußball wurde **erfunden** für **dieses Buch.**

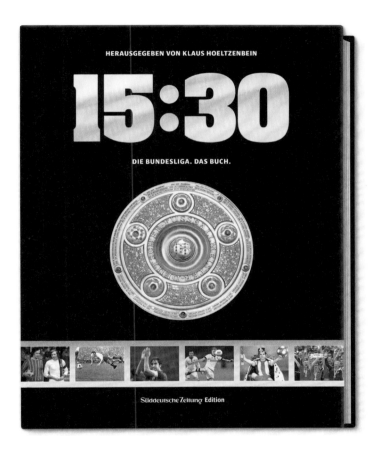

Das Buch zu 50 Jahren Bundesliga. 434 Seiten, mit Herzblut geschrieben von der Sportredaktion der Süddeutschen Zeitung. Grandiose Fotostrecken mit über 1.000 Bildern – ein Muss für jeden Fußballkenner. Für 39,90 € überall im Handel und unter **sz-shop.de** erhältlich.